国家出版基金项目
NATIONAL PUBLICATION FOUNDATION

"十四五"时期国家重点出版物
出版专项规划项目

现代化进程中的哲学问题与哲学话语
系列研究丛书

郝立新　主编

现代的
基本架构

罗　骞——著

辽宁人民出版社

图书在版编目（CIP）数据

现代的基本架构 / 罗骞著 . — 沈阳 : 辽宁人民出版社，
2023.5

（现代化进程中的哲学问题与哲学话语系列研究丛书 /
郝立新主编）

ISBN 978-7-205-10701-7

Ⅰ . ①现… Ⅱ . ①罗… Ⅲ . ①西方哲学－哲学史
Ⅳ . ① B5

中国国家版本馆 CIP 数据核字（2023）第 002046 号

出版发行：辽宁人民出版社
　　　　　地址：沈阳市和平区十一纬路25号　邮编：110003
　　　　　电话：024-23284321（邮　购）　024-23284324（发行部）
　　　　　传真：024-23284191（发行部）　024-23284304（办公室）
　　　　　http://www.lnpph.com.cn
印　　刷：辽宁新华印务有限公司
幅面尺寸：170mm×240mm
印　　张：16
插　　页：2
字　　数：270 千字
出版时间：2023 年 5 月第 1 版
印刷时间：2023 年 5 月第 1 次印刷
责任编辑：王　增
装帧设计：留白文化
责任校对：吴艳杰
书　　号：ISBN 978-7-205-10701-7
定　　价：80.00 元

丛书主编

本书作者

　　郝立新，中国人民大学明德书院院长，教育部长江学者特聘教授，哲学院教授，马克思主义学院教授。兼任教育部教学指导委员会（哲学专业）副主任委员，国务院学位委员会哲学学科评议组成员兼秘书长，中国马克思主义哲学史学会会长，中央马克思主义理论研究和建设工程首席专家。曾任人大哲学院院长、马克思主义学院院长。

　　主要研究领域：马克思主义哲学，中国特色社会主义理论体系。近年主要著作有：《当代中国马克思主义哲学研究走向》《马克思主义发展史》《新时代中国发展理念》《当代中国文化阐释》《习近平中国特色社会主义思想的哲学意蕴》（英文版）、《中国现代化进程中的价值选择》。在《中国社会科学》《哲学研究》《马克思主义研究》《人民日报》《光明日报》《新华文摘》等刊物上发表论文二百多篇。

　　罗骞，中国人民大学哲学院教授，云南大学马克思主义学院特聘院长，博士生导师，中国人民大学青年杰出学者，牛津大学访问学者。主要研究领域：马克思主义哲学、现代性批判理论、政治哲学和国外马克思主义。著有:《现代的基本架构》《超越与自由——能在论的社会历史现象学》《迎候马克思》《现代性的存在论批判——论马克思的现代性批判及其当代意义》（再版）;《告别思辨本体论——历史唯物主义的存在范畴》《面对存在与超越实存——历史唯物主义的当代阐释》《走向建构性政治——历史唯物主义视野中的后现代政治哲学研究》《论马克思的现代性批判及其当代意义》《穿越时空的力量——马克思主义批判理论及其当代意义》（第一作者）。

总　序

　　现代化是世界性的社会运动或历史进程。从世界范围看，现代化既具有普遍性规律和共同特征，同时又具有由各国历史、制度和经济文化等条件所决定的特殊道路或具体特征。在当代，现代化与哲学之间形成了复杂而丰富的关系。哲学发展受到现代化的深刻影响，同时又对现代化进行批判性的反思和积极性的建构。现代化进程中产生的种种问题备受哲学关注，并引发哲学研究在现实维度上的拓展与深化；哲学对现代化的深层联系和发展密码进行解读，对人们从宏观上、整体上把握现代化具有重要意义。

　　改革开放之初，邓小平提出了"面向现代化、面向世界、面向未来"的深刻洞见，对中国教育和哲学社会科学发展产生了深远影响。现代化发展一直是当代中国哲学非常关注的现实问题。当我们进入新时代、迈上现代化新征程之际，需要认真思考哲学应如何继续"面向现代化"，如何进一步关注和回应中国式现代化发展进程中的重大问题。笔者认为有必要关注以下方面。

　　第一，要深入挖掘和充分运用马克思哲学思想的资源，以历史唯物主义为指导。在分析和认识现代化的过程中，存在多种解读模式或理论范式。马克思哲学思想对于我们考察和解读现代化具有重要指导意义。从一定意义上说，马克思对资本主义社会的理论分析与对资本主义现代化的理论分析是一致的。马克思关于社会历史辩证法的思想，关于对资本主义历史进步性的肯定和对资本主义的局限性的分析，关于从民族历史向世界历史的转化、从人的地域性存在向人的世界性存在的转化的论述，关于对资本逻辑的批判和对资本主义异化特别是劳动异化的分析批判，关于社会进步和人的自由而全面发展的思想，关于跨越卡夫丁峡谷的思想等，对于我们认识现代化的历史、现状和未来，对于我们比较资本主义现代化和社会主义现代化的特征和道路，具有重要的世界观和方法论意义。当前，我们秉持马克思的实践精神和批判精神，既要对现代化道路进行建设性的思考，也要对现代化进程中出现的问题进行反思性的批判。

第二，要整体地历史地把握现代化，认清现代化的整体性和复杂性。现代化是一个历史性范畴，也是一个总体性范畴。现代化既是一个历史过程，又是包含多个层次、多向维度、多种矛盾的复杂结构。各个时期、各个国家对这一概念的理解有所不同，甚至大相径庭。从总体上看，现代化是当今世界许多国家发展的重要目标和趋势。它既是历史发生的过程，又是现实进行的运动，也是未来发展的趋势。考察现代化，应该从历史与现实、民族与世界、普遍与特殊、科学与价值、建构与批判等多种维度或比较视野来思考。如果说现代化运动肇始于18世纪的西欧，那么至今已跨越三个多世纪。从世界范围看，现代化有着一些共同的指向和公认的指标，但是各个民族或国家的现代化又存在不同的发展道路、不同的具体目标。从科学维度看，现代化是一个"类似于自然发展的历史过程"，即具有其物质基础、内在的规律性，具有与社会形态发展规律相一致的客观性；从价值维度上看，现代化是由一定社会主体（民族或国家）的利益驱动、为实现一定价值目标的社会运动，是一个进行价值认知、价值认同、价值评价、价值选择、价值创造和价值实现的过程。我们要在现代化发展的规律性、必然性和主体性、价值性的统一中把握现代化，在决定性和选择性中把握现代化。一方面，要看到从传统的农业社会向现代工业社会、信息社会乃至更高文明社会转型或发展过程中必须依赖一定的物质前提、文明条件；另一方面，又要看到与现代化发展相联系的社会制度和实现路径存在多样性和选择性。

第三，深入分析现代化进程中的各种矛盾关系，探索现代化进程中如何实现社会全面进步和人的全面发展目标的路径。无论是在中国还是其他国家，现代化进程往往都存在物的发展与人的发展、物质生活与精神生活、群体发展与个体发展、人与自然环境之间的矛盾，这些矛盾在不同的历史阶段、不同的国家、不同的社会制度下，具有不同的表现和解决途径。在当代中国，如何在促进物的全面丰富的基础上促进人的全面发展、丰富人民的精神世界、提高社会的文明程度的问题日渐凸显。当前，人的现代化和共同富裕备受关注。从社会发展目标和发展动力来说，现代化的本质是人的现代化。人的现代化不是抽象的命题，它是人的发展与总体现代化进程相一致的过程，是人的素质、能力、品格、社会关系由传统状态向现代状态的转变。如果社会现代化没有体现在人的现代化上，或者没有人的现代化作为支撑，那么这样的现代化是不健全的，也是缺乏持续前进的动力的。共同富裕是全体人民的共同富裕，是物质生活和精神生活的共同富裕，是需要经过长期奋斗而逐步实现的过程。以共同富裕为价值目标的中国式现代化，不仅要促进物质文明和精神文明的发展，而且需要大力推进国家治理体系和治理能力现代化，为共同富裕提供制度保障。我们期待，中国式现代化的推进对于普惠人民、造福人类发挥更为重要的作用。

本系列丛书旨在汇聚哲学各分支领域的研究者，对世界现代化和中国式现代化进行多维透视，深化对现代化的哲学问题的研究。受到后现代思潮中解构主义影响，现代化所产生的问题被解构为各自独立的问题，这就造成问题分析与应对的桎梏。因此，有必要通过诸学科联合、相互交叉的方式，从多维视域立体地建构对于现代化问题的全面解读和辨析，进而将碎片化和孤立的视域集合成具备有机整体性、实践性、现实性和历史性的多维视域，以此来形成系统的具有实践意义的有机理论体系。哲学作为人类智慧的凝结，应当肩负起时代的责任，在现代化背景下，对人如何处理与诸多因素之间的关系问题，从思想与实践的双重维度提出应对方案与分析，给予中国现代化进程以强有力的支撑。推陈出新，建立中国自主的话语体系，成为当前哲学工作者亟须面对的重大学术命题。本系列丛书关注并研究了以下问题。

关于现代化和主体性的问题。自工业革命以来，人类生产力的发展速度有了飞跃的提升，呈加速度的状态，推动了人类历史发展，人的生存方式发生了本质性的变化，人的主体性得到了极大的觉醒。与此同时，人与自身、人与人、人与其他事物之间的关系也产生了一定的变化。在现代化过程中，人类的存在方式、交往方式、社会系统和思想观念等，都受到现代化的深刻影响。个体与社会之间的张力愈加突显，"实现自我"与"公共视野"自觉或不自觉地成为人们亟须应对的问题之一，并由此衍生出"治理主体"的合法性问题。此外，主体性的觉醒，使得个体较以往更为关注自身，那么在地方、国家乃至全球的治理过程中，个体的权利与义务、公共性以及正义，在新的时代被赋予了新的内涵，再次成为人们关注的热点。基于上述语境，现代化问题就其本质而言，是对于人的问题，是人与自身、人与人、人与其他事物之间的关系问题。现代化问题从宏观来说，包括如何处理与自然、科技、宗教、传统文化、人自身以及主体间关系等一系列问题。近代以来，人的主体性得到极大的觉醒，自人类进入现代社会，人们如何处理"过去"和"现代"成为一个普遍性问题，如何对过往进行扬弃，适应新的时代，是现代化过程中所有领域都必须面对的。现代化的过程还伴有全球化过程，使得"全球化"的一般性与"民族"的特殊性之间的碰撞，较以往更为激烈，受到人们的普遍关注。

关于建构理解和把握现代的概念框架和现代化进程中人的生存问题。"现代"是标志人类文明发展的形态学概念。从横向空间的角度来讲，现代就是指现代社会；从纵向时间的角度来看，现代就是指现代历史。当历史进入现代，哲学家以实践思维的方式关注现实，对热点问题作出与时俱进的哲学审视，从而超越虚无与喧嚣，安顿我们的心灵。置身于现代性的境遇，我们需要解读当代哲学的公共视野，反思现代性的悖论与后现代哲学的解构之维，思考如何在时代语境中哲学地"改变世界"，阐释人们在现代社会实现自我的思想根基，对人生的可能之路作出兼具现实性与超越性的价值选择，回归生活世界的精神家园。

从西方现代化的大背景看，现代是人被确认为认知主体、权利主体和欲求主体的解放时代。资本和权力以不同的方式规定了现代主体性解放在知识生产、权利保障和欲求满足三个维度上的成就与限度。现代展开为以主体性为中心，以资本和权力为两翼，以知识、权利和欲求为支点而构成的立体结构。通过阐释现代的这些基本概念及其相互关系，为探讨人类社会历史发展的现代化历程提供了宏观的总体性视野，避免了单向度的还原主义理解带来的局限。中国式现代化超越了西方现代化的资本逻辑，开创了人类文明新形态。阐释中国式现代化生成，发展、成形和达到理论自觉以及在实践中再出发的规律，是本丛书担负的一个重要使命。

关于从现代化视角关照中国哲学的问题。现代化使得历史的发展呈现出加速度的状态，使得人类自身与当下现实出现了一定的张力，并且这种张力会随着加速度的提升而增大，人受到精神与现实的双重压迫。当我们从传统文化和思想领域切入，为了缓解这种张力，我们需要对传统进行溯源。一方面，从历史的维度对既有思想和理论进一步挖掘，以历史和现实为基础，并对其进行扬弃，为新的思想和理论的建构做好基础性铺垫；另一方面，从历史之中汲取必要的历史经验，以此为依托，与现实经验相互参照，对中国哲学(广义)进行理论上的补充和建构，反思现代文明的发展，以此再返还中国哲学自身，从政治、伦理和生态三个维度对中国哲学进行建构，让理论自身能够与时代接轨，建立中国自己的学术话语体系，以满足现代化社会的发展需要。作为中国哲学(广义)有机构成中的重要组成部分，中国化的马克思主义哲学亦是如此。中国哲学具有鲜明的特点，即历史性特点、经典性特点和批判性特点，需要在历史中重新确立其主体身份，在经典研讨中激活源头活水，在批判性反思中重构自身。若不能深切把握这三个特点，就无异于失却了自我。当代中国哲学关注的问题都是全球现代化进程中的普遍性问题，如哲学的主体性与普遍性、公民教育、启蒙、权力、生态伦理、气候变化等，这些都是持久不衰的话题，既具有理论性质又富于现实意义。通过对它们的认真探讨，可以充分体现中国哲学之于现代社会、现代世界的"鉴照"。

关于现代化进程中的科学技术问题。现代化进程中最为突出的特色是人和技术的高度交互，技术在各个层面都在深入影响人的生活。这不仅反映在技术可以作为一种工具被随意使用，也反映为技术本身在重塑主体性。前沿技术的发展总是超越了现有法律和伦理框架，亡羊补牢式的研究办法不能提前预知技术可能造成的各种伦理困境，人在物的使用中始终保持高度的道德自由。所以，我们能够把握的，只能是人的意向，技术造成的结果完全由人的意向决定。随着我国进一步深化改革，国际政治经济实力进一步提升，如何处理技术发展和伦理之间的张力成为亟须解决的问题，建构一个有说服力的、能够连接人和技术人工物的主体性观念，并给技术哲学，尤其是技术伦理学讨论提供规范性资源，成为哲学的又一历史任务。当前，中国社会正在进入深度科技化时代，科技在带来巨大机遇的同时也带来诸多风险和挑战。诸多技术风险无法通过技术评估的方法得以规避，这是因为技术评估思路预设了技术是中立的工具，人是唯一的能动者这一现代形而上学，继而无法深刻理解人与技术的关系。只有克服这一现代形而上学，才能真正解决技术风险问题。技术意向性研究指出，技术并非是中立的工具，可任由人使用。技术有意向性，技术意向性始终调节人的知觉，深刻地影响人的根本存在。人与技术在能动性的生成意义上是彼此共构的。伴随科学技术和全球经济一体化的推进，现代化同人们的生活紧密交织在一起，从思维到人们的实践活动，再到社会制度，乃至人们的信仰，都受到了影响和改变。面对时代的变迁，原有的逻辑思维方式已经不能适应快速发展的现代化，逻辑和批判性思维能力的现代化成为亟待解决的时代课题。如何提高人的逻辑和批判性思维能力，是我国现代化进程中必须认真对待的问题。

关于现代化进程中的伦理问题。现代化进程极大地改变了人们的现实环境，使得人们的交往方式发生改变。而互联网的迅猛发展，对基于以往生产方式和生活方式的伦理和道德提出了挑战，如何从思路、手段、途径和方法等方面提出可行性的应对方案，如何在延续原有道德和伦理的优良因素的基础上继往开来，成为中国现代化建设过程中需要攻克的难题。其中，中国网络社会的伦理问题值得关注。网络社会具有区别于农业社会、工业社会的现时代特征，这就是以信息技术为主导的科技进步带来的人的生存方式、交往方式和时空观念的巨大改变，这是对网络社会之历史必然性的揭示。中国政府、中国企业、中国国民在网络社会中提出了多种应对方式，同时面临不少困境。研究者从理性主义现代性问题意识入手，从责任伦理出发，依据责任的大小和关联程度，着重探讨中国网络社会中的各个不同主体的责任及其实施方式，从应用伦理层面为中国网络治理的合法性和构建基于网络社会的人类命运共同体的尝试提出了学理建议。

关于国家治理体系和治理能力现代化的问题。国家治理的本质是在国家与社会之间建立一套规范性系统，这个规范性系统不能仅仅用"典章式"的制度体系来概括，而应被理解为一个良性的、"活的"社会生态系统。要建成这样一个系统，不仅需要制定一系列设计完备、相互衔接的制度体系，更需要在运行这个制度体系的过程中形成一种良性的活动机制。前者是治理体系的基础，后者是治理能力的核心。国家治理的规范性系统需要德治即伦理系统的驱动，伦理系统虽然也是一种约束机制，但这种约束是一种自我约束，其目的是追求某种道德价值。法治不但要契合这些伦理特性，而且要稳定、优化、提升和重组这些伦理特性。从国家治理的角度讲，这就是法治的规范性功能。立足于这一功能，法治构成了国家治理之规范性系统的两大支柱之一，为社会的良性运行提供了刚性的约束机制。在国家治理体系与治理能力现代化的大背景下，为构建国家治理的伦理系统提供一个理论论证和建设思路，研究者从政治与伦理的关系讨论当代政治哲学中道德主义与现实主义的关系，并提出新时代马克思主义伦理学与德治文化共同构成当代中国国家治理现代化事业的文化之基，这是一种具有中国特色的现代文化治理方案。

此外，本丛书还从马克思主义中国化时代化以及当代中国社会实践发展的角度探讨了中国式现代化的实践逻辑。

中国已踏上现代化的新征程，中国与世界的联系更加紧密。在世界历史进程中把握中国式现代化的民族性和世界性，认清中国现代化道路的特质，是中国哲学工作者的重要使命。我们期待这套丛书能为关注现代化的读者提供一些参考、引发一些思考。

十分感谢中国人民大学"双一流"建设项目和北京市"双一流"建设

项目的资助。2019年，中国人民大学哲学院承担了"北京市与中央高校共建双一流大学"项目"现代化进程中的哲学问题与哲学话语"。本丛书是该项目的成果。最后，感谢辽宁人民出版社的大力支持，使本丛书顺利出版。

郝立新

2023年4月

序

在本书中，我们将走上思考现代的道路，也就是走上思考我们自身存在的思想之路。现代就是我们，我们这些人在其中展开自身的存在过程和存在状态。思考我们自身的存在，将思想指向我们自身在其中展开的存在过程和存在状态，并且根据我们自身的存在感受去思、去在，这就是自身投入着的思，也就是有所牵挂地将自身置入其中的存在之思。思着—在着的都是我们自己。

因这种自身投入，这种自我关涉，存在之思并不止步于存在的知识。自我关涉的存在之思在存在中思考，并且要求我们思考着去存在。没有人能够代替别人思考，就像没有人能够代替别人活着一样。我们思考着存在，思考着规划我们自身的存在，指示可能方向……

关于现代的思考其实已经很多了，各种形式的都有，表象性的或者本质性的都有。我们是在重思现代。我们讲的重思，是指通过反思和再思，尝试以新的方式和道路通达同一者，发掘同一中的差异。重思挑战思想的确定性，本质上是解构。解构就是要松动那些固化的思想或者存在结构，努力开启一种新的思存关系。

重思蹒跚在同一与差异的中间地带，负重前行。这不是说各种各样的文字材料和话语体系，汗牛充栋，因此重思是负重，而是说存在于话语和文字的杂多与喧嚣中，我们艰难地凝视自己的存在，自我关涉地思考我们所是的存在，因此心事重重，步履艰难。

我们想的很多，说的很多，但有时像打滑的车轮空转一样，根本没有上路；有时是在表象和意见中误入歧途，而且是以真理的名义召唤着他人一道误入歧途；有时远离舒适区，在高寒缺氧的无人地带探索着前行，孤独而疯狂……

本书的任务是逼视我们自身所是的存在，以便尽可能保持清醒和警惕，如临深渊、如履薄冰般地去思，去在。如此而已！

是为序。

目　录

第三章

资本对现代主体的规定

第四章

权力对现代主体的支配

第五章

现代的辩证展开过程

第一章

现代作为我们
之所是

第一节　存在与现代

一

今天，我们要来一起思考现代问题，讨论现代问题。这是什么意思呢？我们生活中发生的每一个问题不都是现代问题吗？现代有环境污染问题、核战争问题、民族国家冲突问题、生物多样性问题、人工智能问题，等等。的确，现代有很多问题，有很多的问题发生在现代。现代问题重重，我们应接不暇。但这些都不是我们要思考的现代问题，而是发生在现代的问题（problems in modern times）。我们并不是要一个个地去讨论这些问题。讨论这些现代的问题是具体科学、具体学问要做的事情。我们要思考的是现代问题本身（the problem of modern times in itself），是现代本身，即现代之为现代的问题。也就是说，我们把"现代"本身作为问题来思考。把现代本身作为问题来思考，不是任何具体科学能做的事情，通常的历史学和社会学等在这个问题上也无能为力。历史学关于现代发生的各种事件、人物的记录、呈现和反思，社会学关于现代社会结构要素、基本特征、运行机理的刻画和建构，都不是对"现代"本身的思考。我们甚至可以说，现代作为现代这个问题还没有在这些具体学科的进展中本质地提出来。具体科学提不出这个问题，具体科学不这样提问题。关于现代，我们拥有很多清清楚楚的知识，但却迷迷糊糊地活在现代之中。我们迫切地要来谈论现代本身。谈论现代，本质上就是谈论我们自身所是的存在。这是一条通达历史之思的道路，一条通达存在之思的道路。只有真切领会了我们自身之所是，我们才能通达历史，才能真正通达存在。

也许大家会想，我们只要思考了各种现代的问题，即在现代发生的各种问题，我们也就思考了现代。我们将各种现代的问题解决了，也就解决了现代问题。现代不是表现在现代生活、现代政治、现代文化、现代制度等等当中吗？离开了这些具体的领域和事物，也就没有了"现代"的概念。如果不思考现代的这些具体问题，难道还能够把握现代问题吗？离开了这些具体问题，现代问题不就成了一具空壳？看起来确实是这样的，是这些不同的东西撑起了现代，没有这些具体领域中存在的问题，也就没有现代问题本身。不过，我们也可以反过来想想。人类社会始终存在着政治、经济、文化、制度等等，而且各个领域在不同时代都会产生不同问题。那么，这些领域产生的问题在什么意义上是现代问题，这些领域在什么意义上与前现代不同，因此被称为现代经济、现代政治等等？各种事物和现象成为现代的，因此具有现代特征，这是什么意思？"现代"并非只是一个时间概念，好像存在于这个时间段的事物就是现代的。如果是这样的话，我们就不可能评论一个生活在现代的人"传统"了，我们更不可能有"现代化"概念了，因为现代化说的不过是"使……成为现代的""使……具有现代的特征"。现代规定了具体事物，具体事物具有了现代的这些特征，它们才成为现代的，才是现代的。也就是说，我们只有从总体上、原则上理解了"现代"，我们才能更加深入地理解现代的事物以及各种现代的问题。现代规定或者说构成了事物的历史性，使它们成为现代事物。现代是使现代事物成其为自身的存在视域，是使其如此存在着的"周遭"。这也就是说，现代是现代具体事物展开构成的共在总体。

人们当然可以具体地研究现代的问题，形成各种描述性的科学知识，诸如经济学、政治学、社会学、历史学和心理学等学科关于现代的各种知识。但是，这些具体的科学知识相加并不等于对现代的理解。何谓现代，现代之为现代这样的问题，不是按照部分与整体或者要素与总体的循环定义能够通达的。因为这个问题的提问方本身就包含了一种独特的致思方向，一种独特的通达问题的道路。我们希望通过这样一种独特方式与大家一起走上思考现代的根本道路。我们讲的现代问题，就是我们本身所是的存在问题。存在问题有存在问题特殊的提问方式和思考方式。存在本身的问题是不能通过科学方式达到的。科学方式只能通达存在者，通达存在的诸领域，而不能通达存在本身。我们这里提出的现代问题，现代之为现代的问题就是一个存在问题，不是某种存在者，或者某一存在领域的问题。思考现代之为现代，既不能实验，也不能调查，既不能计算，也不能描绘，只能通过特殊的思路才能够通达。这就是存在之思。

对现代之为现代的存在之思，不是任何现代意义上的科学能够完成的，当然也不是传统哲学能够完成的。它既不是传统哲学关注的对象，也不能成为现代科学的关注对象。而且，这种存在之思的目的不是像传统哲学那样要形成普遍的绝对真理，也不像现代科学那样要形成描述性的正确知识。传统哲学和现代科学都不会讨论现代本身。我们将探索现代之为现代的问题作为超越经验科学并且超越传统哲学的任务提出来思考，已经意味着一种特殊思路，存在之思的特殊思路。本质性的思路规定了本质性的问题。现代之为现代就是这种本质性思路提出的本质性问题。这里的本质性不是说如何重要，说的是事关本质。现代就是我们本身所是的存在，既不是本体论中的"存在本身"，也不是被各种科学研究的存在者和存在领域。现代，存在，现代存在。只有一种特殊的存在概念被确立起来了，关于现代的存在之思才是可能，也就是说，才可能是富有成效的。因此之故，我们对现代的思考，首先要思考的是哲学的存在概念。在新的思想视域中，也就是在传统哲学与作为其继承者的现代科学视域之外，现代问题才能作为一个重大的存在问题得到确立。对现代的存在之思才能真正成为对我们自己所是的存在之思。此种存在之思才是一种存在的"自身投入"。"自身投入"并不是说"思"指向了自身存在——思固然因此指向了自身存在，而是说在思中通过思而存在。思着投入存在，思就是存在的投入。这个"投入"与传统哲学中的思存二元论的"反思"毫无关系。

<h1 style="text-align:center">二</h1>

哲学的本质形态在西方。以西方为本质形态的哲学之根基是本体论（Ontology）。亚里士多德将本体论规定为关于存在之为存在的学问，也就是关于存在本身的学问。存在和存在本身是什么？是理念，是数，是神，是逻各斯，还是唯一的上帝？西方哲学提供了不同的答案，但所有这些备选的答案都不是真正唯一的答案，因为要追问的是"一"，却出现了"多"种不同的 "一"。这是一个谜一般的问题，它是传统西方哲学的根本。传统西方哲学就是在这谜一般的根本上走向迷途，异彩纷呈。存在之为存在就是存在本身，问题恰恰是这个存在本身需要思考。在古希腊哲学的本体论中，存在作为存在本身相对于具体的存在者而言。具体的存在者只是某种存在，是具体的是什么，它们总在时间和空间的规定之中，因此是差异和相对关系中的存在者。具体的存在者是什么，或者不是什么，它们总是能够被规定因此能够被定义的存在者。存在本身却什么也不是，什么也不存在，否则它就是某种存在，每种有规定的存在者，而不是存在本身。存在本身只是无规定的存在本身。存在本身只有什么也不存在，什么也不是，才可能成为所有事物共同的存在，共同的"是"。本体论就是超越具体的事物追问这个存在本身的学问。存在之为存在，首先是指存在的绝对普遍性，只是存在之为存在，而不具体存在什么、不具体是什么。

这就是说，存在本身是绝对的抽象，是抽象掉了所有规定性的无规定的存在本身。这个存在本身就是西方古代哲学通常讲的本体论的本体，或者说被理解为本体的存在概念。本体作为存在概念最初的本质形态，是抽象的绝对同一性本身。因为本体不是指任何具有有限规定性的事物，而是所有事物的最高抽象，它首先意味着绝对普遍性，没有区分，不能被分割。它是绝对单一的"一"，是不包含多的"一"本身。有了区分就不是存在本身了，就只是某种类存在，或者某种存在了。比如说物质存在，精神也存在，物质和精神只是存在的下位概念，是存在区分之后的两类存在，其实是存在者，而不是存在本身。黑格尔因此说这两个绝对无限的理念也是有限的。存在本身意味着绝对的普遍性，是还没有区分精神和物质的那个存在本身。所以，被理解为本体的存在概念，首先指的是作为绝对普遍的存在本身。如果不普遍，有限了，它就不是本体。

但问题还没有结束。存在者不仅在空间上分成不同的种类，具有空间上的不同而相互并置，总是"是什么"，因此不是存在本身。而且，存在者在时间上区分成不同的样态，具有时间上的差异性而相互继起，总是"何时是"，因此不是存在本身。依据三维时间中的过去、当下和未来，存在者可以分成曾在、现在和将在三种存在样态，它们分别是不同的时间维度上的存在者之存在[1]。因此，在西方语系中，be有时态的变化。过去时、现在时和将来时分别表现的就是存在者的三种不同存在样态。存在者总是在具体时间维度中存在，表现为不同的存在样态，而存在本身则没有时间，它不变化。"存在是一，存在是不变的"，存在是那个没有时间性规定的存在本身。也就是说，本体论中的"存在"在时间性的维度上是超越时间的。当从时间性的角度去理解存在本身的时候，存在本身没有时间，不能有时间。存在本身是时间性事物的绝对端点，不在时间之中，时间中的事物由它而来。时间中的事物总是在引起和被引起的因果关系之中，因此是有时间的，只有没有时间规定性的存在本身才不被引起而又能

---

[1] 罗骞：《超越与自由——能在论的社会历史现象学》，北京师范大学出版社2019年版，第59页。

够引起万物，不被产生而能够产生万物。存在本身就是世界之第一因、第一推动者，具有绝对在先的作为世界创造者的绝对本原性。以古希腊为开端的西方传统哲学中，本体论的存在概念就是指这种作为世界绝对本原的存在者。因为存在本身作为绝对普遍和绝对本原规定并支配着经验的现象世界，现象世界中的存在者只是分有和体现了存在本身的普遍性与本原性，因此本体论中的存在概念同时就是世界的绝对本质、世界的根本规定。

本体论中的存在本身就是世界的本体，也就是作为绝对普遍、绝对本原和绝对本质三重规定相统一的绝对存在。我们称之为本体概念的三重存在论规定，也就是ontology论存在时对存在的三种根本规定。它们是论存在本身时的思想规定，而不是存在本身的规定。古希腊哲学从其开端处就以本体论为基本形态，它对存在的理解就在这三重基本的存在论规定中。从这三重规定可以看出，本体论中的存在作为本体不是经验中的现实，不是现象，而是超越经验现象的绝对存在。这个"绝对存在"事实上并不存在，它作为范畴乃是通过抽象主义、基础主义和本质主义思维方式得到的观念残存物。这个观念的残余，这个范畴被理解为绝对存在、世界主宰，真正存在、永恒绝对。

与此相反，经验现实、经验现象中的具体存在者则被看成是"非存在"，被看成转瞬即逝的幻象。这种作为幻象的"非存在"不是思想和哲学的对象，而是经验的对象、感觉的对象。关于"非存在"形成的是不确定的意见，相对、多元的不确定意见没有真理性的价值。哲学是以存在之为存在本身为对象的，它事关存在之为存在的永恒的、绝对的真理。存在与现象的对立是传统西方哲学根深蒂固的二元论典型。这个二元论的元结构规定了西方传统哲学的基本方向，它在中世纪取得了宗教神学的形式，本质的上帝之城与现象的尘世之城对峙。哲学最初关注的存在本身到此成为人格化的上帝。上帝就是人格化的本体，就是世界绝对普遍、绝对本原和绝对本质的存在。所以尼采和海德格尔都说过，基督教是民众的柏拉图主义。基督教神学就是神圣化了的形而上学。从早期的本体论哲学到宗教神学，哲学对存在的思考走到了对现实的贬低乃至于无视。在这个方向上，关于存在的哲学就成为形而上学和玄学，思考抽象的绝对存在而不是具体的现实。到了近代，这个二元论体现为以笛卡尔为开端的认识论哲学中的心物二元论。作为内在意识展开的现象世界与作为自在之物的本体世界之间构成了难以贯穿的对立。认识论的反思哲学没有击碎而是接受了这个强大的二元论传统的绝对统治。抽象的反思性在反思传统经院哲学的同时继承了"亲生父亲"的全部遗产。原来，观念中建构的世界被看成世界本身，在这种非反思的信仰中获得了同一性，存在与现象在这种盲目同一性之中构成对立。现在，反思性意识到了观念的世界不同于世界本身，盲目的信仰被击碎后陷入怀疑论的分裂，存在与现象之间的对立表现为内在意识中展开的现象界与意识之外的自在之物之间难以统一和难以贯穿。传统哲学的存在概念及其建制抵达了自身的极限和边界。

在本体论中，思维从具体性和直接性走向了抽象性和与间接性，体现了人类思维的根本性进展。黑格尔在讨论"水是世界的本原"这一西方哲学的第一命题时，深刻地揭示了这一点。但是，通过本体论的绝对抽象，在无时间和无空间规定中抵达的那个绝对本质的存在，实际上是绝对的"无"，是除了存在之外什么也不存在的空洞抽象。它抛弃了实存，抛弃了现实，抛弃了现象，抛弃了能够思辨抽象的人本身。作为空洞的有本身，实际上什么也没有。存在本身没有空间，也没有时间，上帝不是在时间和空间当中，圣言和神意作为绝对也是永恒的真理。哲学关注永恒的存在和永恒的真理，而不理睬卑污的现实。抽象观念被当成了绝对的现实，现实本身就被遮蔽了、被遗忘了、被降格了。在本体论中，思想围绕着本体打转，绝对存在和绝对真理只能由思辨、想象和信仰来支撑，最为理性的形上之思变成了反理性的独断主义和绝对主义体系。本体论中的存在是脱离了自然、也脱离了人的思辨抽象，但却被塑造成了自然世界和人类历史的创造者、支配者与主宰者。本体论中的存在实际上是虚无，即作为有本身却什么也没有、作为是本身却什么也不是的无本身。

如果现实存在、现象存在，以本体论为核心的形而上学不研究现实与现象之间的经验关系，它研究的是不在经验现象中的存在本身及其逻辑。我们，我们所是的存在不在形而上学中存在，或者说只是形而上学中作为现象的非存在的存在。形而上学本质上因此变得敌视人了，敌视存在了。它关注的是绝对范畴以及由绝对范畴生殖出来的范畴之间的关系。因此，我们向来所是的存在要成为思想的中心，这种本体论的存在概念必须被打破，思想必须超越本体论的基本定向，走出由其规定的形而上学思想视域。只有当存在不再被理解为绝对的抽象同一性的存在本身，而是经验中展开的现实过程时，我们才能真正触及存在本身，触及我们自身所是的存在。为挣脱形而上学本体论的束缚，人类思想经历了漫长的历程。今天我们还在这一艰难的历程中。经历了马克思、尼采、海德格尔、维特根斯坦以及后现代诸多思想家的努力，也许我们可以说人类已经走进了超越思辨本体论的后形而上学思想视域。但是，就日常意识来说，告别思辨本体论的存在概念及其思维方式，还有较长的一段解放路程要走呢！今天，不是到处都还有人在用绝对主义与独断论的方式思考和说话吗？

三

我们说，存在概念被规定为本体，绝对普遍、绝对本原和绝对本质的存在本身，乃是由于思维采取了一种还原主义、基础主义和本质主义的方式，试图在经验的现象之外、之先、之上去寻找绝对存在，追问存在本身，而不是将存在理解为现象、理解为现实，因此不是将哲学真理理解为一种生存实践中的存在关系，理解为对象性的、历史性的存在领会。告别思辨本体论就是要告别本体论的存在概念和构成这种存在概念的思维方式，以及由这种存在概念和思维方式决定的抽象真理观。从抽象的绝对存在回到生动的现实。存在就是现象，就是展开的过程本身。现象之外没有存在。也就是说，存在不是某种存在者，更不是某种绝对的存在者，而是时间和空间中展开的多元与差异的现象，是作为关系、状态和方式展开的过程。存在之思应该思考这个经验的现象世界和现实世界，将差异、多元、相对和有限确立为思想的原则，在生存的时间性和空间性中领会存在，而不是将存在抽象为无，抽象为没有任何规定性的存在本身。

这样一种存在概念的变革在历史唯物主义那里已经本质性地发生了。马克思本人尖锐地批判过本体论的思维方式，批判过形而上学的抽象。我们这里不能全面呈现这一批判的细节。但可以明确指出的是，这个批判的意义在于开启了一种超越思辨本体论的思想视域，告别了传统西方哲学的抽象本体论，我们称之为后形而上学的存在论视域。马克思带领我们走向了真正的现实，从天国走向尘世，走向了现象的、经验的世界。在这个视域中，对现代，亦即对我们之所是的存在之思成为思想的本质任务。回顾马克思思想历程，我们可以看到，这一思想道路的开启是从宣告传统形而上学的终结开始的。也就是说，现代概念成为思想的主题恰恰在于摆脱哲学对现实的无视，摆脱本体论形而上学的存在概念及其思维方式。存在不再是没有时空规定的抽象本体，而是我们生存的现实。简要地说，在马克思的历史唯物主义中发生了两个根本变化，这两个变化使得思想走向了后形而上学视域，存在概念告别了思辨本体论的形态。

第一个变化是社会和历史成为存在范畴。不再以抽象主义、还原主义的思维方式把握世界，存在不再被理解为脱离了自然和人的抽象绝对，不再是自我同一的自在实体，而是现实的展开过程和展开状态。历史唯物主义告别了传统本体论的问题框架，不是把抽象的存在本身及其逻辑作为研究对象，而是把社会和历史作为思想对象。社会和历史成为基本的存在范畴，分别从横向和纵向揭示物性中由人的生存实践建构的超越物性的存在领域。存在不再指抽象的绝对存在者，也不是指某种具体的存在者，而是多元差异的事物以人为中介展开的事态。作为历史唯物主义阐释对象的社会历史就是人的现实存在状态和存在过程，也就是人们共他者而在的共在状态和共在过程。在历史唯物主义看来，历史不过是追求自己目的的人的活动而已，社会存在就是人们现实生活的生产和再生产，所有这些表达，意味着历史唯物主义所理解的存在概念，乃是生存实践中介的现实，它瓦解了思辨本体论存在之为存在的绝对本体概念，开启了一种新的存在论视域。

第二个变化是社会性和历史性成为基本的存在论范畴。这个变化讲的是不再以抽象主义、还原主义和本质主义的方式理解世界，追问绝对存在和绝对真理，而是强调存在物和存在意识受到生存实践活动中介的相对性、有限性，要求以社会性和历史性的意识看待现实的存在过程和存在意识。社会性意味着在社会生存的空间关系中看待事物，揭示事物和观念存在的空间相对性和有限性，从而把握事物具体的真实存在。也就是说，存在不再被看成是离开社会空间的绝对普遍性这一抽象，而是指事物在社会空间中展开的现实状态和现实关系。因此具体事物的存在性不是指抽象的自在规定性，而是指在社会空间中的具体身位，在社会空间当中形成的特定关联和特定性质。历史性意味着在人类实践的时间维度中理解存在，而不是抽象掉时间性试图通达世界的绝对本原。因为那个本原作为非时间的绝对存在的端点事实上只是"无"。历史唯物主义要求在具体的实践过程中把握事物的历史性，即存在的变化，变化中的差异，而不是时间长河中不变的抽象同一性。历史性意味着生存实践中相对的确定性意识，既超越非时间的抽象同一性，也超越否定同一的绝对流变。

社会和历史成为存在范畴，与社会性和历史性成为存在论范畴是同一个过程，就像本体论的存在概念和本体论关于存在的思维方式共属一体一样。以生存实践为基础的社会历史成为存在范畴，意味着社会性意识和历史性意识必然成为基本的方法论原则，二者开启了后形而上学的存在论视域。存在不再是指绝对普遍性、绝对本原性和绝对本质性的存在本身，而是由对象性关系中的具体存在者展开的社会空间和历史时间，意味着被把握到的存在者总是社会和历史中的具体的、变化的差异与多元的存在，是具有社会性和历史性的具体存在者。社会性和历史性意味着对象性存在的差异性、多元性、特殊性、流动性和可能性，而不是静止、永恒、同一的自在存在。存在者在社会和历史中成为有意义的存在者，存在者的存在就其是社会性的、历史性的规定。正因为立足于这样的存在论意识，连自然也被看成一个社会范畴，是历史的自然，社会的自然。历史唯物主义不在社会性和历史性之外讨论自然本身的自在存在。不被中介的自在自然只是想象中的存在，它不是现实的我们生活于其中的自然。认识自然不是确认自然自身，而是揭示自然事物在社会历史中展开的属人的规定性。

存在之为存在的本体概念及其思维范式被彻底瓦解了，存在论不再是关于存在之为存在本身的理论，也就是说，不再是传统的本体论，存在不再被理解为抽象的绝对本体，而是现象和现实，是具体实践中展开的状态和过程。在现实的状态和过程之外没有抽象的存在本身，存在本身只是观念抽象的残存物，只是观念地预设的逻辑前提或者普遍抽象的逻辑结果。存在不再被理解为绝对本体，而是现实和现象。存在之思关注的存在就是具体时间和空间中呈现的状态与过程。在这样的意义上，存在不再是指存在者，不再是指实体，更不是单纯指一种自己存在的实体，而是作为状态和过程展开的关系与性质。因为实践概念的引入，社会和历史成为存在范畴，存在还在特殊的意义上是指人的实践中介的现实状态和过程。人不仅在实践中观念地把握存在，而且在实践中建构特定的存在过程和存在状态，形成特定的存在概念。社会历史作为实践中展开的空间状态和时间过程就成为基本存在范畴。这意味着现代作为我们所是的存在走进了思想的核心地带，成为一个存在论意义上的范畴。存在之思因此必须迫切地思现代。存在之思思及的现代就是作为我们所是的存在之展开状态和展开过程的社会历史。

四

按照马克思和恩格斯在《德意志意识形态》中的说法，哲学或者说思想从思辨的天空回到了现实的大地，从观念的绝对抽象回到了经验的现实。思想不再将揭示没有时间和空间的绝对真理作为自己的任务，而是变成了对现实的经验描述。当然，这里并不是说思想只是描述，只是对实存的观念再现，因此历史唯物主义只是一门实证的经验的科学。如果这样来理解的话，就根本误解了历史唯物主义的基本性质了。这里强调的是思想方式和思想对象的根本性变化。也就是我们讲的存在概念以及形成存在概念的思维方式的基本变化，从形而上学本体论向后形而上学能在论视域的转化。通过这一转化，社会历史现实成为思想的对象，而且社会性和历史性成为存在论的基本原则。这不仅意味着社会历史作为存在概念，因此是实践中展开的可能状态和可能过程，而且意味着时间性、相对性和有限性等存在基本的思想原则，因此关于存在的意识成为一种可能性意识。在这个意义上，我们可以称历史唯物主义视域中的存在为能在。存在被领会为居于实践的能在，乃是存在论历史的一个根本性变革。

正是在这一根本性的变革中，历史唯物主义的基本主题和思想旨趣被确立起来了。这就是对现代性的存在论批判。现代成为社会历史存在论的核心范畴。现代作为社会空间和历史时间的统一，是标志社会历史之特定存在状态和特定存在过程的存在论范畴。一方面，我们只有在存在论视域的变化中，超越了思辨的本体论概念，现代才能被理解为一个存在范畴，它被用于揭示人类共在整体之特定的共在状态和共在过程；另一方面，只有通过对现代之为现代的存在论揭示，才能真正地展开后形而上学的社会历史存在论，社会历史存在论才不会成为"抽象的历史哲学"，而是内含了具体时间性和空间性维度的社会历史现象学。在这个意义上，我们才能够理解资本论是现代性批判的基础存在论，是现代性的社会历史现象学这一根本论断。更为重要的是，对于现代的存在论批判作为存在之思，乃是我们对自身所是的存在之投入，因为现代乃是我们所是的存在自身投入着的展开。存在作为能在，存在之思不过是存在自我展开之方式和环节。

将现代把握为一个存在论范畴，就是赋予它一种本质性的"缝合"意义，以便形成一个对抗本体论同一性存在概念的总体范畴。也就是说，通过现代概念，特定社会空间和历史时间中的事物与现象被观念地汇聚到一起，成为相互关联的存在总体。这个总体赋予其中的具体存在者特定的社会性和历史性，它们因这种共有的社会性和历史性而共属一体。现代就是这个共在总体。它不是指某种存在者或者存在现象，而是存在者和存在现象的特定链接方式、状态、关系与过程，是特定的场域，是由诸存在者构成并在之中存在的世界。讲现代的时候，讲的就是现代社会、现代历史、现代世界，就是进入此一场域的诸存在者的存在总体。因此，我们不能指望通达具体存在者的科学方式能够通达现代。同样，我们也不能指望以抽象同一性本体和真理为目标的传统本体论能够关注现代，成为领会现代的存在之思。值得关注的恐怕还在于，与传统哲学作为本体论形而上学把握不了现代一样，科学恰恰因为它是"现代"的而错失了揭示现代之为现代的可能性。现代科学本身恐怕都要通过对"现代之为现代"的思考才能得到深入的理解。科学是关于诸种存在者领域的学问，而现代之为现代却事关诸存在者之为如此这般的诸存在者的存在总体。今天看来，真正的存在之思，必然关乎现代，必然是以思之方式切中展开的现实，并且自觉地将自身看成展开着的现实。

第二节　历史与现代

一

当我们以一种存在之思的方式来把握现代时，我们说现代就是一个存在范畴。这个命题得以确立的前提是我们既不能以思辨本体论的方式思考存在，也不能以现代科学方式研究存在。思辨本体论不去思考现代，它的概念体系中不可能有作为现实的现代，因为它以抽象的方式展开没有具体规定性的存在本身及其原则；实证科学不能思考现代，它的研究方式不能把握作为总体的现代，而只是以表象性的方式描述具体的存在者及其存在领域。把握现代需要新的通达存在的思路。在这条思路上，存在既不是指抽象同一性的绝对存在本身，也不是指时间和空间中的某种具体存在者及其领域，而是"具体的总体"，更确切一点说是"具体—总体"。"具体—总体"之间的这个连接号不是表明两个概念之间的关系，把两者分开来，或者说把本来分开的两者连接起来；而是说具体和总体相互构成着的统一，具体或总体并不独立地具有某种优先地位或者平等地位。在存在之思的思路上被领会的现代概念就是"具体–总体"。构成这个概念的具体和总体既不同于普遍与特殊，也不同于整体与部分的关系。因为普遍与特殊是名与实的关系，整体与部分是大与小的关系，而我们讲的存在作为"具体-总体"是诸存在者之展开场域和展开状态，或者说是作为展开场域和展开状态的诸存在者之存在。存在者不同于存在者的存在，这就是海德格尔讲的存在论差异概念要表明的意思。存在作为展开着的"具体-总体"并不是存在者构成的存在者集合，而是存在者的存在自我展开的场域。存在者的存在构成这个场域，而这个场域规定存在者，揭示存在者展开着的存在。现代就是这样一种意义上的存在范畴。作为"具体-总体"的存在范畴，是诸存在者之存在构成并在其中得以显现和在场的存在总体。现代是我们把握诸存在者之特定社会空间性和历史时间性的存在概念。人成为现代的，自然成为现代的，文化成为现代的，乃是因为现代规定了这些事物如此这般地在场和显现的方式。因此，我们只有理解了作为存在范畴的现代概念，理解了"现代的"的基本意义，我们才能理解人、自然、文化等的现代性。

现代的人、现代的自然以及所有的其他事物在何种意义上是现代的？我们为什么可以用现代来限制完全不同类的事物，不论它们是自然的实体性事物、精神的观念性事物，还是行为的制度性事物？是不是因为这些事物在物理的时间意义上同时在场，并且与我们在一起，因此我们就称之为现代的？如果是这样，古人因此有他们的现代，将来的人也有他们的现代，现代成为一个随着言说者迁移的概念，它在历史的时间轴上不停地滑动，如此这般没有规定性的现代也就不成其为现代，也就没有现代了。当我们使用"现代"这个概念的时候，显然赋予了它特定的含义。它被用于指称人类存在的特定形态。这种人类特定存在形态的概念源于对人类存在总体的领会，就像有了对个体生死的总体领会才能够区分出少年、青年、中年和老年的不同人生阶段一样。在人类存在总体中，现代概念被用于指称我们所是的存在。我们依据对自身所是的存在的特殊领会将它从历史的总体中勾画出来。现代不同于传统时代，也不同于未来时代。这种不同就是特殊性，就是差异，就是现代之为现代的规定。现代当然是时间性的，但现代的时间范围由于这种存在论上的差异得到规定，而不是相反。

现代作为一个领会人类存在形态的形态学范畴，它在时间中展开，但不能归结为抽象的时间概念。是现代之为现代的原则规定了时间的现代性，而不是主观划出来的时间范围规定了现代。因此，我们不能说存在于某一时间范围内的事物就是现代的，一个事物的现代性不是由其所处的时间来规定的。当年马克思在《黑格尔法哲学批判》中，曾经批判落后的德国不是历史的同时代人，有时我们也会说一个身边的人很传统、很不现代。我们根本不可能通过抽象的时间本身来规定和认识现代。恰恰相反，现代的起止时间依赖于现代概念，依赖于对现代之为现代的理解。这种理解不是物理的时间规定，而是对人类存在历史的领会，是对作为人的共在展开状态和展开过程的社会历史的存在论领会。依据这种领会，我们将我们所是的存在在形态学的意义上理解为现代。符合这种形态学领会的事物才是现代事物，才会被看成是现代的。有了这种现代的形态学领会，才有现代的时间规定。因此，在马克思所处的时代，马克思有权判定当时的德国不是现代国家，不是历史的同时代人，而巴黎才是新世纪的首都。如果说现代有时间性，或者说现代意味着一种时间概念的话，它是一种立足于生存领会的时间，一种历史性的时间。

二

我们常常在不同的意义上讲时间。指时刻、时段等经验意义上的时间概念不谈，理论意义上的时间概念也十分复杂。物理学上讲的是一种客观的时间，时间和空间一道构成物质的存在方式。这种时间概念从亚里士多德、笛卡尔一直到当代的物理学，源远流长。自然唯物主义讲的时间概念本质上就是这种物理学意义上的客观时间。康德从认识论哲学出发讲的时间则完全不同，其不是指这种外在事物的存在形式，而是从属于认识主体的先天直观形式，它同空间一样构成人类感性认识的先天条件。现象总是在先天直观形式之中呈现为知性认识的经验对象。时间和空间作为直观形式是感性认识的主体条件。在康德这里，时间概念摆脱外在的抽象客观性回到了内在主体。到了胡塞尔，虽然仍然在内在性的框架之中谈论时间，但时间已经被看成了内在意识，而不再是单纯的直观形式，胡塞尔由以出发的出发点还是康德巩固起来的内在性原则。通过对这种内在性时间概念的批判，海德格尔将出发点移居到"此在"，时间被看成此在在世的基本结构。海德格尔从人的有死性中给出此在的时间意识，时间不再是抽象的内在意识或者外在事物的纯形式，而是此在在世的存在论结构，它属于作为此在的人这样一种特殊在者的存在。只有人是有时间概念的，人是时间性的动物。不是人在时间中生存，而是人的存在就是展开的时间。这就是海德格尔代表的当代存在哲学标示出来的时间概念。

这种时间概念，当然不是说物理的时间或者说认识论的时间概念不对，因此它勇敢地纠正了错误，而是说对时间的思考发生了一种存在论的转向。时间概念超越本体论规定和认识论的规定，走向了以人的在世生存为基础的存在论层面。在这个转向中，历史唯物主义的实践概念和海德格尔的此在概念都发挥了极其重要的作用。当然，揭示二者在当代时间概念塑造中的意义及其限度，不是我们这里的任务。但我们很容易理解这种在生存实践意义上得到规定的时间概念。当我们回看既往的时候，我们会发现，时间并不是匀速直线流逝的，重要的历史事件和历史人物赋予时间的特定意义，从而加重了特定时间节点的分量，使之在历史的长河中显得十分突出而耀眼；相反，没有重要事件和人物的时间沉闷而漫长，但却平庸无闻地消失在历史的长河中，成为无法呈现和显示自身的"无"。很显然，时间意识同事件和人物紧密联系在一起，人们的时间意识取决于人们的生命实践活动，取决于对生命活动的领悟，而不是可计量的物理时间。"愁人苦夜长，志士惜日短"，中国古代大量的诗词歌赋对生存时间有深刻的体会和精彩表达。"向晚意不适，驱车登古原。夕阳无限好，只是近黄昏""前不见古人，后不见来者。念天地之悠悠，独怆然而涕下"，等等，时间意识总是与生存的体验相联系，并且意味着独特的审美意象。一年四季的春夏秋冬、一天的不同时段都可表达不同的情绪。比如说"日暮苍山远，天寒白屋贫""日暮乡关何处是？烟波江上使人愁"，诸多使用了"暮"的诗词总是与愁绪相连，往往表达流浪漂泊、睹物思人的生存境遇，此时时间不是一个纯粹客观的物理时间或者内在的意识形式。这是一种生存的时间。有这种生存的时间概念才有作为存在论范畴的历史。历史才不被看成物理时间的延伸，而是生存的展开。在这个意义上，历史才是人的存在，作为个体的人和作为类的人的存在。

历史概念与时间概念内在相连。有什么样的时间观就决定了什么样的历史概念。与存在论的历史相关的时间不是物理的时间或者内在意识形式的时间，而是以人的生存实践为基础的时间概念。历史是把握人类生存时间性的存在范畴。我们将人类存在的展开过程，即生存的时间性称为历史性。描述生存展开过程的过去、现在和未来构成时间的三个维度。在这三个维度上，依据存在者在人的生存实践活动中是否在场区分出存在者的三种不同存在样态。曾在、现在和将在这三种不同存在样态与三维的时间性相应。一个在感性的实践活动中直接在场的存在者的存在样态是"现在"，即现在存在，与其对应的时间维度就是当下；在感性的实践活动中曾经存在，而当下不再存在的存在者的存在样态是曾在，与其对应的时间维度则是过去；在感性的实践活动中尚未存在，但可能存在的存在者的存在样态是将在，也就是将要存在，与其相应的时间维度是未来。也就是说，由于与人的感性实践活动的不同关联，存在者的存在体现出存在样态上的差异，被区分为曾在、现在和将在。存在展开中存在样态的差异给出时间性，形成了与存在者的不同存在样态相应的时间维度。人的感性实践活动是构成存在者存在样态和时间维度的基础。在人的感性实践活动中，存在者不同存在样态和时间维度构成了过程概念。这个以人的生存实践活动为中介的持续性和流动性过程概念就是历史。这种以生存实践为基础的历史概念不同于一般的时间概念，也不同于逻辑的过程概念。在这个意义上，历史概念才具有后形而上学的存在论内涵，区别于一般历史科学意义上的历史和历史哲学意义上的历史概念。历史是从纵向的过程性揭示人类存在总体的存在范畴，它要讲的是人的存在的展开，也就是如何经历时间。我们可以从多个角度来理解这一作为后形而上学存在范畴的历史概念。

后形而上学存在论视域中的历史概念首先与人的存在相联系，不是指一般的时间过程。在马克思的历史唯物主义视域中，历史并不是指所有存在物存在的时间性，它并不研究自然物质世界的存在过程，而仅仅涉及人类的存在过程；所以我们有时也称历史唯物主义为历史存在论；其次，这一历史概念所说的过程性并不是指自在的持续性和逻辑的过程性。历史意指人类的"历时"存在，是以人的生存实践为基础的过程性，或者说就是人的生存实践展开的过程，因此，因果必然性和逻辑必然性并不构成历史的根本原则。历史研究需要深入具体的生存活动，把握生存实践中展开的现实，因此必然要扬弃抽象的客观性原则，不能将生存的历史还原为物性的过程；再次，历史是从历时性的纵向角度揭示人类存在，不同于从结构性的横向角度揭示人类存在的社会范畴。历史突出的是人类存在的动态演进，而社会揭示的是人类存在的静态结构，二者一同构成人类生存的世界概念；最后，历史是从总体性的历时过程揭示人类存在。历史唯物主义的历史概念并不仅仅讲人类的过去，而是包括过去、当下和未来三个时间维度的人类存在总体，是总体地把握人类存在历时性的存在范畴，根本不同于仅仅研究"过去"的历史学的历史概念。因此作为存在论范畴来把握的历史，不能依赖于描述性的历史科学。总之，历史唯物主义的历史概念是后形而上学思想视域中的存在概念，它充分地体现了后形而上学思维方式的基本特征。在这个意义上，思历史乃是思人的存在。

三

在这样一种后形而上学的思想视域中理解历史，我们能够澄清一些关于历史唯物主义历史概念的误解。这些误解不管是出于对历史唯物主义的坚持还是对历史唯物主义的批判，都远离了历史唯物主义的基本立场，特别不利于我们对现代和现代性的深入思考。历史唯物主义的历史概念以生存的时间为基础，摆脱了形而上学本体论思维方式和自然科学方式的束缚，被理解为能在论中的存在范畴，是由人的生存实践展开的可能过程。这一历史概念将对现代的思考顺利地带上存在之思的道路。

从世界观和存在论的角度看，对历史唯物主义历史概念的基本误解主要有三种典型的形式，抽象还原论、机械决定论和终极目的论。这三种误解一直主导了历史唯物主义的历史理论。事实上，历史唯物主义作为立足于实践的历史存在论，其历史概念作为一个存在范畴，从根本祛除了形而上学历史观的这三重教条，它超越了为历史叙事寻找绝对基础的抽象还原论、扬弃了探寻历史自在规律的机械决定论、瓦解了预设历史完美状态的终极目的论[1]。历史唯物主义承认唯物主义的基本前提，但是，历史唯物主义对历史的理解恰恰超越了一般唯物主义立场，它要揭示的历史领域

---

[1] 罗骞：《祛除形而上学历史观的三重教条——兼论历史唯物主义的历史概念》，载《天津社会科学》2008年第3期。

恰恰不是自然的物质存在，而是虽然仍在自然物性的世界之中，但本质上是超越了自在自然的存在过程。抽象的物质存在并不是历史唯物主义的叙事起点，而是历史唯物主义以实践的观点极力扬弃的历史遗产。这正是历史唯物主义超越旧唯物主义的根本所在。历史唯物主义将历史理解为人类生存实践的展开过程，是人类通过自身而存在的自我规定和自我实现。马克思和恩格斯在《神圣家族》中有一个说法，"历史不过是追求着自己的目的的人的活动而已"①。在对历史过程的理解上，历史唯物主义批判用抽象的自然必然性解释历史，强调主体能动性与客观规律性辩证作用的开放性，反对为历史寻找自在规律的机械决定论，历史被理解为生存实践中主客体相互作用的开放过程。正因为立足这样的过程概念，历史唯物主义批判历史目的论，并不认为人类社会将万流归宗地达到一种绝对完美的终极状态。从实践思维来看，只要人类存在，人类历史就是不断超越的可能过程。只要人类还存在，历史就没有绝对完美的终点，不会停止在某种抽象同一性的和谐状态。恩格斯曾经明确地指出："历史同认识一样，永远不会在人类的一种完美的理想状态中最终结束；完美的社会、完美的'国家'是只有在幻想中才能存在的东西；相反，一切依次更替的历史状态都只是人类社会由低级到高级的无穷发展进程中的暂时阶段。"②将共产主义坚持或者批判为在人间得到实现的世俗天堂，对马克思和恩格斯的思想想得实在是太简单了，它只不过是庸人们自我满足的愉快的想法。

因为缺乏后形而上学的存在论视域，没有理解历史唯物主义存在论变革的基本性质和基本意义，抽象的物质本体论、机械的经济决定论和完美的历史目的论成为主导历史唯物主义阐释的三大支柱，历史被理解为按照自然的必然性原则最终绝对地到达终极状态的过程。在这些曲解却又具有

① 《马克思恩格斯文集》第一卷，人民出版社2009年版，第295页。
② 《马克思恩格斯选集》第四卷，人民出版社1995年版，第216-217页。

广泛影响的阐释中，历史变得冰冷了，历史变得敌视人了，人变成了附着在历史上、任由历史左右的可有可无的消极存在。卢卡奇说马克思主义被打入了科学主义的冷宫，而萨特则认为马克思主义理论中出现了人学的空场，其实说的都是一回事。历史唯物主义被拉回到它本身批判和超越的哲学立场与历史概念上。没有生存实践概念，不能将历史理解为人本身的存在，历史概念变得没有了历史，历史只不过是自然的别名而已。这种历史概念消除了历史与自然之间的差异，仅仅将历史看成是自然逻辑的自我展开，历史观则成为自然唯物主义的推广和应用，抽象的唯物主义原则占据了优先和统治地位。这实在是对人的存在的无视和低估。在人本主义唯物主义的费尔巴哈那里，虽然也误解了历史，但本质上已经意识到了历史作为特定存在领域与物性领域的根本差异。在拒绝将历史还原为自然物质过程这一点上，他远远高出了他的唯物主义前辈，并因此成为自然科学唯物主义到历史唯物主义的中间环节。关于这一点，我们阅读一下恩格斯简明易懂的《费尔巴哈和德国古典哲学的终结》就足够了。

在后形而上学的思想视域，历史唯物主义的历史概念是以实践中介的时间性为基础的，指的是人类生存实践的展开状态。因此，历史唯物主义对历史的理解总是同人类实践活动的方式紧密联系在一起，在人类生存实践活动方式和活动状态的变化中规定历史概念的基本意义。也就是说，是人类生存实践方式的展开构成了历史的过程性。历史作为客观过程的客观性表现为对象化的存在关系、存在方式、存在状态，而不是指自在的实在性和必然性。生产力、生产关系、生产方式、社会存在等历史唯物主义的基本范畴标志的客观性，不是抽象唯物主义的客观实在性，物质的广延性，不能按照物质世界因果必然性的逻辑来理解。社会和历史依托于广延性的事物，但本身是没有广延的。历史唯物主义讲的历史规律不仅是指关于历史的规律，而且是指以实践为基础的历史性规律。历史规律根本不是在历史中得到体现的自然规律。否则，根本就没有历史唯物主义的历史观了，也根本就不需要历史唯物主义了，近代自然科学的唯物主义将会是唯物主义的最高成就和最后形态。人是机器，社会是机器，或者说人是动物，这些唯物主义命题就将成为历史观的根本命题。在这样的历史观中，自然的因果必然性支配历史，这同亚当·斯密"看不见的手"和黑格尔"理性的狡计"一样体现了形而上学历史观点的宿命论立场。以实践为基础的历史唯物主义的历史概念摆脱了这种宿命论，历史就是人类生存实践中的自我规定和自我展开。尽管受到各种物质因素的制约，历史本质上不是自在自然的过程，作为人类存在的展开过程本质上是对自然的超越。

四

历史唯物主义研究的历史就是人类生存实践活动及其展开过程的总体。当然，这个总体并不是没有时间差异的抽象同一性的总体。历史概念揭示的恰好是这个存在总体在生存时间中展开的过程。历史作为流动的过程本质上就是绵延着的差异。这个作为存在范畴的历史就是具体—总体的存在概念。总体历史概念的形成总是与具体时代概念相联系的，同样，具体的时代概念恰好是在历史的总体意识中形成的。这就像马克思讲一般的劳动抽象概念形成在各种具体劳动充分发展的时候，原子式的个人总是形成在普遍联系确立起来的地方一样。历史唯物主义的社会形态概念揭示的就是时代划分，各种社会形态的演进构成了总体性的历史过程。正是依据生存实践方式的变化形成了不同的社会形态概念。没有社会形态概念，总体性的历史概念是没有意义、也不可能形成的。同样的，一个时代只有具备了作为整体的历史视野，才能对自己的历史方位形成理性的反思，形成独立的时代概念。当人类充分意识到自己时代与传统的断裂，总体性的历史概念和形态学意义的现代概念才开始逐渐形成。

在西方，前现代与现代的划分大体上始于文艺复兴早期，后来逐渐固定下来。这种形态学的时代概念意味着总体性的历史框架，进步主义的历史观和线性不可逆的历史意识。作为标志具体历史时代的现代概念在对历史总体的领会中获得意义，并且使得具体的总体性历史概念获得意义。现代不是一个无内容的抽象时间概念，它指的是现代社会和现代历史，是我们仍然在之中存在、并由我们的存在构成的当下世界，是我们自己所是的存在。现代作为存在着的现实状态和现实过程，既不同于曾在的传统，也不同于尚未到来的将在，而是熔铸了过去记忆和未来想象的当下现实。因此，对于总体性的历史叙事框架来说，现代乃是一个核心概念。按照马克思在《1857—1858年经济学手稿》中的说法，不论恰如其分地理解过去，还是恰如其分地理解未来，都依赖于"对现代的正确理解"[①]。对于历史唯物主义来说，根本的问题就是对现代的理解，现代性批判因此成为历史唯物主义的总问题，成为整个马克思主义理论围绕着旋转的总问题。

作为总体性的历史叙事框架，关于历史唯物主义的社会形态理论存在着五大社会形态历史和三大社会形态说的争论。关于这个问题，笔者在2019年出版的《迎候马克思》一书中有相关讨论。五大社会形态是通常的看法，即历史由原始社会、奴隶社会、封建社会、资本主义社会和共产主义社会五大社会形态构成。三大社会形态则指以人的依赖为基础的时代、以物的依赖为基础的时代和自由人的联合体的时代。五大社会形态是以生产资料的所有制形式不同来区分的，而三大社会形态理论是直接以自由的实现程度和状态为依据来划分的。看起来二者存在着差异，实际上是从不同视角对人类总体之存在方式和存在状态的揭示。不能认为五大社会形态

---

① 《马克思恩格斯全集》第三十卷，人民出版社1995年版，第453页。

划分的依据是生产资料所有制的变化，是客观的物质依据，因此才能代表历史唯物主义的社会形态理论。事实上，所有制本质上讲的是人与人之间的存在关系和存在方式，是物化的生产条件和生产关系。从这种物化的存在关系变化中能够揭示生产发展状况和人的自由实现程度，从而把握历史的发展。因此，所有制、生产关系这些概念研究的不是物，而是人的存在关系和存在状态。马克思在《1844年经济学哲学手稿》中曾经批判指出，有的人以为只有谈论人的活动才是谈人，谈人的生存，而谈论分工、所有制等等是在谈论某人之外与人的生存无关的东西。也就是说，在马克思看来，所有制、分工、生产方式等并不是非人的东西，它们就是人的存在，就是人生存实践的展开方式。存在者总是以对象性的方式存在。存在者的存在就是其对象性的展开。不能抽象地谈生存实践，谈生存实践就要谈论规定人们生存活动的方式、关系、条件，等等。三大社会形态直接从自由实现的方式和程度来划分社会形态，规定了不同社会形态的内涵。这一划分直接对应于前现代、现代和未来的历史叙事框架。也就是说，马克思将现代规定为以物的依赖为基础的时代。这个物就是指客观化的商品资本关系，它是现代所有存在者历史地出场和在场的基本规定。我们称之为现代存在的对象性的存在方式①。因此对物化关系和物化生存状况的解剖与揭示就是对现代的存在论分析，就是对我们所是的存在的存在之思。

五大社会形态理论和三大社会形态理论在马克思的著作中都有相应的文本支持，它们构成视角略有差异的历史叙事框架。但不管哪一种叙事框架都需要在后形而上学的存在论视域中得到理解，不能以抽象还原论、机械决定论和终极目的论的原则进行阐释。在后形而上学的思想视域中，我们才能真正把握历史唯物主义的历史概念，进而正确理解其社会形态概念

---

① 罗骞：《告别思辨本体论——历史唯物主义的存在范畴》，华东师范大学出版社2014年版，第164页。

和现代概念。相对而言，三大社会形态理论对于现代和现代性概念来说，是一个更加清晰和简明的叙事框架。在这个总体的历史框架中，现代指的就是以物的依赖为基础的资本时代。人类已经逐渐地走出了以人的依赖为基础的时代，但是离自由人的联合体还异常遥远。现代就是我们如今所是的存在，就是人类整体地处于其中的当下世界。作为社会历史存在论，历史唯物主义的基本意义和价值就在于对现代的根本把握。正是在这个意义上，马克思为人们理解现代提供了基本的概念工具和规范基础，并通过走向实践而参与了现代历史本身的构成，在现代性的确证方面奠定了不可超越的基础。所谓确证，乃是指批判、指触及根本原则和限度的反思性认识。面对现代性，一种内在的、辩证的，从而真正批判的思想和实践，在马克思那里已经奠定了坚固的基石。在必须与马克思相关，并且立足于马克思这个意义上，我愿意说，真正的现代性批判一定是"后"马克思的，决然非马克思或者反马克思的现代性批判话语很难提供值得信赖的历史阐释①。

我们以这样一段话向伟大的马克思致敬。当然，更好的致敬是沿着马克思开启的这种思路，有所变革地在存在之思的路上深入现代，自我投入地深入我们所是的存在。唯有如此，现代才能是"思—在"，我们存在的历史才能是"思着在"的历史和"在着思"的历史。在存在之思中，被分开来说的"思着在"和"在着思"乃是同一投入过程。在这条特殊的存在之思的道路上，现代作为我们本身所是的存在，即现实的展开过程和展开状态，才成为存在之思的本质主题。领会我们本身所是的存在只能靠作为自身投入的存在之思展开。如果说存在之思还可以称为存在论的话，存在论就是以自身投入的方式论及我们如何是，我们如何在。

---

① 罗骞：《现代性的存在论批判——论马克思的现代性批判及其当代意义》，人民出版社2019年版，封底。

第三节　现代的话语

一

"现代"是一个众人熟知的词语，但作为存在之思本质对象的"现代"却仍然是陌生的，不仅对常识而且对思想来说，可能都是陌生的。一方面，沉溺于"哲学"的人会认为它太不哲学，沾染了经验现象的味道，不纯粹，不那么具有形而上的气息；另一方面，崇尚科学的人又会认为它太不科学，遗传了哲学抽象性的基因，不能成为可操作的科学课题。研究现代本身，研究现代之为现代似乎是不可能的事情。在作为科学之科学的哲学和被看成是哲学之完成的科学之中，现代作为我们所是的存在居然没有成为本质的对象。有人问你研究什么？你说我研究现代，研究现代之为现代，研究我们这些人本身所是的存在。很显然，这会被看成一个笑话。"存在之思"在日常的意识看来，的确可能是一个笑话；而且在哲学或者科学看来，都可能是不着边际的笑话，它离作为形而上学的哲学比较遥远，离经验的实证科学同样遥远。

当然，这并不意味着我们的思考毫无依凭，漂浮在虚空之中。恰恰相反，人类有关于现代的谈论其实太多了。历史学、社会学、经济学、心理学、政治学，哪一门学科没有以特别的方式谈到现代呢？不过问题在于，它们以及其他更多的学科没有谈论现代之为现代，也就是没有谈论我们本身所是的存在。诸种现代学科不是在我们所是的存在这一存在之思的道路上去思现代，而是分头地把握现代的存在者诸种领域。当然，对存在之思而言，这些对现代的分头道说也十分重要。没有它们，现代的存在之思甚至根本就不能起步。现代的存在之思不过是对这些现代分头道说提升了的积极占有，是将这些分头道说汇聚起来并引向现代存在之思的道路上去。尽管这些分头道说还不是现代的存在之思，但依据这些分头道说，并且在这些分头道说之中，对现代的存在之思才是可能的。我们先来看看对现代概念不同维度的道说。

现代（modern times）显然与时间相关。历史学是再现和刻画生存时间的学问，因此一般来说，历史学特别地关注现代。不是有专门的现代史吗？在历史中我们似乎可以确切地找到"现代"。但事实并非如此。历史学只是以一种自然的态度面对时间，历史是摆在史学家面前的需要去呈现的实在对象。现代史根本不在人类存在形态学区分的意义上思考现代，追问现代本身。历史学不思考现代之为现代本身。现代不能只在历史学的时间概念上去理解。就像我们前面讲过的那样，一段生存的时间之所以被命名为现代，是因为人们对自身所是的存在感受到了根本差异，因此将它从历史的总体中形态学地标示出来。历史学关于现代的描绘并不在于揭示这种存在论上的差异，而是呈现事实本身。现代作为历史学意义上的时间只是它最为形式的规定。这种形式的规定根植于生存时间，根植于我们所是的存在之变迁，以及我们对这种存在变迁的基本领会。

我们所是的存在如何作为一种特定的存在形态被称为现代呢？如果说现代是我们所是的存在之展开状态和展开过程，是在共在总体的意义上领会我们之所是，那么我们可以从价值取向、生存体验、行为原则和制度基础几个方面理解现代。它们意味着理解现代的不同维度。从这些维度可以揭示我们所是的存在在历史总体中的特殊性，可以领会现代作为我们所是的存在之基本规定。价值取向揭示的是人们对存在意义的理解，解决为什么活着，活着有什么价值的问题。生存体验讲的是人们对存在的感受，人们如何体验他们所是的存在过程。行为原则讲的是人与人之间、人与物之间被连接起来的方式具有什么样的特征，遵循什么样的基本规则，而制度基础讲的是存在者的普遍规定，存在者以什么样的存在方式在场，呈现它们自身。

现代价值具有区别于传统社会的特点。生活于现代的人将自身看成存在的根据，也就是说，人自身被理解为一切价值的根源。人为自身活着，满足和实现自身是活着的价值所在，在自身之外没有任何因素成为生命价值的来源。"人的根本就是人本身"表达的就是这样一种根本的价值取向。以这一根本价值取向为基础，现代就是人依据自身为了自身而展开自身的实现过程。"成为你自己吧，实现你自己吧"成为现代的响亮号角。人们奔赴在自我实现和自我展开的道路上。人不再是工具，而是自己的目的。当人将自己理解为工具的时候是因为他们首先将自己理解为目的。这是现代不同于前现代，尤其是不同于将人的存在看成是为了证明上帝荣光的西方前现代社会。现代表现为人从上帝和自然的统治中获得解放，将自己的存在理解为价值根据的过程。这种价值观意义上的现代维度我们可以用现代性（modernity）来表示。价值是从启蒙运动、经历黑格尔直到今天后现代主义理解现代的基本维度。在价值维度上，现代被人称为主体的时代，也就是将人自身提升为价值根据的时代。

现代的生存体验也具有独特的地方。人是以物性肉体为基础的精神存在，不是物性意义上的肉体存在者，而是内在化的存在感受和存在体验者，是作为感受和体验的生存状态。现代人如何体验和感受自己的生存呢？波德莱尔用确定性的消解来表达现代人的存在体验。现代人是永远漂泊的无家可归的流浪者，感受到的是流动、偶然、短暂、破碎。波德莱尔说："这个富有活跃的想象力的孤独者，有一个比纯粹的漫游者的目的更高的目的，有一个与一时的短暂的愉悦不同的更普遍的目的。他寻找我们可以称为现代性的那种东西，因为再没有更好的词来表达我们现在谈论的这种观念了。现代性就是短暂，流变，偶然事件""当代生活中的瞬间美，读者允许我们把这种美的特性称作'现代性'"①。对这样一种生存体验意义上的现代性，齐美尔指出："现代性的本质是心理主义的，即根据我们内在生活（实际上是作为一个内在世界）的反应来体验和解释这个世界，在躁动的灵魂中凝固的内容已经消解，一切实质性的东西均已滤尽，而灵魂的形式纯然是运动的形式。"②稳定性和确定性消解之后留下的不安与躁动，是现代人基本生存的体验和感受。这种生存状态不同于相对稳定的生活秩序和精神信仰支撑的传统世界。这种生存体验意义上的现代维度，我们可以用常见的现代主义（modernism）来表示。

从行为原则来看，现代人与人、人与物之间的连接方式发生了基本变化。现代人摆脱了宗教信仰和自然神秘主义的统治，将世界看成是按照客观规律运动的物性世界，这个世界遵循一种量化的、可计算性的原则。人的理性能够认识和把握这些原则以服务于人的生活。以量化和可计算性原则为基础的理性就是工具理性。合理化的工具理性成为行为的基本原则，现代社会的诞生就是以工具理性为核心的合理化过程。"……理性的这种形式影响并浸透了社会生活和文化生活的整个领域，包括经济结构、法律、官僚机构，乃至于艺术。（有目的的－工具理性）的发展并没有导致普遍自由的具体实现，却造成一个官僚理性的'铁笼'，没有什么东西能从中逃逸出来。"③这是马克斯·韦伯现代阐释的基本观念。工具理性化成为现代化（modernization）概念的基本内涵。到20世纪五六十年代，以美国的结构功能学派为代表的社会学理论，肯定西方工具理性化过程的合

---

① Habermas. *The Philosophical Discourse of Modernity*. translated by Frederick Lawrence. Cambridge: Polity Press, 1987, p.9.

② 包亚明：《现代性与空间的生产》，上海教育出版社2003年版，序言。

③ [美]戴维·哈维：《后现代的状况》，阎嘉译，商务印书馆2003年版，第23页。

理性和必然性，形成了以"合理化"为核心概念的"现代化"理论，以工具理性化为核心的"现代化"成了现代社会发展的普遍模式①。西方的现代化模式被看成是其他国家必须遵循的发展道路，承担了意识形态的功能②。现代化本身成了把握现代的基本范畴。

最后是制度基础意义上的现代，我们称为资本时代（capital times）。资本主义生产方式构成现代的制度基础。资本是现代存在物的对象性的存在方式。也就是说，现代的存在者总是在资本关系中在场，资本是现代存在者自我实现和自我展开的基本方式。在资本规定中，一切存在者都只是在生产和再生产利润的关系中被理解为"有用物"。人被理解为人力资源，人是价值和剩余价值的创造者，人是劳动力商品，人在资本生产关系中是雇佣者或者是被雇佣者，现代人的这些基本规定都是由资本关系决定的。所以我们说："……资本就是现代的社会存在物本身，社会存在物的一种典型的历史形态，它表明了特定历史时代的社会关系和社会存在方式。不仅是人与人之间，而且是人与物之间、物与物之间的一种存在联系。资本成为存在的普遍抽象形式，不仅是物作为社会的物的抽象形式，而且是人作为社会的人的普遍抽象形式。资本家和雇佣工人只不过是资本的人格化。"③在客观化的资本关系中才能深刻地揭示和把握现代人的存

---

① 哈贝马斯在《现代性的哲学话语》中指出，直到20世纪50年代，"现代化"才成为一个术语被人们使用，并且被描述为一个社会科学的功能主义概念。"这种现代化理论，对韦伯的'现代性'概念实施了两重抽象。它将'现代性'抽离了欧洲起源，把它变成了社会发展过程的一般模式，在时空上是中性。而且，它还打破了现代性和西方理性主义历史内容之间的内在关系。"（Habermas. *The Philosophical Discourse of Modernity*. translated by Frederick Lawrence. Cambridge: Polity Press，1987，p.2）

② 罗骞：《现代性的存在论批判——论马克思的现代性批判及其当代意义》，人民出版社2019年版，第209页。

③ 罗骞：《现代性的存在论批判——论马克思的现代性批判及其当代意义》，人民出版社2019年版，第130页。

在状况。正是在这个意义上，我们将以资本为本质范畴展开的现代性批判称为现代性的存在论批判。

二

如上四个不同的维度包括了我们对现代存在意义的领会，对现代存在状态的感受，对现代存在关系的理解和对现代存在方式的把握。每一个维度实际上只是我们理解现代的特定视角，都与其他的维度相关，因此能够或多或少地透视着其他维度的基本状况。在关于现代的话语中，不同学科和不同理论家总是体现出阐释现代的不同径路与视角。现代是不同维度互相关联构成的存在总体。可以说每一个维度都不可能孤立地完成对现代的总体把握，不能揭示现代性形态学意义上的总体特征。当某一个维度被一般化为现代的总体概念，取代和批评其他维度时，常常导致现代话语之间的混淆和分裂。由于从特定的维度把握现代的总体，它总是在不同程度地揭示现代的同时遮蔽了现代的总体面貌。这里我们通过分裂的现代性、两种现代性、多维现代性和多元现代性几组概念的简要阐释，领会现代话语内部的复杂性。

丹尼尔·贝尔分裂的现代性概念。贝尔认为，资本主义的经济冲动和文化价值都来源自由和解放的思想诉求，它们共同构成对传统的批判和挑战。贝尔指出："资本主义经济冲动与现代文化发展从一开始就有着共同根源，即有关自由和解放的思想。它在经济中体现为'粗犷朴实型个人主义'，在文化上体现为'不受约束的自我'。尽管两者在批判传统和权威方面如出一辙，它们之间却迅速产生了一种敌对关系。"[1]经济中的个人主义导致了个人生活的世俗化，对尘世现实制度的认可和接纳，而文化上

---

[1] [美]丹尼尔·贝尔：《资本主义的文化矛盾》，赵一凡等译，生活·读书·新知三联书店1989年版，第34页。

的自我体现出一种绝对的狂放个性，审美艺术上的个性张扬指向了对资本主义世俗精神的批判。精打细算、克制敬业、禁欲挥霍都成了它批判的对象。在贝尔看来，正是这种"现代主义"文化构成了资产阶级不共戴天的敌人。但是，从20世纪中叶开始，资本主义越来越正规程式化，现代主义却变得越来越琐碎无聊了。通过不断的自我否定和自我重复，现代主义在口头上采取了反叛资产阶级秩序和质朴作风的态度，艺术不再是作家的严肃创作，而变成了大众的共有财产，"其目的无非是要打破幻想与现实之间的界限，在解放的旗帜下发泄自己的生命冲动"①。可见，贝尔从资本主义经济和文化之间相互关系出发，认为资本主义内部不同领域之间存在着根本的分裂与矛盾，尽管它们都来源于现代解放和现代自由的思想。

卡林内斯库的两种现代性概念。卡林内斯库指出，虽然无法确定什么时候开始产生了两种决然不同却又剧烈冲突的现代性，但可以肯定，19世纪前半期的某个时刻，在作为西方文明史一个阶段的现代性同作为美学概念的现代性之间发生了无法弥合的分裂②。"实际上，研究社会—历史问题的所有学科中，都可以表明这两种现代性的深刻分裂——一个是理性主义的，另一个若非公然非理性主义，也是强烈批判理性的；一个是富有信心和乐观主义的，另一个是深刻怀疑并致力于对信心和乐观主义进行非神秘化的；一个是世界主义的，一个是排他主义和民族主义的"③。在卡林内斯库看来，资产阶级的现代性概念（作为文明阶段的现代性），大体上延续了现代观念史早期阶段的杰出传统。进步的学说，相信科学技术造

---

① [美]丹尼尔·贝尔：《资本主义的文化矛盾》，赵一凡等译，生活·读书·新知三联书店1989年版，第37页。

② [美]卡林内斯库：《现代性的五副面孔》，顾爱彬、李瑞华译，商务印书馆2003年版，第48页。

③ [美]卡林内斯库：《现代性的五副面孔》，顾爱彬、李瑞华译，商务印书馆2003年版，第344页。

福人类的可能性，对时间的关切（可测度的时间，一种可以买卖从而像其他商品一样具有可计算价格的时间），对理性的崇拜，在抽象人文主义框架中得到界定的自由理想，还有实用主义和崇拜行动与成功的定向——所有这些都不同程度地联系着迈向现代的斗争，并在资产阶级建立的胜利文明中作为核心价值观念保有活力、得到弘扬①。相反，另一种现代性，导致先锋派产生的现代性，自其浪漫主义的开端即倾向于激进的反资产阶级态度。大体而言，由启蒙世纪的哲学家和文学家们留给19世纪的"好现代性"观念，在20世纪里从各种角度（宗教的、社会的、政治的、美学的）受到日益激烈的批判，而且已经让位于一种新的现代性（有人称之为后现代性），这种新现代性更加反传统和反现代，对于新事物的价值怀有深刻的矛盾态度②。在他看来，审美现代性实际上是对启蒙现代性的激进批判，而不是与启蒙现代性一样构成现代性的一种表现方式。也就是说，对于卡林内斯库来讲，现代实际上存在着肯定意义上的现代性概念和批判否定性意义上的两种不同的现代性概念。这是从面对现代性的立场对现代概念的区分。

吉登斯多维现代性概念。吉登斯认为："社会学中最著名的理论传统，包括那些从马克思、涂尔干和韦伯的著作引申出来的观点，在解释现代性的性质时都倾向于注意某种单一的驾驭社会巨变的动力。"③为了克服这种单向度的批判路线，应该对这些社会理论的伟大传统进行综合性的阐释和提升，只有这样，才能应对晚期现代性的复杂环境和风险性。基于

① [美]卡林内斯库：《现代性的五副面孔》，顾爱彬、李瑞华译，商务印书馆2003年版，第48页。

② [美]卡林内斯库：《现代性的五副面孔》，顾爱彬、李瑞华译，商务印书馆2003年版，第343页。

③ Anthony Giddens. *The Consequences of Modernity*. Stanford: Stanford University Press，1990，p.11.

此，吉登斯提出了自己的现代性概念和对现代性多重维度的阐释。他认为现代包括资本主义、工业主义、监控和军事暴力四个制度性的维度。多维现代性就是指现代性内部这四个相关的制度性维度，而不是指不同的现代性及其相互关系。在吉登斯看来，现代性的这四个维度表现了现代性与传统社会的区别，而且能为晚期现代性的全球化社会提供基本的分析框架。在晚期现代性中，这四个维度表现为世界资本主义经济、国际劳动分工、民族国家体系和世界军事秩序[①]。同时，这种具有系统性的现代性概念，还能阐释当今四种主要的社会运动形式，即工人运动、生态运动、民主运动与和平运动，揭示当代政治运动的基本动力及其复杂性。这些运动与现代性四个维度的发展紧密相关，吉登斯认为，从单一的现代性维度出发，不能解释现代性的这种复杂性。

多元现代性概念。这是在后现代反对现代普遍主义的多元文化语境中提出的一个范畴，以区别于以西方现代性为尺度和标准的单一现代性概念。多元现代性立足于后现代文化相对主义和多元主义，认为后发的国家可以产生独特的、不同于西方的现代性实践，以规避西方国家现代性的困境。多元现代性概念认为，居于不同的民族国家和文化传统，可以产生多种不同的现代性，后发展的国家没有必要重蹈西方国家的覆辙。多元现代性概念是在民族国家的现代框架中提出来的，虽然避免了对现代性的一种还原主义的同一性概念，批评单一的现代性，批判欧洲中心主义、现代殖民主义，等等，但它没有形成对现代的规范性理解，现代仅仅变成了我们前面所说的一个历史的时间概念。由于没有内在规定的现代概念导致了在原初的意义上反现代的东西也被理解为现代的。所以多元现代性得以确立的前提仍然是对现代之为现代的规范性理解。在这种统一性的基础上才谈

---

① Anthony Giddens. *The Consequences of Modernity*. Stanford: Stanford University Press, 1990, p.71.

得上特殊和差异性的问题。

<h1 style="text-align:center">三</h1>

关于现代的不同概念实际上是用什么样的概念去把握和揭示现代的问题。我们前面以现代的维度这个概念阐释了现代四个方面的规定。现代性、现代主义和现代化分别侧重于揭示现代价值观念、现代体验感受和现代行为原则。在此基础上，我们从历史唯物主义的社会历史存在视角补充了现代制度基础这个维度，形成了资本时代概念。从相关学科和思想进路来看，这些概念之间的区分还是相对明显的。现代化这个概念在社会学领域使用比较广泛，主要用于表达社会组织结构和系统走向现代的过程与结果，包含了城市化、工业化、科层化等相应的指标，后来才逐渐扩充到观念的现代化、法制化等方面，突出的是社会行为和组织的工具理性化过程。现代性概念在哲学领域运用比较多一些，侧重点在于现代的价值取向和思维方式等精神观念方面的特征。现代主义在艺术领域、美学领域用得多一些，指现代独特的生存体验方式和文本叙事风格。

在阐释现代四重维度的基础上，我们又分别讨论了几种不同的现代话语。从资本主义经济现代性与文化现代性的矛盾得到阐释的分裂的现代性概念，从面对现代时肯定还是否定的态度得到理解的好现代性概念和坏的现代性概念，它们分别体现了启蒙现代性和审美现代性的不同立场。还有从系统性角度提出的多维现代性概念和从民族国家文化差异角度提出的多元现代性概念。这些从不同角度提出的现代概念，同从现代的不同维度提出的现代概念一样，突出了一个统一性的问题，这就是现代之为现代的规定问题。当我们要给现代一个总体性命名时，这种分裂的路径和层面就显得无力了。现代价值和现代体验之间是什么样的关系？现代经济和现代文化之间是什么关系？特殊性的多元民族文化在什么样的意义上才是现代的？当谈到传统文化的现代转向时，它要转向到哪一种意义的现代上去？如果像康德和黑格尔那样，将现代称为新时代，这个时代的新到底新在什么地方？我们能否在不同维度和视角的现代概念中寻求现代之为现代的统一性？这些不同的现代话语之间的共同性何在？

这样一些基本问题就回到了我们对现代的根本理解上。我们在社会历史存在论的视域中将现代理解为我们本身所是的存在。我们如何来理解我们所是的存在呢？我们说过，既不能按照传统哲学的方式，也不能按照现代自然科学的方式，而是以一种自我投入的存在之思把握现代。如上对现代四种维度的勾勒和对现代多重话语的陈述为现代的存在之思提供了基本素材。我们曾经在这些素材的基础上命名了现代理解中的两种不同路径，并且肯定了存在论路径的理论优势。今天我们需要简单地说明一下这种区分，并且明确这种区分的理论意义和限度。

观念论的现代概念讲的是从时代意识的方向上领会现代的基本规定，将现代理解为在社会意识方面具有特殊性的人类生存状态，将现代理解为精神价值取向、思维方式和表述风格等等的特殊模式和状态。比如说有的理论家从精神价值取向将现代命名为主体性的时代、理性的时代，有的从思维方式和叙事风格的特征将现代性理解为宏大叙事和总体性叙事时代，等等。在康德、黑格尔那里，新时代就是指建立在人的主体精神基础上的时代，启蒙理性精神得以确立的时代。黑格尔甚至直观形象地将现代称为以头脑着地的时代："正义思想、正义概念一下子就得到了承认，非正义的旧支柱不能对它作任何抵抗。因此，在正义思想的基础上现在创立了宪法，今后一切都必须以此为根据。自从太阳照耀在天空而行星围绕着太阳旋转的时候起，还从来没有看到人用头立地，即用思想立地并按照思想去构造现实。阿那克萨哥拉第一个说 NûS 即理性支配着世界；可是，直到现在人们才认识到，思想应当支配精神的现实。因此，这是一次壮丽的日出。一切能思维的生物都欢庆这个时代的来临。这时到处笼罩着一种高尚的热情，全世界都浸透了一种精神的热忱，仿佛正是现在达到了神意和人世的和解。"①在《精神现象学》中，黑格尔明确地从精神原则的立场规定现代的特征："我们这个时代是一个新时期的降生和过渡的时代。人的精神已经跟他旧日的生活和观念世界决裂，正使旧日的一切葬入于过去而着手进行他的自我改造……升起的太阳就如闪电般一下子建立了新世界的形象。"②

在这样的理解中，理性主义、主体主义等就成为现代的基本精神，现代就是理性时代或者主体时代，二者本质上是一致的。这是西方思想界从启蒙运动开始到后现代主义理解现代的基本路线。当代后现代主义基本上就是从价值观念、思维方式和表达风格等方面展开现代性批判的。与后现代主义展开争论的哈贝马斯，主张以交往理性和主体间性来重写现代性，坚持现代的基本原则，但他同样是从精神价值观念方面来理解现代性的本质。我把这种从精神意识形态特征来理解现代，揭示现代性本质的现代概念称为观念论路线的现代概念。在我看来，这一路线不能总体性地揭示现代之为现代的根本基础和本质特征。因为精神观念的产生和发展不可能从观念的内部得到合理揭示，它们只是历史存在变迁在观念上的体现。这种体现固然不可能是简单的反映和再现，必然包含着能动的观念建构，但它们一定具有存在论上的基础。现代作为我们所是的存在不能仅仅从观念方面得到揭示，因为人不是唯灵论的存在物，而是在对象化的实践活动中展开的存在状态和存在过程。人的存在应该在对象化的关系、方式、状态和过程中才能得到正确的理解。像马克思说的那样，"我们判断一个人不能

---

① 《马克思恩格斯选集》第三卷，人民出版社1995年版，第719-720页。
② [德]黑格尔：《精神现象学》（上），贺麟、王玖兴译，商务印书馆1979年版，第7页。

以他对自己的看法为根据，同样，我们判断这样一个变革时代也不能以它的意识为根据；相反，这个意识必须从物质生活的矛盾中，从社会生产力和生产关系之间的现存冲突中去解释"①。

在这个意义上，我完全同意马克思讲的意识形态没有历史这一命题，同意并坚持社会存在决定社会意识这一历史唯物主义的基本立场。马克思和恩格斯曾经指出："甚至人们头脑中的模糊幻象也是他们可以通过经验来确认的、与物质前提相联系的物质生活过程的必然升华物。因此，道德、宗教、形而上学和其他意识形态，以及与它们相适应的意识形式便不再保留独立性的外观了。它们没有历史，没有发展，而发展着自己的物质生产和物质交往的人们，在改变自己的这个现实的同时也改变着自己的思维和思维的产物。不是意识决定生活，而是生活决定意识。"②以这样一种理论立场为基础，我认为，从观念论层面领会现代的特征没有真正深入到历史的存在基础，没有真正切中现代之为现代的根基。我将历史唯物主义理解为一种社会存在论或历史存在论。现代性批判应该建立在此种存在论的基础之上，以对社会存在的结构性分析为基础揭示现代价值、现代体验和现代叙事的特征。马克思以资本批判为核心的现代性批判正是在这一方向上展开的，它为现代性批判提供了一种历史唯物主义的理论基础。在这一思想方向上，资本是现代的本质命名，是能够标志现代文明的根本范畴。在这个意义上，现代就是资本主义时代，现代文明就是资本主义文明。马克思曾经指出，只有资本才创造出资产阶级社会，并创造出社会成员对自然界和社会联系本身的普遍占有。与资本主义社会阶段相比，以前的社会阶段只表现为人类地方性发展和对自然的崇拜。资本主义社会阶段被马克思理解为人类文明发展的第二大社会形态，是能够通过自我超

①《马克思恩格斯选集》第二卷，人民出版社1995年版，第33页。
②《马克思恩格斯选集》第一卷，人民出版社1995年版，第73页。

越走向未来的中间阶段。

正是立足于这种看法，我认为现代性批判应该在资本批判的基础上展开。我将在资本批判基础上展开的现代性批判称为存在论路线的现代性批判，以区别于观念论的批判路线。这一理论路线，是由马克思的政治经济学批判本质性地开拓出来的。问题只在于，政治经济学批判对现代社会历史存在基础的分析和解剖，只是为现代性批判奠定了理论基础，形成了基本的框架和理论原则，现代性批判还有待在此基础上进一步深化。比如说，现代价值和现代体验的基本特征及其与资本原则之间的内在关联，现代人类生存异化的扬弃与资本生产之间的关联，等等，都需要进一步揭示。如果这些问题的讨论离开了资本批判这一根本基础，甚至认为倡导和谐观念就能够扬弃现代社会的矛盾和困境，等等，现代性批判就会变成观念内部的自我旋转，而不会触及现代性的存在本身。但问题还有另一面，如果对资本现代性的批判不从资本范畴拓展到理性、主体性、权利等范畴，就会陷入抽象的还原主义，好像所有的问题就是一个抽象的资本统治的问题，这样就仍然达不到对现代的总体性把握。在这个意义上，我们将马克思以政治经济学批判方式展开的资本现代性批判看成现代性批判的基础存在论，就像海德格尔的此在的存在论分析被看成是一般存在论的基础存在论一样。资本概念不是现代的唯一命名，对现代的理解还需要在资本概念的基础上立体地呈现。基础存在论还不等于存在论本身的展开。

第四节　现代的概念及其架构

我们在社会历史存在论的意义上将现代理解为一个存在范畴。现代就是我们自己本身所是的存在之总体，是我们所是的存在之总体过程和总体状态。在这一基本规定中，现代被理解为具体—总体。要把握这个作为具体—总体的存在范畴必须走不同于本体论形而上学和现代描述性科学的道路。我们称之为有待展开和确立的存在之思的道路。当然，存在之思有待确立和展开的特殊性，不意味着它拒绝讨论各种现代话语。恰恰相反，它必须立足这些讨论之上。对各种现代话语的初步勾勒为现代的存在之思提供基本素材，让我们意识到了现代的存在之思不能走单向度的还原主义道路，不能将对现代某一个维度和方面的思考当成对现代的总体把握。在反对抽象总体的同时反对与之相对的抽象具体的意义上，我们以"框架"思维把握现代。"现代架构"就是要以概念化的方式呈现现代得以展开和塑形的基本框架，在复杂的现代性话语中提炼出基本概念，通过这些基本概念之间的结构关系揭示我们自身所是的存在状况和存在过程，从而形成对现代的总体把握。也就是说，"现代架构"实际上是以概念去架构对现代的理解，本质上是我们把握现代的观念建筑。在此，我们将首先凝练和阐释现代的一些基本概念，然后揭示这些概念之间的相互关系，由此组建起把握现代的总体架构。这个作为具体总体的概念架构之逻辑展开就是本书的基本内容。

主体。社会历史是人在物性世界中建构的超越物性的存在状态和存在过程。没有人就没有作为存在展开的社会历史。研究社会历史就是研究人的共在总体。现代之为现代，就是因为生活在现代的我们意识到了现代是我们自身存在的展开并依据这种意识去展开我们自身的存在。现代就是人将自身理解为存在主体的时代，就是人们依据主体性意识去思、去在的展开过程和展开状态。现代被称为人本论的时代或者主体性时代，讲的就是人将自身从他者统治中解放出来成为自己并且成就自己的时代。人不是天生的自觉主体，人是在历史中发展成为自觉主体的。主体性的觉醒才使现代成其为现代。在现代，人才自觉地将自身看成观念地、实践地把握世界的存在论根据和出发点。

知识。人观念地把握世界，人依据把握世界的正确观念展开自身的意志。现代人将知识看成认识对象的基础上支配对象从而实现自身意志的工具。认识的目的不再只是形成关于世界的正确图像，而是作为主体的人征服对象的手段。这是一种现代意识。人作为认知主体，知识成为现代人展开自身和实现自身的基本装备。知识的客观形式是科学和技术。在现代，超越宗教、迷信和经验，科学成为人观念地把握世界的基本方式，作为科学之本质的技术成为实践地变革世界的基本方式。这一现代状况不仅改写着我们的观念，而且改变着我们的存在本身。现代科技的发展是一场根本的存在论革命。现代意味着这场根本性革命的未完成状态和未知的可能后果。人类通过科技的手段在展开自身的同时瓦解着自身的存在基础。这是现代人成为认知主体的基本状况。

权利。作为主体的现代人是拥有权利的人。在人与人相处的交往关系中，现代人将自身看成是平等权利的拥有者。现代就是人们将自身看成独立的法权主体并依据这样的主体性意为人处世的时代。权利是现代交往活动领域中人作为社会存在的基本规定。人就是独立的法权人格。每一个人都是他自己这件事情在主体之间得到等同承认，社会就是拥有同等权利的主体交往的活动空间和状态。权利概念是人作为主体拥有的自由、平等和民主等价值观念的抽象表达，意味着人身依附、等级专制、门第特权等的瓦解。权利的客观形式是法律和契约。现代作为法制社会就是以这种抽象权利为基础构建的共同体，而不是以宗教戒律、道德伦理和风规习俗为基本规范的社会。因此，现代社会的人是公民，是独立、平等、自由的个体。他们以权利为核心原则，通过法律和契约来处理相互之间的关系。

欲求。人是以物性为基础的超越物性的精神存在，物性是人之为人的实体性前提，但精神性才是人之为人的本质属性。肉体生命和精神生命并不是可以分离的两种独立属性。作为肉体生命的扬弃和升华的精神生命不具有存在论上的优先地位，这是现代的基本观念。在这一观念中，人对自身生命存在的理解发生了肉体与灵魂关系的根本性倒转。在前现代曾经被贬抑的肉体及其欲求获得了正当性和合理性。肉体不再被看成需要打破和否定的灵魂监狱，而是需求和欲望应该得到满足与实现的主体。否定、敌视、嘲弄欲求的制度、观念和规范被看成现实存在的异化。现代解放就是打破各种精神的异化统治，回到生命存在的物性基础上。欲求的满足被看成是生命自我展开和自我实现的基本环节。人被理解为欲求的主体。肉体是人物性的存在，而欲求就是人存在的物性。欲求的基本形式是本能和欲望。现代就是人的欲求摆脱传统观念的束缚得到肯定和张扬的时代，是人作为主体合理合法地实现自身本能和欲望的时代。

资本。在存在论上理解的资本是现代存在的对象性存在方式，是存在者在现代在场和出场的基本方式。也就是说，所有现代的存在者都被资本关系规定，通过资本方式来展开自身存在的时代就是现代。资本本身是人类实践活动中形成的客观化的存在关系和存在方式，它反过来成为人类生存实践展开的存在规定。如今我们所是的存在依赖这一客观化的物质关系。在这个意义上，马克思说现代是以物的依赖为基础的人的独立性发展的时代。现代人生存自由的实现及其限度就在于资本原则的规定，就在于资本成了现代社会历史的基本建制。知识生产、权利保障、欲求满足都受到资本的普遍规定。资本是现代根本的存在论范畴。现代就是资本统治的时代。这个统治讲的是资本对存在的普遍规定。现代就是资本成为存在之普遍规定的时代。

权力。权力是自觉的支配性力量，它体现的是不平等的人际关系。现代权利确立了主体之间的平等关系，法律、制度和契约成为保障平等权利的方式。也就是说，在个体平等权利得到保障的私人生活中，强制性的支配与服从不再具有合法性，不平等的权力被驱逐出了日常的私人生活。在现代主体拥有平等权利的基础之上，权力成为依据组织身份获得的合法化的支配性力量，是为实现组织目标、完成组织任务而赋予特定岗位的强制性的行为可能性。个体本身不拥有任何权力，权力是职位为履行自身职责而具有的职能。某人在某个职位上拥有某种权力，权力属于这个职位，而不属于承担这个职位的个体。权力摆脱了人格属性，不再属于个人，而是成为公共性的力量，成为公共权力。在这样的变化中，私人领域和公共领域进一步分化。个体权利突出的同时，公共权力的诞生是现代的基本现象。对公共权力的制约和公共权力对个体权利的保障成为现代社会生活展开的基本内容。

现代的架构就是由上述六个基本范畴构成的总体结构，是由这些范畴相互规定和相互连接形成的存在空间。在这个空间中，主体概念是中心，知识、权利和欲求是主体性得以展开的三个基本维度，而资本和权力是主体性三个维度得以展开的双重规定。也就是说，现代解放中人成为主体，人的主体性表现为拥有知识、权利和欲求，在实在对象领域、交往活动领域和内在感受领域三个维度上展开。主体性三个维度的展开，一方面受到市民社会中资本原则的规定，另一方面受到组织化权力，尤其是以政治国家为核心的公共权力的规定。依此理解，本书逻辑地展开为如下几个部分。

首先，阐释人在现代成为主体及主体性展开的三个维度。现代本质上就是将自身理解为主体的我们所是的时代。人成为主体被阐释为现代概念的核心，现代就是主体性得到确立的人的自我解放和自我实现的时代。人的主体性通过作为认识客观形式的科技，作为权利保障形式的法制和作为身体物性的欲求得到展开。因此，本部分以主体概念为核心，将知识、权利和欲求阐释为主体性得以展开的三个维度，从这三个基本维度揭示不同生活领域中人的存在方式和存在意识的根本性变化。

其次，阐释现代作为资本统治的时代以及资本对主体性三个维度的规定。人将自身看成是存在的主体，存在的主体性要在各个方面得到展开。主体性不只是内在的精神意志，而是表现为对象化的客观状态和客观过程，是内在意识和社会状态的统一。现代人的生存受到客观化的社会存在关系和社会存在方式的普遍规定。资本概念是对现代社会存在关系和存在方式的普遍抽象。主体性的展开受到资本普遍规定的时代就是现代。资本是现代的本质范畴。资本对人的统治表现为对作为人的主体性展开环节的知识生产、权利保障和欲求满足的普遍规定。本部分首先确立资本概念在现代社会历史存在论中的本质地位，然后阐释资本与知识、资本与权利、资本与欲求之间的关系，揭示现代主体性解放的成就及限度。

再次，阐释现代公共权力的形成及其对主体性三个维度的支配。资本是一种社会化的"权力"，资本对现代主体的统治是一种以自愿和平等为原则的水平方向上的支配形式，一种非权力的权力统治形式。这种统治形式打破了传统不平等的人格化权力对生活的普遍干预。但权力不是被消解了，而是发生了制度化的转型。公共权力在平等权利基础上的诞生，使得权力对主体的支配关系发生了根本性的变化。权力成为以不平等的制度化赋权为基础的强制性支配关系，因此不再是个体人格的属性，而是组织体系中职位具有的属性。个人本身不再拥有权力，而是被个人承担的某一职位被赋予了相应的权力。权力在现代成为职务化的公共权力。本部分首先阐释现代公共权力的形成，进而阐释公共权力与知识生产、公共权力与权利保障、公共权力与欲求满足之间的关系，目的是揭示与资本相对的权力一端对现代主体性实现的影响。

最后，以资本和权力的辩证关系为核心把握现代社会历史的展开状态。现代是人成为主体的自我成就和自我实现的时代，但主体性的展开却在受资本原则规定的同时受公共权力的支配。作为主体展开的知识生产、权利保障和欲求满足都在资本与权力的双重规定中展开。现代人的自由解放表现为这种资本与权力双重限制中的辩证的展开状态和展开过程。这就是现代社会历史的内在逻辑。本部分首先阐释市民社会与政治国家相分离这一现代结构，然后通过解放与异化、肯定与超越和中国与世界几对范畴阐释由这一结构规定的现代社会历史进程，实际上是对现代主体共在状况的总体测绘和总体判断。

通过这一阐释，由具体环节构成的现代总体结构和过程就得到了较为完整的呈现。我们的基本任务或者说思想主旨在于：其一，以历史唯物主义的现代性概念和现代性批判理论为基础，在不同的思想传统之间进行批判性的对话，为现代性成就及其问题的诊断提供基本概念框架和主要原则，拒绝任何单向度的还原主义解释路向，在肯定复杂现代性的基础上保持思想的多样性和包容性；其二，通过对现代复杂性结构的总体把握，为内在于历史的理性立场提供思想基础，拒绝任何抽象否定或者抽象肯定现代文明的极端立场，将辩证的历史理性贯穿到对我们自身所是的现代性状况的理论理解和实践把握中；其三，这种对现代的阐释从根本上关系着对当今社会历史趋势和生存状况的理解，最终的目的在于，为当代中国实践道路之特殊性的阐释在理念和思想层面提供基础。

第二章

现代主体性及其
展开维度

第一节　主体解放的时代

一

在后形而上学的存在论视域中，我们将现代阐释为一个存在范畴，一个社会历史存在论意义上的存在范畴。现代就是指现代社会和现代历史，也就是人类存在总体中特定的存在状态和存在过程。现代就是我们本身所是的存在，就是用于揭示我们作为共在展开的社会空间状态和历史时间过程的存在范畴。然而，这里的我们自己是什么意思呢？"我们"作为概念是一个抽象，任何概念都是一个抽象，不同的人都有他们的"我们自己"。古代人有"我们"，未来的人也有他们的"我们"。这里的"我们自己"并不是这样一种统称意义上的概念。否则，任何一个时代的人们都会有他们自己的存在，因此有他们的"现代"。现代就会成为随着"我们"不断流动的概念，会成为任何时代的人对他们所在的时代的称谓。这样也就无所谓现代了。说现代是我们自己所在的时代，是我们自己所是的存在，这里的"我们自己"是一个特称，指的是特定存在方式和特定存在规定中的人。我们将这种区别于其他存在的特定存在方式和特定存在规定称为"现代的"，现代就是这种特殊的存在方式和存在规定展开的时代，因此就是我们所是的存在。很荣幸我们大家就是这些人当中的分子。我们自己生活于其中的时代被称为现代，生活在现代之中并且具有这种存在方式和存在规定的人才是这里说的"我们自己"。现代就是我们这些具有特定的共同存在方式和存在规定的人构成的存在总体。

这里似乎陷入了循环。现代定义我们，而现代又由我们来定义。我们不要害怕循环，思想很多时候就是在循环中展开的。在对象性的相互关系中，根本就找不到一个绝对起点。线性因果思维方式是本体论还原主义的基本特征。后形而上学存在论主张的是相互构成和相互规定的对象性思维。它不拒绝循环思维，而是以辩证的方式使封闭的循环变成开放的展开过程，从而获得实体性的内容。在这个有限的意义上，后形而上学思想本质上欢迎循环，并且本质上就是一种以差异存在论为基础的循环思维。我们怎么在这个循环规定中理解现代并且理解我们自己呢？前面说过，现代是在由生存时间奠定的历史总体概念中得到理解的。这种生存的时间性和历史性概念在人生活的世界中得以形成与展开。时间性不是指物理的过程性，同样历史性也不是指逻辑的过程性。我们要理解现代就要理解、其实也就是理解人特定的生存状况，以及人们对这种生存状况的观念领会。也就是说，现代概念形成于人们对其生存状况有别于其他时代而产生的自我理解，是由于这种对自身存在的独特理解而形成的标志特定历史阶段和社会形态的概念。

要把握现代，就是要把握这个时代的人们对自己的理解，揭示人们对自身存在的根本理解如何不同于前现代人对自身存在的理解。理解现代最抽象、最一般的问题是如今如何理解人的问题，也就是人们关于自身存在的观念有何特殊性的问题。从思想史来看，对于现代有很多说法，其中重要的一点是现代被理解为主体性的时代。也就是说，现代是人将自身理解为主体的时代，是人的主体性在各个方面希望得到逐渐确认并且逐渐展开的时代。现代因此被称为人本论时代。我们自己就是这些将人看成存在主体，并且依据这种关于人的主体性看法去生活的现代人。还没有将自身看成主体，或者不再将自身看成主体的人生活的时代就不是现代。一个人，即使生活在现代，如果不具备基本的主体性意识，就不能在充分的意义上称他为一个现代人。一个国家，即使置身于现代，如果没有普遍确立起这样一种关于人的主体性观念，并且在它的运行和制度中得到必要的体现，它仍然不是一个充足意义上的现代国家。人在观念上成为主体，以主体性的意识来理解和展开自己的存在，这就是现代的基本规定。人的主体性在各个方面要得到展开和实现，这就是现代的内在原则。主体性成为现代的核心范畴。

这种主体性包括了两方面的意思。一方面，人被理解为存在的动力。人将自己理解为现实的动力，是社会历史和自身生命过程的创造者与推动者。人们的生存实践推动着历史的发展，展开着自身生命过程。在人自身之外，没有超验的神秘力量主导和支配人类历史与个体生命。因为具有这样一种主体性意识，社会历史和个体生命就成了自觉意识与自觉实践的对象。人类将自己理解为创造和推动者意义上的主体，有意识地追求和创造一种更加善好的社会，更加自由和美满的人生。主体的主体性体现为这种能动的创造性和推动性意识，人是现实存在的主人。另一方面，人被理解为存在的目的。也就是说，人将自身理解为生命意义和生命价值的根据。人为自己活着，人自身就是存在的目的。他就是他自身围绕着旋转的太阳，他就是自己的中心。无论人类还是个体的生命意义不再是指向来世，不再是指向他者，而是指向自己的现实。人就是他自己活着的价值和目的。人在观念上自我确认、在实践上成为主体，讲的就是人在成为动力并且成为目的的意义上理解自身的生命存在。现代是人的主体性解放的时代，讲的就是这样一种主体性的意识被唤醒并且得到承认和展开的时代。人们意识到在这种双重的意义上自己是存在的主体，并且依据这样一种意识去存在，去在世和历世。现代就是这样一种"做自己主人"的人生活的时代。

人始终是历史的主体。历史是人生存实践的展开过程，是由人在物性的世界中建构的超越物性的存在过程。人的生存实践创造历史并且推动历史的发展，没有人的存在就无所谓属人的历史展开过程。但是，人类过去并没有意识到这一点，人们总是在一种外在于实践的意义上理解历史，好像历史是受到某些神秘力量支配的过程，人只是这一过程中消极的被动因素。比如说，基督教上帝史观、黑格尔的理性主义历史观、庸俗唯物主义的机械决定论，等等，都是这样认为。也就是说，人们的实践虽然创造着历史，但人们并没有意识到自己是历史的创造者和推动者，没有意识到自己是"剧中人"的同时又是历史的"剧作者"。个人对自己生命的理解和人类对历史的理解都是这样。人还只是自在地创造历史，人在历史创造中的作用没有上升到一种自觉意识。在这种意义上，我们可以说人还是一种非主体性的主体。就其是历史的创造者而言，人是主体，并且只有人是主体；就其没有自觉地意识到这种创造性而言，他没有自我确认为主体，因此是非主体性的。只是随着人类实践力量的增强，人们开始意识到自己的这种能动作用，历史才慢慢地被看成人类实践活动展开的能动过程，人才认识到自己是自己的主人，才会认为自己的命运自己主宰。人们才会按照自己关于未来社会的理想蓝图自觉地改变现实，追求自我实现。这就是人将自己理解为动力的同时理解为存在的目的这样一种现代的主体性精神。主体性的关键是人作为主体的自我确证。

二

这种人本论的现代主体性精神，是相对于前现代的意识和存在状况来说的。也就是说，现代主体性精神实际上是在反思和批判传统社会的基本观念中逐渐产生与形成的，它意味着人摆脱神意和自然的统治获得解放。一方面，人成为主体是对神本论世界观的批判和超越。现代主体性意识的觉醒首先发生在欧洲，它根本的对象是中世纪基督教神本论。在中世纪，整个人类世界被看成上帝意志的展开，个人的存在是为了展示上帝的荣光，是为了得到救赎，回到那个作为本质世界的天堂。人本身不是目的，也不是自己命运的主宰，上帝及其意志才是生命价值的根据，是任何事件的"充足理由"。到了现代，人被理解为主体就从根本上打破了这种神本论的世界观，人不再围绕着上帝旋转，不再围绕着天国和来世旋转。在这个意义上，"人的根本就是人本身"这个命题是现代的无神论宣言，是现代人本论的旗帜。在对神学世界观的颠覆中确立现代人的主体地位是现代思想解放的基本任务，这是一个超验世界的瓦解过程。

另一方面，现代主体性意识瓦解了传统社会的自然主义。在前现代社会，受制于认识和实践能力的有限性，人们不能正确地认识物质世界的力量，总体上受到自然力量的支配和统治，将自然世界看成一种神秘的力量。随着现代科学技术的发展，在面对自然的时候人们开始取得了主体性地位。人们通过科学认识自然从而支配自然和利用自然，自然开始失去了神秘的外衣成为被动的存在，成为人们征服和改造的对象。人则成为拥有科学和技术的实践主体，让自然世界服务于人的需要。上帝和自然都不再被看成是在人的实践之外支配与主宰人的力量，人将自身看成是存在的主体，人就从宗教和自然的统治中解放出来了。代表人类主体性力量的科学技术成为反对宗教迷信和蒙昧主义的利器，在现代得到了迅速发展。现代是人在观念中成为主体并且这种主体性意识逐渐形成、确立并且展开的时代，这个世界逐渐被看成是人的意志创造和生产的世界，因此是一个逐渐远离自然的时代。通过"人为"在自然中远离自然是现代主体性展开的基本状况。

现代的主体性精神是通过一系列重要历史事件逐渐确立起来的。每一个历史事件都展现和代表着主体性意识的不同方面。现代时间上的开端大体可以追溯到文艺复兴时期。文艺复兴是欧洲经历了"800年黑暗的中世纪"之后古希腊人文主义的复兴，是以人作为万物的尺度反对神本论。人的理性、欲望、尊严、价值得到了颂扬和肯定，人开始从宗教的统治中解放出来，确立了人的主体性地位和世俗生活的价值。经过文艺复兴人本主义才逐渐取代神本论成为现代的基本意识。另一个重大事件是新航线的开辟。这一事件充分体现了现代人类实践的主体性力量，标志着科学技术成为征服自然和利用自然的力量。新航线的开辟第一次以实践方式形成了总体性的世界概念，人类由此真正进入"世界历史时代"，它意味着人类开始以总体性的眼光来看待自身的存在过程。宗教改革主张上帝面前人人平等，每一个信徒可以不通过教会组织直接与上帝对话，可以通过自己世俗生活的尽职尽责和奉献精神获得救赎。新教改革体现了个体主义观念和平等主义意识，成为现代主体性精神的基本内容。这就是马克斯·韦伯《新教伦理与资本主义精神》阐释的主要内容。宗教改革之后就是启蒙运动，以法国为代表的现代启蒙运动是现代主体性精神得以确立的思想解放运动，是在观念中将人做成主体这样一件巨大的社会历史事件。与前面的社会历史事件不同，启蒙运动是将历史过程中的主体性精神提升到了思想的层面，以观念的方式确证了现代人的主体性。由于启蒙运动实现的思想解放，法国爆发了大革命。法国大革命是启蒙运动思想在经验中的展开，是将启蒙精神推崇的原则变成现实的社会政治制度。用黑格尔的说法，就是将观念转化为现实这样一件事情。马克思则颂扬法国大革命确立了现代政治的基本原则。法国大革命是现代主体性原则得以确立的经验标志。通过这些重大历史事件，人被理解为存在的推动者和存在的目的这一件事情在经验中得到了验证，人作为存在的主体被牢固地树立起来了。现代作为主体性的时代这一命题不过是对这些历史事件的概括。

也就是说，我们用主体性的确立来概括欧洲历史经历的过程，揭示现代与前现代的差异。按照黑格尔的说法，哲学是把握在思想中的它的时代，马克思也讲真正的哲学是时代精神的精华。现代主体性的确立本质上是一个现实的历史过程，但这一现实过程在现代哲学进展中也有深刻的体现，哲学不过是把握在思想中的时代。现代哲学可以看成是现代主体性精神的概念表达，各种哲学体系以不同的范畴和命题表达了现代的主体性意识。现代哲学因此常常被称为主体性的哲学。现代哲学通过内在意识的能动性体现了现代的主体性精神。笛卡尔哲学的我思概念、康德哲学的统觉概念、费希特哲学的自我概念、黑格尔哲学的精神概念，都以内在意识的能动性体现着现代的主体性精神。马克思在《1844年经济学哲学手稿》中就赞扬过黑格尔概念哲学中体现出来的创造性和推动性原则。海德格尔也曾经直接地断定笛卡尔的我思是现代的开端，没有他的我思，现代的个人主义、利己主义是难以想象的[①]。当然，马克思本人的实践概念不仅充分地体现了现代的主体性精神，而且使得认识论哲学的主体性直接地转向了实践的主体性。在马克思的实践概念之前，现代哲学以反思哲学的认识论路线体现了人的主体性，人作为主体的创造性和推动性体现在认识活动的能动性之中。在马克思主义的实践概念之后，人作为主体的主体性就直接地体现在以实践为基础的社会历史概念中了。主体不只是认知主体，而且是历史中的实践主体。

恩格斯讲历史不过是追求自己的目的的人的活动而已，这一命题最为明确地表达了这种现代的主体性精神，人被看成实现自身目的的自我展开者。"人是万物的尺度"这个命题在新的历史条件下获得了新的内涵，不再像在普罗泰戈拉那里一样是认识论命题，而是成了存在论命题，社会历史存在论命题。同样的，"做自己的主人"在不同于苏格拉底的意义上成为现代的根本口号。如果说，柏拉图借苏格拉底之口说出的这个命题强调的是，个人应该用自己灵魂中优越的理性掌控非理性欲望这种节制德性的

---

① [德]海德格尔：《海德格尔选集》（下），孙周兴选编，生活·读书·新知三联书店1996年版，第876、919、921页。

话，那么，"做自己的主人"在现代讲的则是以自己为根据去实现和展开生命的全部可能性，除了自己以外不承认任何天上的神或地上的人是自己生命的主宰和意义的来源。相对于神圣世界来说，人类成了自己的主人；相对于他者来说，个体成了自己的主人。鲁滨逊就是现代人的典型形象。将自己理解为生命的主人，不断地冒险、创造，摆脱各种现实的束缚去追求自我实现，这就是现代的主体性精神，就是将自己理解为主体的现代人拥有的精神气质。现代就是这样理解自身生命的人所生活于其中的时代，就是我们这群声称自我做主的人生活的时代。

现代主体性精神体现在生活的所有领域，按照黑格尔的说法，就是主体性的自由要在各个领域展开。不论是与自然打交道的事实性领域，与人打交道的交往行为领域，还是内在的体验领域，人被理解为自己存在的主人。由于各个存在领域具有不同的活动原则，人因此成为不同的活动主体，或者说人的主体性表现在不同的生活领域中，体现了三种不同的主体性原则。科学技术领域中，人成为认识主体，主体性的行动原则是客观的必然性规律，主体的主体性表现对必然的认识和应用，所以有"自由就是对必然的认识"的说法；交往行为领域中，人成了权利主体，主体的行动原则是共识性的规范，主体的主体性表现为通过法制契约等同捍卫自身权益；内在体验领域中，人成了欲求主体，主体性的行为原则是内在感受的愉悦，主体的主体性表现为自身的欲望和感性需求得到满足，以内在的自我感受为尺度确认外在对象。因此，与现代主体性相关的基本概念是知识、权利和欲求，与它们相对应的载体是科学技术、法制契约和本能欲望。

三

在现代社会空间的各个层次上，虽然主体性体现的程度和方式不同，但人都成为自身生命的主人，不再单向地屈从于外在他者或者某种超验原则。"人是目的",作为目的的人赋予诸种存在者存在价值,人是一切价值关系和价值现象的根据与源泉。人从自身出发理解一切现实的存在关系并赋予其价值属性,在生活的各个领域都将自身树立为存在的主人。现代主体性精神大体上包括了世俗精神、个体精神、创造精神、科学精神、实用精神和实证精神。人作为主体意味着这些基本精神的确立,从而与前现代的人区别开来,成为现代的"我们"。

世俗精神。在前现代社会,人被看成上帝的子民生活在超验的神性世界之中,上帝意志是世俗生活的根据,生命的价值在于作为神的仆人朝向神所许诺的救赎,走向来世永生。各种神学的世界观总是将彼岸世界看成本质的世界和一切价值的来源。到了现代,超验的神性世界彻底崩塌了,人认识到在现实世界之外再也没有一个超验的彼岸世界与现实对立,世界就只是这一个世俗的世界。生命的基础回到了现实的大地上,不是神而是人成为存在的根本。人的根本就是人本身这一现代口号,意味着人从超验的神性世界中彻底地解放出来。这是人在现代将自身理解为主体的关键步骤。通过这一步骤,人的理性、利益、权利、欲望等被宗教神学束缚的实在属性获得了正当性,人真正拥有了自身的现实存在,而不是否定自身的存在属性去符合上帝的意志或者某种抽象原则,诸如"存天理,灭人欲"等道德教条。尼采曾经将世俗化的过程称为虚无主义的到来,海德格尔将这一个过程阐释为超验世界的崩塌,讲的都是上帝和超验世界在现代失去了根本统治权这一世俗精神的确立过程。没有这种世俗原则的确立,就不可能形成现代意义上的主体性,就没有现代。

个体精神。如果说世俗精神是在与超验世界相对的意义上确立人的主体性,是从大写的他者统治中获得解放的话,个体精神则是从世俗的小写他者中获得解放,现代主体性进一步落实到个体的层面。也就是说,在世俗性确立了不是神而是人是存在的根据之后,个体精神进一步解构了各种"大写的人"，将作为个体的人从家庭、种姓和国家等观念的统治中解放出来，树立为具有独立权益的存在主体。人非但不是为来世活着，也不再为现实的他者活着。每个个体都观念地将自己看成自身存在的根据，世界只是他自身的自我展开和自我实现。个体拥有独立的权利同时独立地承担义务。这就是现代的个体精神。从以人的依赖为基础的传统社会解放出来，现代确立了个体的独立性，是个体本位的利己主义和个人主义时代。当然，所谓个体精神或者个体原则，并不是说人事实上是脱离于他人的孤立存在，而是说到了现代，个体成为自身生命的出发点和核心，成为存在论意义上的叙事根据。在现代的经济理论和政治理论建构的原子主义个人中，作为核心范畴的经济人和政治公民就是个体主体性原则在理论中的表现，是以理论范畴的方式体现了现代的个体主体性精神。马克思指出，这种个人一方面是封建社会解体的产物，另一方面是16世纪以来新兴生产力的产物。马克思不仅一般地肯定了现代个体主体性的确立，而且指明了这种个体主体性精神同社会历史存在变迁之间的关联。为理解个体精神开启了历史唯物主义的存在论方向。

创造精神。现代人将自己理解为现实的推动者和创造者，而不是被动的存在。现代主体性包含了一种创造精神，现实被理解为由人的实践活动展开的创造过程，而不再是自在的过程或者是受某种神秘力量支配的命定论过程。拥有创造精神的人才是现代人，才是在现代生存并且构成现代的"我们"。在创造性意识的主导下，诸如竞争、创新、发展、领跑、井喷、开启、展望、奋斗等概念，从宏观叙事到日常生活都成了关键词，并且主导了人们的基本实践活动，规定了生存的价值和意义。人们按照创造性的观念理解生命存在和现实世界本身。那种纯粹外在性和纯粹自在性的概念被彻底瓦解了，人们生活在自我创造带来的自由和束缚当中。以创造性精神和创造性实践为基础，现代是人类依据科技生产和再生产自然与社会，乃至于生产和再生产人类本身的时代。人类已经生活在越来越远离自在存在的过程之中，现实的自然、社会和生命自身都表现为人类有意识的创造物，受到创造性实践的中介而不再是自然的存在。正是在这种人造世界的意义上，现代有时被阐释为对自然的逃离，一个虽然仍在自然的物质世界之中但本质上却超越自然的人化世界已经成为世界的本质形态。在这一过程中，人按照人的观念生产物的同时，按照物的观念生产人本身，人在物化的自我生产中同时实现着物的人化生产，世界正在成为一个物化的"类人世界"①。这就是现代作为创造精神展开的可能的最终结果。

实用性精神。在人尚未被理解为主体的前现代社会，个体的世俗欲望、利益和需要还没有获得当然的正当性，而是被以各种名义遮蔽和隐藏，不是在信仰和仁爱中被征服，就是在感受性的精神超脱中蒸发掉了。在这样的社会生活中，虽然也存在着实用性的关系，但实用性并没有成为基本的存在论意识，人们还没有将实用主义当作为处世的根本原则。到了现代，人将自己理解为现实的主体，随着世俗原则和个体原则的确立，追求和满足自身的物性欲求获得了正当性并且成为生命价值的根据。世俗关系变成了以个体为轴心的功利性关系，实用理性成为现代的基本原则，也成为世俗性和个体性的基本体现。现代是实用成为主义的时代，"有用就是真理"在庸俗的意义上成为现代的基本价值取向。在现代，工具理性和计算理性代替了超功利的信仰、道德和审美，成为实用理性的内在要求。人们以这样一种实用主义的精神指引生存的实践，作为主体的人将一切存在者都看成实现自身目的的工具，满足自身需求的手段。由此，人与人之间变成了赤裸裸的"现金交易"，"人的尊严变成了交换价值"，人们生活在冰冷的利己主义的打算之中。现代是一个世俗的、个体本位的实用主

---

① 罗骞：《超越与自由——能在论的社会历史现象学》，北京师范大学出版社2019年版，第317页。

义时代。一切都在世俗的功利关系中被计算，连多读几本"没有用"的书，在今天甚至对学者来说也都成了奢侈的事情，因为学术作为众多职业之一已经先行地被功利性的关系和制度规定了。生存屈从于各种算计，科学、教育、法律各个领域都贯穿着实用性的原则。实用性成了时代精神的内在灵魂，理性精神当然也就单面化为工具理性了。

实证精神。与实用精神相适应的是实证精神。诸如通常所谓的现代科学理性或技术理性等，本质上就是实证性成了现代的基本原则，现代主体性包含着一种实证精神。在宗教信仰和道德仁爱中，抑或是审美的领悟中，人把握对象的对象性意识本质上都不是实证意义的知识，不是认识主体对对象的反映和描述。这些对象性意识以及与之相应的对象化活动都以超越经验的实在性为基本指向，它们以相信、想象、比喻、象征、类比、联想、虚构等方式在实在的物性世界中营建超越实在的意义空间和价值空间，将世界从物性的实在世界中提升为超越的属人世界。在超越实在性的信仰、仁爱和领悟中，实证性没有也不可能成为根本原则。相反，思辨、启示和感受具有重要的地位，因此充满了神秘、德性和诗意。到了现代，人从超验的世界解放出来，以物性的眼光看待世界并且看待自身，实证精神因此成为现代主体性精神的基本原则。实证性不仅要求实验的认识方式而且要求有可验证的认识结果。实证科学成了绝对的意识形态。不仅迷信愚昧在实证性的要求中被瓦解，神圣性、神秘性、趣味性和诗意也不同程度地失去了价值，世界日益被理解为按照必然性原则组织起来的物性世界。意识的本质被规定为实证性的认识，精神也单面化为反映和再现对象实证能力了。行为和认识符不符合客观规律，科不科学成为基本的尺度，人被看成是能够科学地认识世界并且有效利用科学的认识主体。现代是以实证的科学为主导的科学主义时代，科学和技术成为现代的意识形态。

现代在观念中将人看成主体，现代就是将自身看成存在主体的时代。

人依据这种对自身存在的理解同前现代区别开来。在这个意义上，现代解放实现了一场主体性的觉醒，人在思想上从传统的宗教、迷信、等级、自然等统治中解放出来，将自身看成是存在的根据和尺度。在现代，世俗精神、个体精神、创造精神、实用精神和实证精神等成了主导的精神原则。现代就是将自身看成主体的、觉醒了的人们生活的时代，一个人本论的时代。

第二节　主体性与知识

一

　　现代是主体性的时代。现代人将自身理解为存在主体，不再依赖也不再为了某种外在于自身的存在者而存在。拥有这样一种观念并依据这样一种观念展开的社会历史时代就是现代。现代从前现代社会中成长起来，但已然不同于前现代社会。当然，这里讲的不同是一种社会历史形态学意义上的变化，或者说是对社会历史发展变化的一种形态学意义的概括和理解。在实际生活中，现代与前现代之间不仅存在着连续的过渡状态，而且不同时代要素之间存在着相互交织和并存的情况。人类历史进展并不是单一线性的发展过程。传统社会可能生活着相对"现代的"人，而现代社会中也不乏"传统的"人，他们生活在现代却并不现代。在这个意义上，有的学者说现代在古代就已经开始了，而古代在现代仍然还在不断地延续，共时性的社会空间中包含历时性的因素，历史不是一条均匀的发展直线。人类社会本身具有复杂性。从历时性的角度来看，每一个共时的瞬间都是三维时间的同时在场，是连续不断的绵延过程。当然，当我们谈论现代的时候，侧重点不是延续，而是其中的差异和断裂，是以差异性的意识来规定绵延中的断裂。主体性的确立被看成是现代与传统断裂的标志性差异。主体性确立的关键是人意识到自己是存在的主体并且依据这种主体意识去展开自己的生活，因此不仅是思想观念中的主体性解放，而且是生存实践中的主体性解放。这种解放是在人类实践能力的增强中逐渐获得的。它首先表现为科学技术领域的巨大发展和进步。现代主体性首先是通过科学技术的发展反对宗教神学和自然神秘主义，人成为认识的主体。科学技术的发展是现代主体性得以体现的重要载体，知识因此成为现代主体性的基本环节。

相对于古代的落后和愚昧，现代也被称为理性的时代、科技时代。就科学与技术在现代的相互规定来说，它们讲的是同一件事情。人拥有知识，也就是人在现代成为认知主体，意味着世界成为理性的人在观念和实践中能动把握的对象。拥有科学和技术，应用必然性的科学知识和可行性的技术认识改造世界成为现代主体性的基本形式。科学技术是现代人的主体性实践力量和对象性存在的方式，它充分体现了人类知识的力量。通过对必然的科学认识和技术应用，现代生产和再生产存在本身，世界包括人类本身都越来越成为科技的对象和产物。由科学和技术装备的人日益成为世界的创造者，世界越来越成为超越自然的人为的世界，这就是现代的主要特征和基本面貌，也是人类日益需要反思的现代成就和根本风险所在。今天，单纯将科技看成是一种中性或者说具有两面性的事物，虽然在常识的意义上不错，但并没有深入到社会历史的深处，不能真正把握科技的本质和人类生存的变迁。科学技术在现代的兴起和日益加速发展，是人类发展史上最重大的存在论事件之一，它不仅改变了人类的生存状况，而且改变了人类关于世界和自身的根本观念。那个被上帝创造的世界，自然生成的世界和拥有自足尊严的人本身都在这种能动的力量中被日益解构。一切固定的边界和确定性都日益被打破。在人工智能和生物技术的极端可能性中，人以自我生产的方式确认自身创造性的同时瓦解这种创造性。人类在无根的旋转中晕眩。尤其是今天，以字节、基因和量子概念为基础展开的新科技革命在更深刻的意义上改变了现实世界的构成及其原则，我们更需要深入地追问和领会其根本的存在论意义。问题的关键显然不是描述现象，而是切中其存在论本质的存在论领会，并且在这种领会中重建生存的基础。

我们在前面说过，人在不同的存在领域中存在，在不同的对象性活动中展开自身。当人与物打交道的时候，人的对象化活动遵循的是物的必然性逻辑，因此生活在由事实性构成的实在对象领域。在这个领域，人只能够按照物本身的逻辑来与物打交道。也就是说，人首先按照对象世界本身的逻辑来认识对象世界，形成正确的关于对象世界的科学知识，然后依据这种关于对象世界的科学知识来改变世界。科学和技术是人观念地把握对象与实践地改变对象的存在方式，是人的对象性的本质力量。在这种观念地、实践地把握世界的过程中，科学的必然性和技术的可行性是行为的基本要求。一个行为的合理性就在于符合必然性的规律和可行性的技术，我们称之为事实的合理性。事实的合理性讲的是要符合对象世界自身的逻辑和原则，人要按照客观规律办事。人的主体性体现在通过服从必然性规律的方式来认识对象和改变对象。在这个意义上，人的自由因此被理解为对必然的认识和应用。在科学和技术这种与世界打交道的方式中，人是拥有科技知识的理性主体。到了现代，人自觉地意识到了这样一种主体性地位，将自身看成是认识世界和改造世界的主人，世界只是一个按照可认识的必然性规律运动的、因此可以改造的对象性世界。这是现代世界观的基本内涵。

这一观念是在现代解放的过程中逐渐地形成的，前现代的人不以这样的方式认识世界。在前现代社会，世界被看成是神的创造物或者神秘的存在，人不是世界的主人，而是被动的存在。人只是受上帝或者自然的恩赐而活着，人要保持着对上帝或自然的敬畏感恩。人们不是作为世界的主人认识和改变世界，而是服从上帝或者自然的神秘力量，依赖神或自然的恩典和赏赐生活。在基督教神学中，连人类有限的理性也是上帝给予的，服从于对上帝的信仰。只是到了现代，人通过认识世界而主宰和改变世界这样一种观念确立起来，人才将自身理解为认识世界和改变世界的主体，世界在根本的意义上成为这个理性主体的认识对象和实践对象。通过对世界的科学认识和对世界的技术改造，世界图景发生了根本改变，人类自身的生存也发生了根本改变。

前面我们曾经说过，现代诞生过程大体可以追溯到文艺复兴早期，而在思想上的确立主要是体现在法国的启蒙运动中，也就是在观念中将人当成主体这样一件事情。之所以人在观念中被当成主体，乃是因为在实践中科学和技术力量的发展，人类自觉地意识到了自己的这种主体性力量。我们也说过，这种主体性的实践力量和观念意识在现代哲学中有深刻的体现。从笛卡尔开端的现代哲学就是一种认识论路向的主体性哲学。现代的认识论哲学在意识能动性的观念中体现了现代主体性原则，人被理解为认识主体就是在现代的哲学中确立起来的。在笛卡尔"我思我在"的命题中，通过怀疑和反思，"我思"被确立为认识的绝对出发点，奠定了现代认识论的基础，同时也是现代人被理解为理性主体的哲学基础。我们需要对笛卡尔的这个命题有新的理解。

我们倾向于将笛卡尔的这个命题说成"我思我在"，写为我思—我在，而不是我思故我在。理解为我思故我在，意味着存在不同的两个在者，我思能够推出我在，我思蕴含我在，我思是我在的充分条件，这意味着我在是我思的必要条件，我在在逻辑上反而在先了。既然我在在逻辑上在我思之先，我思就不能成为绝对的出发点了，而只是一个经验性的起点。在笛卡尔这里，我思作为绝对出发点，它的确定性是不能怀疑的。我们认为，笛卡尔的命题应该理解为我思着就是我在着，我在着就是我思着，我就是这种思着的在着者，因此我思就是我在，"思"与"在"同一，我就是在思着同时在着的我。我思——我在中间的这个连接号表明的是一种区分着的等同关系，也就是所指相同的不同能指，就像晨星和暮星一样，并不是不同的两个事物。这个命题不是说先有一个我在着，然后才有我的思。或者相反，先有一个我思着，然后才有我的在。而是说我思就是我在。我就是我思，就是我在。在这里，我作为主体就是我思主体，就是思着的我。我作为认识世界和把握世界的存在者，我本质上是"我思"，是以怀疑和反思为基本态度的认知主体，而不是一团模糊的肉体。没有我思就没有在着的我，没有我思"在着者"根本就不是作为主体的我。

二

我们要牢牢地记住，在认识和实践中展开的认识主体意味着人跟世界打交道的一种对象性存在方式与存在关系。也就是说，在与世界相处的过程中，人被看成认识世界和以认识为基础改变世界的能动一方，人是能够认识世界并且依据这种认识能够改变世界的理性主体。荀子说："凡以知，人之性也；可以知，物之理也。"人被理解为知识主体的同时，世界也就被理解为可以认识的对象了，人成为主体与世界成为客体是同一过程。人作为主体具有认识和改变世界的能动性，世界作为客体具有能够被认识和被改变的被动性。在现代，世界总体和世界中的具体事物都不再被看成某种具有权威性、神秘性的自在力量，而是具有客观规律性因而能够被认识和能够被改变的对象性存在。这种可认识性和可改变性是与主体的能动性和创造性相对应的。世界就裸露在这种可认识性和可改变性中，成为去神秘化的物质世界，也就是这样被人的理性剥夺了神秘性的"祛昧"

的世界。在现代观念中，没有不能被认识的事物，只有没有被认识的事物。整个世界成为科学认识的对象，最后成为技术实践的对象，人们按照科学的实证性和技术的可行性来与对象世界打交道，世界就变成了被动的物性世界。任何一种物都失去了感性的、诗意的光辉，从超越的、神性的世界中坠落，成了按照必然性规律组织和运动的物质。以这种物质的眼光来看世界，甚至动物、人类和社会都被看成机器，也就是可以被建构、操作和运用的对象。这就是现代唯物论和无神论世界图景的基本含义。

人作为知识主体，而世界成为这个主体认识和改变的对象世界。主体与对象之间的中介连接方式就是科学和技术。科学是观念地揭示对象世界必然性规律的对象性活动，而技术就是实践地改变对象世界的对象化活动。科学和技术都是人类存在的方式。在古代也存在科学和技术，但是，科学和技术相对还是一种自发的力量。到了现代，科学技术的发展促进了人的主体性觉醒，主体性的觉醒又进一步促进了科技的发展。正确性知识和可行性技术作为本质性的力量在日益改变着整个世界，科学和技术迅速发展是现代的基本特征。正是在这个意义上，科学和技术被看成是现代的现象。海德格尔说现代科学的形成意味着哲学的终结，也是哲学完成自身的标志。恩格斯在《英国状况：十八世纪》中说，在18世纪"知识变成科学，各门科学都接近于完成，即一方面和哲学，另一方面和实践结合起来。18世纪以前根本没有科学；对自然的认识具有自己的科学形式，只是在18世纪才有，某些部门或者早几年"[1]。虽然恩格斯与海德格尔的看法存在差异，但都确认了科学技术的现代性意义。科学技术在现代成为一种本质力量的同时逐渐成为占统治地位的意识形态。对各种认识和实践方案，我们总是追问科不科学，要问的就是它是否具有认识上的正确性和技

---

① 《马克思恩格斯选集》第一卷，人民出版社1995年版，第18页。

术上的可行性。形成揭示对象的科学知识和改造对象的可行技术就是理性主体的主体性所在，也就是人的生存自由之所在。现代科学技术作为人类本质力量是人的主体性自由展开和得以实现的基本方式。

在此，我们需要言及科学与技术的关系。海德格尔有一个基本命题，技术是现代科学的本质规定。科学和技术的一体化是现代的一个基本现象。科学研究指向技术的有效性使用，技术是现代科学得以迅速发展的原因。技术上的有用性成为科学发展的根本动力，加速了现代科学的发展。同样，科学的发展又推动着技术的发展。科学技术的一体化，改变着科学和技术相互分离的慢速进化时代，使人类在认识世界和改造世界方面进入了一个加速发展的时代，以至于当代学界具有加速主义这样一个提法。由于这种加速的一体化过程，科学概念和技术概念虽然指向这个一体过程的不同方面，但已经根本上不可能将二者分开了。我们直接用科技来指称二者的统一体，指称在对象世界面前人成为主体之后这种基本的存在关系和存在方式，这种对象化的实践力量。在这种一体化过程中，科技促进人类社会的根本性革命，世界已经成了按照物性的逻辑被认识和被建构的技术世界。

世界被看成可认识的物的世界，认识活动就是要形成关于世界的正确知识。到了现代，科学的正确知识获得了新的规定。现代对科学知识的对象、科学知识的性质和科学知识的功能都有了不同的理解。在这个意义上，科学成为一个现代的现象，科学到了现代由于技术的规定才真正完成了它自身。新的科学概念有三个基本的构成环节。第一，是物性世界的可计算性。由于现代人成为认识主体，世界成为可认识的物的世界，人们以物的观念来理解世界，世界失去了诗意和神秘，它只是在时间空间中存在的实在世界，是由一定的物理量构成的可量化的存在。第二，认识世界的科学就是可实证性的描述性知识。世界及世界内的存在者都是可能量化的存在，科学认识就是以量化的方式去揭示和把握世界，因此是一种描述性的实证知识。科学在现代发展成为真正的自然科学、实验科学、经验科学，作为实证的知识排斥甚至取代了宗教、神话和艺术等领会世界的方式。在现代，实证科学或者说自然科学成了知识体系的本质形式。第三，世界的可量化性形成实证性的知识，这种实证知识成了人们改变世界的理论工具。作为现代社会基本装备的科学被纳入现代生产的体系之中，成为商品资本循环的内在要素。知识就是力量，科学成为有用性的知识。对世界的认识直接指向改变世界的实用目的，科学的本质不再是形成关于世界的正确图像，而是指向改变世界的技术。科学的目的就是为了实用，并且自觉地成为技术世界的基本环节和要素。

世界是一个按照量化原则构成的物的世界，科学就是关于世界的可实证和可实用的知识。运用对世界的知识形成改变世界的技术，世界也就成为一个可生产和可以改变的世界了，它被看成是按照科学和技术的原则组建起来的对象性的世界。以这样的观念和实践为基础，现代成为一个生产时代，是人类从事自然、社会和人本身的生产与再生产的时代，世界就是可生产和可定制的对象世界。技术作为生产时代的基本规定，就是依据科学的知识来设计、改变和生产世界对象的程序与装备。在现代世界的开端处，笛卡尔曾经夸下豪言壮语，给我广延性的物质和运动，我就可以给你建造世界。这正是现代观念的生动体现。科学上正确、技术上可行，人们就能够按照世界本身的原则来改变世界面貌。世界不再是一个神秘的实体，而是被看成技术化的装置。这样一种现代的唯物主义的世界观念，甚至被新的基督教神学吸收，技术思想被用来阐释上帝创造世界的理论。可见这样一种观念的广泛影响力。

由于现代技术的根本性，海德格尔将技术看成是现代的坐架。"坐架"这一概念可以说抓住了现代世界的基本特征。"坐架"意味着规定，在支撑、展开和贯穿中限制、塑形和定向。"坐架"是事物和事态内在贯穿的塑造者，它通过聚拢、布置、撑开等方式构筑事物和事态，因此是规定事物形态和本质的基本架构，而不是外在于事物、在事物之下的基础。技术正是这样对现代具有根本的支撑和架构作用的力量。由于现代的科学知识和以科学知识为基础的技术坐架，世界正在发生着根本的变化。这个变化的本质就是利用自然的原则来逃离自然，人在彻底地改变世界的同时彻底地改变着人自身。也就是说，利用世界的规律形成改变世界的技术，现代世界越来越是一个人化的世界，人们越来越生活在由技术支撑的超越自然的技术世界之中，包括人本身也越来越成为人类技术生产的结果。现实的存在者不再是自然而然地形成的存在者，而是技术生产的成果。

技术严格地遵循着自然的必然性和技术的可行性原则，但技术却生产出来被改变了的自然对象，或者是自然世界本身不存在的对象。所以，马克思指出我们真正生活于其中的现实的感性的自然是实践的产物，是工业和历史的产物。就连人类生活于其中的空气、水源、环境、气候、食物，等等，都不再是一般地受到人类实践活动的影响，而是特别地并且是日益加速地成为人类技术生产的对象，更不用说作为人类共在展开的社会历史性的事物了。在当代世界，随着围绕字节、基因和量子展开的科技发展，世界已经在彻底的意义上成为人类意识和意志对象化的世界，也就是成为人类主体性之自我展开的对象化世界。在科技中，人成为主体这件事情不是观念论，而是一个存在论的事实，是一种世界历史的客观状况和基本语境。

三

然而这种主体性的对象化展开的边界何在呢？主体在科学技术中获得的自由是否意味着一种自由的彻底实现呢？这样一种主体性自我展开的对象化世界极端的可能情况是什么？科学技术作为一种主体性的力量不断改

变着对象世界，同时也将人本身作为对象来改变，人在生产和再生产世界对象的同时也生产与再生产自身。这里有两个新近的极端情况，这就是基因编辑技术和人工智能的发展。对人类基因的编辑和对人类智能的模仿都是双向过程，一方面是按照物的原则来理解和改变人本身，人越来越成为技术生产的结果，改变了自然进化的自然而然的人的存在，人成为科学对象的同时成为技术对象，成为技术处理的物。人作为人本身的规定性和独特性不断地被技术攻克，在科学和技术面前，人越来越物化，不断失去自己的高贵、尊严和自信。另一方面，技术生产在日益模仿人类的存在，将人类自然地形成的智能对象化为一种物的存在，使得物质越来越具有属人的属性。也就是说，在技术生产中，人被物化的同时物本身被人化了。人与物之间的边界日益被打破。可以预见，世界将由一些非人非物、似人似物的存在者主宰和构成。在现有或者说本来的意义上，他们将不再是纯粹的人或者是纯粹的物，而是人与物的混合体。我们称之为"类人"。一个"类人世界"正在现代技术的突飞猛进中到来。"在这个时代，人与物之间的绝对界限被超越了，在拥挤的世界中游荡的是人—物，是一些非人非物、似人似物的人与物的合体。我们可以称之为'类人'。这个'类人'不是指史前时期还没有发展为人并且具有发展为人的潜能的那样一种生命存在，而是指高度发达的技术生产中作为产品出现的按照如今的标准无法分类的新的存在者。'类人'不是今天的人，是像我们今天的人一样的**人—物**。'类人'也不是物，而是像我们今天的物一样的**人—物**。"[1]类人世界是技术世界的结果，也是人类技术生产的边界，或者说是人类作为认识主体最后的极端情况。在类人世界，人的主体性最终否定了自身。因为人类通过技术生产人本身这件事情，在肯定了人类至上能力的同时也否

---

① 罗骧：《超越与自由——能在论的社会历史现象学》，北京师范大学出版社2019年版，第317页。

定了这种能力的至上性。人作为认知的主体在服从自然规定的同时背离了自然的规定，在实现和肯定自身主体性的同时正在瓦解与否定自身的主体性，这就是现代认识主体触及的逻辑边界。

类人世界概念揭示了技术的可能性最终带来的存在论的根本变化。类人世界正在依照世界本身的必然性原理被生产和创造出来，被生产出来的世界不再是自在的世界本身。新的世界正在作为正版取代和覆盖自在的世界。自然的必然性逻辑在超越自然的生产中达到自身界限，即最后完成。由人开启和点亮的世界最终在依据世界的必然性逻辑展开的技术生产中否定了自身。人生活在由自身创造的似人非人的类人世界中，对世界命运的掌握和运用的清晰逻辑弄乱了世界本身，人迷失在由自己展开和编制的谜团之中。这不是说我们缺乏把握这个世界的概念，缺乏与这个对象世界打交道的方式，而是说存在世界和存在原则本身的颠覆，是人类对自身生存的无所适从，是对生存根基被动摇产生的震惊。今天再来看海德格尔半个世纪前面对人造卫星和原子弹爆炸时的震惊，就像古代农民夜晚看到流星划破长空时的迷茫一样，简直不值一提了。存在的无根性已经使绵延了数千年的存在论彻底动摇。这就是按照必然性逻辑把握的自在世界最后在依据必然性逻辑展开的技术生产中瓦解了自在自身。纯粹的自然真正成为一个观念抽象，或者说，自然逻辑的彻底化意味着根本上不再有自然本身了。在人的脑袋能够切换到另一个躯体上，甚至人的大脑能够直接移植到另一个躯体上的时候，在制造出来的物件能够理解我们并且像我们一样具有喜怒哀乐的时候，哪里还有存在的确定性和自在性呢，哪里还有人作为人的存在尊严和神圣性呢？那个长期作为自我确认基础的我的"唯一性"和"独特性"已经模糊不清。技术在实现自由的同时正在将人本身物化，作为物来处理。当人能够依靠技术创造人本身的时候，当人类的创造能够瓦解人本身的独特性的时候，在那个非人非物的人—物身上，我们已经可以预见到人作为人的终结，也就是完成中的瓦解。

　　人作为认知的主体正在解构作为认识主体的人，人在成为主体的同时成为被动的存在。这种现代性存在状况不仅发生在人与物打交道的实在对象领域，而且发生在人与人打交道的交往活动领域。在技术逻辑的全面拓展中，就连公共空间也逐渐变成技术治理的对象，社会生活本身的生产和再生产按照必然性主导的技术逻辑全面地展开。社会被看成机器，公共空间成为技术治理和技术监控的对象。关于社会政治生活的知识就成为一种治理技术，以这种治理技术管理和规训整个社会生活，人成为技术治理的对象。随着现代政治被理解为一种社会治理，社会治理的权力直接或间接地掌控在知识和技术专家的手中，现代已经成了以科学理性和治理技术管制的监控社会。监控社会让人生活在生活的镜像之中，以完全符合自然规律的科学化、技术化的方式建构了一个完全超自然的存在空间。在这个空间中，人的日常生活变成了扮演和伪装，监控社会中在保证个体自由的同时也瓦解着自我的自由和任性。现代的认知理性作为一种解放力量的同时也成了一种自我解构的力量。这就是现代主体性的辩证法。

第三节　主体性与权利

一

　　现代是主体性的时代，也就是人在观念中将自己看成主体并且依据这样一种主体性意识自我展开的时代。在现代，人成为自己的主人，以主人的姿态接物待人。人首先以事实性的原则同世界打交道，将世界看成是按照必然性规律运行的物质世界，同时将自身看成是认识世界和改变世界的认识主体。主体行为要遵循必然性规律，确保认识的正确性和技术的可行性。这是实在对象领域主体性的体现。现代主体性不仅体现在以事实性原则同物打交道的客观实在领域，而且体现在以规范性原则同人打交道的交往活动领域。在交往活动领域，人不再只是遵循必然性规律的认识主体，行为的基本逻辑不再只是正确性知识和可行性技术，而是共同承认的价值和体现这种价值的规范。现代人在交往活动领域中将自己理解为行为的主体，主体之间的平等成为基本价值，维护这种平等价值的规范是各种法律、制度和契约。我们称现代交往活动领域中具有等同地位的主体为权利主体。人的权利得到主体间的等同承认是现代社会交往活动的基本观念，它体现了现代思想解放和政治解放的基本成果。现代公民就是拥有平等权利的权利主体。在这个意义上，现代就是人们拥有平等权利意识并且依据这种平等权利意识展开交往活动的社会历史时代。交往活动领域的重心从道德向政治转移，社会不再被理解为按照道德的利他性组织起来的伦理实体，而是以政治公平性为原则的法权社会。所以，权利成为现代的关键词之一。对现代的理解需要分析以权利为核心构建起来的交往活动领域，理解这一领域中人的主体性自由得以实现的基本方式和基本机制。

现代解放当然包含着从自然和宗教的统治中获得解放成为科学的认识主体，但在通常或者说一般的意义上，现代解放更多的是指人从传统的社会统治关系中获得解放，因此是政治意义上的解放。从盲目的自然和神秘力量中获得解放依赖自然科学的客观进展，从社会统治关系中获得解放更具有能动和自觉的意义，依赖的是有组织的斗争、批判和反抗，其过程和结果更能体现现代的主体性。一般来说，传统社会是建立在等级门第基础上的不平等社会。事实上的不平等被提升为统治的思想基础，人被认为天生是不平等的，传统社会因此是专制主义、极权主义的等级社会。自上而下的强制性支配着传统社会的交往活动领域，从家庭、社群到政治空间，都体现出不平等的交往关系。权力成为传统社会的核心范畴。权力概念的本质就是不平等的支配性关系。现代解放就是打破和重组这种不平等的交往活动领域，使人从专制主义、极权主义的不平等统治关系中解放出来，成为平等的独立个体。交往活动领域不再是不平等的个体之间的支配和服从关系，而是平等个体之间的承认和参与关系。权利成为现代的基本范畴。权利是在法权的意义上对现代主体平等地位的确认，现代公民就是拥有平等权利的法权主体。因此，在现代的权利概念构成权力关系的基础，公共权力的来源、运行和目的都围绕着个体的平等权利展开。现代的权力关系是建立在平等权利主体认同基础之上的一种从属性的关系，不再具有前现代社会那种绝对主义特征。摆脱了强制性的权力支配，在现代平等权利的基础上，才谈得上其他的诸如自由、民主、博爱等现代价值。在法权的意义上，人成为拥有平等权利的主体是现代解放的基本诉求和基本成果。整个现代的政治理论叙事和制度建构都是围绕着权利的主体性展开的。作为权利的主体是现代公民概念的实际内涵。

人是社会的存在物，人总是生活在特定的社会历史关系之中，以共他者而在的方式展开自身和成为自身。这种共在的关系不是一种自在关系，而是一种对象性的关系。也就是说，是进入了意识的、作为关系的关系。人能够有意识地将他者和自身生命活动作为意识与意志的对象，从而使得自身的存在自觉成为与他者的共在。人以这种共在关系的自觉意识指引生命活动，形成特定的存在方式和存在状况。总体而言，由于社会生产实践能力的落后，前现代社会人们之间的共在关系受到地缘、血缘等因素的制约，是一种普遍的人身依附关系。个体从属于他者，他者成为存在意识和理论叙述的中心，我们称之为他者定向的社会。也就是说，个体没有将自身看成是独立于他者的存在。他不是从自身的角度出发理解与他者的关系，而是以他者为中心来反观自己，调整自己的行为，使自身的存在符合他者和外在原则的要求。个体意识总是被淹没在各种强大的他者身影之中，家庭、社群、民族、国家都成为个体生存的目的和生命意义的来源。相对于前现代的这种状况，现代是独立个体得以确立的时代，是一个自我中心主义的时代。每人将自己看成是独立的个体，拥有独立的地位，依据独立的个体意志判断事物的是非曲直，追求自己的利益。人从自身出发，以自己为根据构成他的存在意识，自己成为目的的同时成为自我成就的主人。因此，现代是一个自我定位的个人主义、利己主义的时代。现代解放，就是人在与他者关系中获得这种独立意识的解放。这当然不是说，人在事实上能够离开他人和社会得到独立，而是说个体自我成了存在论意识的中心，人们以独立的个体意识为根据来展开自己的生活，社会也以保障独立的个体权利作为使命，独立的生命个体成为目的。我们曾经指出，个体精神是现代主体性的基本精神原则。

二

在个体与他者的关系中，确认和捍卫现代个体的权利就是现代政治理论的主要任务与核心内容。这一点最充分地体现在现代的天赋人权理论中。这一理论认为，每个人都天生拥有生存、自由、追求财产和幸福等的权利。这些权利是人作为人生而有之的，不受到任何后天因素和条件的限制。天赋权利是人之为人的存在条件，权利就是人之为人的基本规定，每一个人的权利都应该得到平等的对待和保护。天赋人权论就这样以观念假定的方式确认了人在交往活动领域中的主体性地位。权利概念就是人作为交往活动主体的主体性规定，现代人就是在交往活动领域中拥有这些天赋权利的存在者。天赋人权论以权利概念确立了现代人抽象独立的个体性。现代个人就是拥有天赋权利并依据这种权利意识共处的抽象个体。不同个体作为权利的拥有者发生关系，形成社会和政治国家。天赋人权理论最终发展出了社会契约论。阐释社会政治建构原则的社会契约论不过是天赋人权理论的展开，讨论的是作为平等权利主体的个体之间如何形成一种共在的总体。社会总体被看成个体的展开，拥有权利的个体才是整个理论叙事的中心和起点。也就是说，在现代政治理论叙事中，保障和实现个体权利成为基本任务，社会和政治国家只是个体权利的展开方式，而不再是凌驾于个体之上的绝对存在。因此，在现代社会，社会公共生活和政治生活都需要个体的参与和认同，保障个体的权益才是公共空间的根本任务。在这个意义上，个体权利成了公共权力的基础，公共权力只是为了实现个体权利才产生的派生性力量。个体成为权利主体是现代交往活动领域主体性的基本规定。作为公民的个人概念是由权利概念得到规定的。

需要指出的是，个体始终存在，个体被理解为拥有权利的主体才是现代发生的事情。也就是说，到了现代，人们将自己理解为独立的权利主体并依据这种理解来生活，由此摆脱了传统社会观念和制度的束缚，成为自由独立的个体。天赋人权论只是以理论的方式表达并且确证了这种现代观念。但是，这一理论同相随而来的社会契约论一样，将历史性的成就看成了非历史和超历史的绝对。历史地形成和获得的权利被以先天的方式加以论证，被看成了自然的权利，从而陷入了抽象人本主义的立场，不能够深入地理解存在历史的变迁。正是传统到现代的变迁，在各种关系充分和普遍发展的地方，才形成了抽象的独立个体，个人才看到了自己的独立性。因此，平等地承认对方才成为基本要求，人才被看成是拥有平等权利的权利主体，人作为独立的个体才在权利概念中得到规定和确认。

每个人都被看成是拥有天赋权利的个体，这些天赋权利需要得到尊重和保证。因此，权利概念就意味着等同地承认他者，每个人同等地承认他者拥有和自己一样的权利，是平等交往的主体。权利概念意味着平等，没有平等就没有权利。天赋人权讲的就是人天生平等地拥有的一些基本权利。权利意味着每一个人都被等同对待这样一种抽象的同一性原则。为什么将生而平等看成是一种天赋的权利呢？这是为了保证它的绝对性，以确保平等是人之为人就拥有的权利，而不受到任何后天因素的影响。就实际情况来看，人总是生活在现实的不平等关系中。权利平等不涉及具体的存在关系和存在状况，它只是一种形式的原则规定。正因为人总是生活在不平等的现实关系之中，才需要被赋予形式上被等同对待的抽象权利。权利平等只是权利主体之间等同地承认他者的地位，它不意味着事实上的平均和等同。所以说，"平等原则以等同对待为内涵，它的出发点是事实上的不平等，而且结果也是通过形式上的等同对待接受事实上的不平等"。简单地说，现实生活总是存在着水平上的差异和垂直方向上的分化，因此需要一种等同承认的平等权利，以保证相对的公平；而这种等同承认的平等权利，保证了形式公平，以便在形式的公平中追求事实上的不平等。这就是说，权利平等的原则只是协调事实不平等的机制。由于平等主体之间事实上的差异，权利平等的结果只能是事实上的不平等。"等同对待只是在观念上取消差异，要求制度上消除人为设置的各种不平等因素，为人们追求不平等的生活提供和创造一个起点平等或者说形式平等的空间，使现实的不平等成为能在自身生存实践的结果，成为他自身生命的展开和实现形式。平等根本不消除差异而是制造和鼓励差异。在生活中能够被等同对待，并不意味着对水平差异的抹除，更不意味着对垂直分化的消灭。恰恰相反，平等原则维护和产生着所有现实的一切差异，它只是说将差异变成了人自己生存的结果，变成能在自己的现实，而不是被给予的确定状态，不是一种固定的先天规定。在这个意义上，以权利平等为原则的公平性仍然是巨大进步"[①]。

[①] 罗骞：《超越与自由——能在论的社会历史现象学》，北京师范大学出版社2019年版，第370页。

到了现代社会，人作为交往活动的主体等同地承认对方，权利概念蕴含的平等原则就成为现代的基本价值。我们说，作为权利概念规定的平等并不意味着事实上的等同和无差异，而只是一种形式原则，是现代主体解放树立起来的基本价值。平等价值及以此价值为基础的各种规范和制度规定了现代交往活动领域的基本特征，使得现代不同于前现代的等级社会。但是，权利平等只是在事实的不平等中确立起来的调节机制。如果说古代社会作为建立在不平等基础上的专制社会，它是将现实中事实上的不平等提升为根本原则加以捍卫的话，那么，建立在平等基础上的现代社会，其实是抽象掉现实中事实上的不平等，将一种抽象的形式平等作为权利来加以保证。平等权利没有消除事实上的不平等，但拥有平等的权利毕竟是现代解放的巨大成就。以现代的这种权利和平等概念为核心，现代交往活动领域的基本原则是公平性。公平性就是等同地承认对方权益的形式平等原则。现代交往活动领域的公平性原则包括三个基本的构成环节。

首先是主体之间的多元差异。马克思曾经说过，存在总是对象性的存在，非对象性的存在物是非存在物。在对象性关系中的存在物总是具体的存在者，现实就是由具体存在者构成的存在总体，因此是差异多元的存在世界。人的存在是普遍的超越过程，个体不仅在空间中与他者存在差异，并且在历史的时间中与自身构成差异，因此都是社会历史中具体的"这一个"。个体性意味着独一性、特殊性，个人总是在社会历史时空中占据着特定的位置，因此具有不可取代的地位。然而，在传统社会，人的个体性没有得到确认，人还没有将自身看成是拥有独立权利的个体，个体的人消失和掩盖在普遍的同一性之中。血缘门第、种姓等级成为先天规定，因此传统社会是专制主义社会。到了现代社会，在多元差异的关系中，个体被看成独特的个体，以这种多元差异为基础，肯定个体的独特价值和地位，成为现代形式公平的一个环节。只有肯定交往主体的多元差异，才能形成权利概念，平等才会成为现代的基本价值，形式公平性才会成为现代交往活动领域的基本原则。"只有肯定和认同能在在世的多元差异，平等才是可能的和必要的。有差异才可能有平等，差异是平等的前提。平等不过是对待多元差异的一种原则。平等的前提是作为差异的不平等，并且最终的结果也是作为不平等的差异。因为在公平性原则中，平等只意味着抽象的同一性"。①

其次是抽象同一。多元差异确立了现代的个体性。独立的个体如何建立公共的交往空间与他人共在？这就需要在多元差异中确立抽象的同一性。在现代，个体的独立性得到等同承认，每个人都被看成是与他自身同一的权利主体，拥有不可让渡的天赋权利。也就是说，在现代社会的交往活动领域，每个人都被抽象掉了具体身份、地位、财产、知识、宗教、个性、特征等，被看成拥有平等权利的个体，成为现代政治生活中的公民。正是在这个意义上，马克思曾经将现代的政治生活比喻为天堂般的生活，因为在政治生活中人成为抽象同一的权利主体。这一抽象的同一性原则"瓦解了专制主义和等级制度的基础，反对将能在的身份差异和等级分化制度化、强制化，强调多元差异中个体地位和身份的平等"。这种平等只是一种抽象形式的权利平等，是多元差异中形成的同一性机制。

最后是等同承认。在现代解放中，任何个体都被看成是没有具体规定性的同一个体，平等就是在多元差异中忽略差异本身等同地对待对方。"多元差异是这种抽象同一的前提和目的。因为以多元差异为前提和目的，抽象同一性要求个体等同地被看成他自己，看成自我拥有和自我实现的个体。抽象同一性要求能在自己作为自己在主体间被等同地对待，在概念上消除各种不平等、不自由的规定和特权。现代解放的本质就是确立起

---

① 罗骞：《超越与自由——能在论的社会历史现象学》，北京师范大学出版社2019年版，第365页。

这种抽象的同一性原则"①。等同地对待存在差异的个体，意味着多元差异与抽象同一的辩证统一。承认个体的多元差异，肯定多元个体拥有相同的不可让渡的权利，为多元个体的发展提供统一的制度保证，这就是现代公平性的基本要求。所以，现代的公平性只是以保障抽象权利为核心的形式公平。它只是不平等关系中确立的条件多元差异的抽象机制。正是在这个意义上，我们认为现代的公平并不等于正义，它只是政治生活领域中强调个体权利的形式原则，只是现代个体主体性的基本形式。这一原则不意味着个体之间事实上的实质性平等，也没有超越自我中心主义的叙事，指向对他者的同情和爱护，因此还没有正义概念中超越自我中心的德性仁义的那个维度。真正的正义是以平等为核心的公平和以奉献为核心的利他价值的统一。

三

以权利平等为核心的公平性主要是一个法权原则，权利和平等概念是政治空间中现代主体的主体性规定。以这种主体性为基础，交往活动领域的基本在世活动就是平等基础上的相互承认。现代政治在这种意义上可以称为承认政治，也就是以承认和捍卫个体主体性的平等权利为本质的政治。承认政治既不同于传统的神权政治、德性政治和浪漫政治，也不同于现代的技术政治和生命政治，而是现代交往活动领域中以权利平等为核心的政治概念。为了保障和实现个体的平等权利，现代承认政治有两个基本的机制，这就是民主参与和法制保障。两者相互支撑构成现代交往活动领域的基本内容。所以，现代社会有时又被称为民主社会或法制社会。这两个概念都是以形式公平性为原则，从保障和实现个体平等权利的角度

---

① 罗骞：《超越与自由——能在论的社会历史现象学》，北京师范大学出版社2019年版，第367页。

对现代社会的命名。民主强调的是拥有平等权利的个体公民对社会公共事务的积极参与和介入，而法制强调的是以制度的方式保障公民的个体权益得到实现，以摆脱人治权力对社会平等原则的破坏。民主要通过法制的保障才能够顺利地实现，法制要保证民主平等权利才是真正的法制。

民主的直接含义就是人民主权，就是人民的统治。人民自己做主管理共同的公共事务，人民为了自己而自我管理。也就是说，人民成为自己的目的并且成了实现自己目的的手段，拥有平等参与公共事务权利的人民被看成是自己的主人。"主权在民一方面反对君权神授的神权政治，同时也反对家天下的世袭专制，将政治权力的合法性奠定在公民承认的基础之上，政治至少在概念上成为民主政治，即人民的统治。人民才是政治权力真正的主权拥有者"[①]。民主被理解为平等权利在政治上的基本体现。现代民主讲的根本不是传统人治社会中为民做主的清官政治，而是由民做主的法权政治，它的基础是拥有平等权利的国家公民。"一个世袭的政权和专制的政权也可能'以民为本'，为民服务，但因为缺失主权在民的原则和公民参与的监督环节，也不是民主政治，至多是为民做主、替民做主。这本质上只是德性政治，而不是民主政治，是人治而不是法治"[②]。民主是以现代平等价值为基础的一整套制度体现和运行机制的总体，包括了人民主权、人民宗旨和人民参与等基本环节，只有人民主权、人民参与和人民宗旨三者的统一才是完整的形式民主。然而，即使包括了这三个基本要素，现代的民主仍然只是形式民主、抽象民主。因为现代民主是以抽象

---

① 罗骞：《超越与自由——能在论的社会历史现象学》，北京师范大学出版社2019年版，第374页。

② 罗骞：《超越与自由——能在论的社会历史现象学》，北京师范大学出版社2019年版，第377页。

个体公民之间的权利平等为基础的，它建立在等同承认个体差异的基础之上，公民对政治的参与只是一种形式的协调机制。公民只是在抽象的政治生活中才拥有平等的机会，民主权利只是一种形式的平等权利，而不意味着事实上的平等，不意味着以物质生活为核心的市民社会真正平等。

民主政治就是权力来源于人民，为了人民和依靠人民的承认政治。民主不仅是一种价值观念、程序制度，而且必须体现为真正服务于人民这样一种实体性的内容。民主价值通过民主制度实现，民主制度体现和展开民主价值，实现民主目的。从这个角度来讲，民主是内容、价值和制度的统一。民主制度是民主价值和民主宗旨得以实现和展开的根本保证。因此，现代的民主社会必然是法制社会，它要求法律面前人人平等，以一种客观化的法律、制度和契约等保障人们的平等权利。法制社会的概念不是说一个社会中有各种法律和制度，古代社会也有法律和制度，而是说社会政治奠定在权利平等的基础上，是保障公民平等权利的社会，因此，法制和民主是相互规定的现代承认政治的基本环节。民主是法制的根据，法制是民主的具体展开和现实保证。任何人不享有社会制度和法律之外的特权，法制社会强调的就是等同对待，平等地捍卫每一个人的权利和利益。各种法律和制度必须具有权威性和普遍性，才能确保主体之间的公平。所谓法律面前人人平等，法作为主体意志的表达不仅在立法中需要普遍的参与，而且在司法中应该得到普遍的遵守。按照黑格尔主义的话，法是意志的定在。遵守法律就是服从对象化的主体意志，因此是主体自由的实现和保证。法制社会就是主体依据客观化的普遍意志参与公共生活，管理者依法管理，被管理者依法活动，以保障和实现主体的平等权利。

当然，我们不能忘记整个现代民主和法制的基础。现代的权利概念讲的就是人与人之间的抽象平等，也就是人与人抽象对立基础之上的抽象同一，因此并不是一种事实上的平等。在马克思看来，现代只是政治解放，而不是人类解放。马克思以此命题揭示了现代解放的基本成就和限度。以权利平等为核心的政治解放只是在思想上和政治上确立了人们之间的抽象平等，而在实际的市民社会之中，人们之间的分化、冲突和对立仍然普遍地存在，甚至更加激烈。马克思指明了突破这种形式解放的人类解放道路，这就是将解放的诉求延伸到社会存在基础之中，实现社会生产方式层面的解放。因此，理论的任务就不再是捍卫现代的抽象平等权利，而是通过政治经济学批判解剖现代社会历史的存在基础，为新的人类解放寻找理论和实践的根据。当然，即便新的思想方向被指明了，这也不意味着对现代以权利平等为核心的政治解放的蔑视和低估。今天，牢牢记住青年马克思的这句话，仍然是至关重要的："政治解放当然是一大进步；尽管它不是一般人的解放的最后形式，但在迄今为止的世界制度内，它是人的解放的最后形式。不言而喻，我们这里指的是现实的、实际的解放。"①

第四节　主体性与欲求

一

我们说现代是人作为主体在观念上得到确认的时代，人的主体性在实在对象领域、交往活动领域和内在体验领域都将得到全面体现。在实在对象领域，人成了认知主体，通过科学技术改变现实成为主体性的体现；在

---

① 《马克思恩格斯全集》第三卷，人民出版社2002年版，第174页。

交往活动领域，人成了权利主体，人的主体性表现为在人与人的交往活动中权利得到等同的承认，受到法制的保障；到了内在体验领域，人则被理解为欲求主体，人的主体性表现为在遵守必然规律和公平原则的条件下人的欲求得到合理、正当的满足。也就是说，现代之所以为现代，在内在体验领域意味着人将自身看成是欲求主体，肯定和实现自身的欲求成为现代人生命意义和价值的体现。物性的欲求得到肯定和颂扬成为现代解放的基本维度。身体被理解为欲望机器，而欲望被理解为欲望机器的动能。奠基于物性肉体的欲求摆脱各种观念和制度的束缚获得正当性，这是现代人成为主体的内涵之一。它使得现代显著地区别于压抑、忽略甚至诋毁物性欲求的前现代社会。

人从来就有身体，身体从来就有欲求。也就是说，人拥有物性的身体及作为身体物性的欲求虽然是一个客观事实，但如何理解这一事实却有着差异。在漫长的存在论历史中，身体和欲望长期隐匿不显，被看成是低端的甚至没有意义的属性。贬低和掩饰肉体欲求成为传统存在论意识的主题，压制乃至禁止肉体欲求成了传统文化的秘密。传统文化的本质表现为对身体及其物性欲求的胜利征伐。这不是一种局部的特殊现象，而是前现代社会普遍具有的特征。现代是肯定和发现肉体及其物性的解放时代。将人的生存理解扎根在物性的肉体之中，颂扬肉体存在及其属性，将肉体从各种超越实在的文化观念和制度规范中解放出来，肯定物性欲求成了现代主体性的基本内容。

人本质上是物性肉体基础上、超越物性的精神存在。在这个意义上，人是二重性的，肉体性和精神性构成人类存在的两个基本维度。如何理解二者之间的关系是存在论的核心问题。或者说，以人为中心的存在论意识的关键母题就是肉体和精神的关系，就是身心问题。这一母题以有所变形的方式贯穿在西方哲学思想的发展过程中。西方哲学的众多二重性范畴①，诸如本质与现象、感性与理性、身体与灵魂、此生与来世、实存与超越、有限与无限，等等，都以不同的方式展现了肉体与精神之间的二重关系，或者说是二者关系的模仿和转喻。在前现代社会，肉体与精神二重性关系的天平向精神的一端倾斜。强调精神超越于肉体的本质地位几乎是前现代共同的存在论意识，用超越物性欲求的精神属性征服物性欲求成了前现代的共同任务。前现代的基本成就就是对物性欲求的克服，将人从物性的实在中提升为精神性的存在，建构起超越物性的意义和价值空间。人是理性的动物，说的其实是人不再是动物，人是非动物的动物。人因为具有精神的属性不再像动物那样是完成了的确定性存在。人不再与他的物性同一，而是超越物性的意义实体。规定人之为人的属性是超越物性欲求的精神属性。这就意味着精神属性成为首要的属性。正是在这样的理解中，精神逐渐遮蔽和隐匿了生存的物性，人的物性欲求长期被覆盖和掩藏着。

精神性与物质性何为人首要的属性？在这一根本的问题上存在着思想的歧路，导向了完全不同的存在论意识。将精神性看成是价值论上优先而且本体论上也优先的人之本性成为传统形而上学的基本取向。也就是说，精神不是被看成肉体的属性，而是被看成第一性的实体，能够脱离于肉体的绝对存在。精神处于规定和支配肉体的绝对地位。以此为基础，追求超越性的精神就成为生命的基本意义和价值。人存在的目的就是摆脱肉体的制约追求高贵的精神生活，与先验精神及其原则相符合。另一种倾向虽然不肯定精神在本体论上的优先地位，但却强调精神在本质论上的优先地位，认为人在本体论上固然首先是物性的肉体存在，但人之为人的本质

---

① 这里的二重性范畴指的是以二分法把握对象形成的认知图式，是以二元分离的方式把握对象形成的思维结构。包括所有可能的对对象二重属性的分析，比如说男女、阴阳、大小、进退等，它包含了二元对立或辩证统一，但不限于这两者。说它是思维结构强调的是它用来刻画对象的存在，但并不是对象本身的状况，而是人把握对象的认识方式形成的对象性范畴。

是超越肉体的精神存在，超越肉体欲求的精神原则及其需求才是生命意义和价值的根据所在。人应该为了超越性的精神活着，活出人的样子，而不是没有精神的行尸走肉。两种观点的共同之处都是精神在价值论上的优先地位。肉体及其欲求被贬低、忽视，战胜肉体欲求追求超越的精神生活成为前现代存在论的基本观念。虽然事实上人们总是天天都要并且都在满足自己的物性欲求，但物性欲求却没有成为话语叙事的核心而取得合法性地位，反而被视为应该贬黜的他者。这一点广泛地体现在古代宗教、道德、政治、艺术中。当然，"并不是说古代不知道人有肉体，而是说非本质的肉体及其属性被理解为需要被克服的低贱次等的成分。人们总是从超越物性的视角领会和规定生命的价值和意义，构建超越实在的精神空间。最终，这种超越实在的否定走向了极端，成为扼杀自然人性的因素"①。

柏拉图认为灵魂是精神实体，它在与肉体结合之前生活在理念世界中。人的诞生就是精神与肉体的结合。肉体作为有限的存在限制了无限的灵魂。肉体死亡之后，永恒的灵魂摆脱了肉体的束缚获得自由，而灵魂本身是不死的。在柏拉图的思想中，肉体是灵魂的监狱。从认识论来看，受肉体限制的感性认识只能形成意见而不能认识真理。从伦理学来看，肉体欲望玷污了灵魂的纯洁，人身的修养就是摆脱肉体和欲望的限制，过一种善的生活。在《会饮篇》中，鲍萨尼亚区分了属地的和属天的爱，将世俗肉体的享受和追求灵魂完美的爱区别开来；阿伽松颂扬爱神的时候则直接将爱神视为节制本身，是快乐和欲望的主人，负责控制我们的情欲和

---

① 哲学王不是说哲学家得到了政治的承认被拥戴为王，因此可喜可贺，而是生活在真理世界的哲学家转身回来面对现象世界，牺牲自己下降到政治的世界，为政治带去真理。通过理论的沉思追求绝对正义和真理的哲学要高于政治，政治应该摆脱相对意见的支配，接受哲学的绝对真理。哲学以先验的绝对真理来规定和提升经验世界，好的社会就是符合先验原则和理念秩序的社会。

快乐①。在《斐多篇》中，柏拉图也对身体进行了谴责："身体用爱、欲望、恐惧，以及各种想象和大量的胡说，充斥我们，结果使得我们实际上根本没有任何机会进行思考。发生各种战争、革命、争斗的根本原因都只能归结于身体和身体的欲望。所有战争都是为了掠夺财富，而我们想要获取财富的原因在于身体，因为我们是侍奉身体的奴隶。"②柏拉图说"我们是侍奉身体的奴隶"，不是为了肯定身体和欲望的地位，而是说应该摆脱身体欲望对我们的支配，过上理性指导下的生活。所以，在《理想国》中，柏拉图才借苏格拉底之口说要做自己的主人，意思是用灵魂中理性的优秀的部分控制和支配代表欲望与本能的低劣部分。柏拉图的这种思想在亚里士多德对沉思生活的推崇中有所表现，在基督教神学对精神生命（spirit）的推崇中也有根本表现。他们可以说典型地代表了西方古代社会对于肉体和欲求的贬斥。

在中国古代，虽然并不明确地坚持一种超验的精神世界或者宗教天国，并不确定地认为有独立于肉体的精神存在。但在价值论上强调超越肉体欲求的道德精神境界却是普遍的。各派思想家大都从各种不同的立论出发，强调对身体欲求的限制和扬弃。强调身体欲求的思想家只是少数，并且总是主流思想贬抑和打击的对象。从早期的少私寡欲，重义轻利，最终出现了"存天理，灭人欲"的宋明理学。程颐曾经说过："甚矣欲之害人也！人之为不善，欲诱之也。诱之而不知，则至于天理灭而不知反。""养心莫过于寡欲，不欲则不惑。"③物性的欲求始终成为压制和克服的对象，没有获得正当性的地位。"只要去人欲，存天理，方是功夫"④。中国现代

---

① 《柏拉图全集》第二卷，王晓朝译，人民出版社2003年版，第217、235页。

② 《柏拉图全集》第一卷，王晓朝译，人民出版社2015年版，第63-64页。

③ 张岱年：《中国哲学大纲》，商务印书馆2015年版，第664-665页。

④ 张岱年：《中国哲学大纲》，商务印书馆2015年版，第668页。

新文化运动批判的所谓礼教杀人，核心就是讲抽象的道德伦理观念束缚和扼杀人的自然欲求，剥夺了人的自由。反对封建礼教成为中国现代思想解放运动的基本立场，这同西方现代社会反对传统宗教的戒律是一样的，本质上是一种人性启蒙的解放运动。

二

人本质上不是动物。人并不按照纯粹自然物性的原则生存，人是以肉体生命为基础超越物性的精神存在，超越物性的精神才是人的本质属性。精神生活是人类生存实践中展开的属人的本质生活。关于这一点，马克思以较为思辨的方式深刻地指出："人不仅仅是自然存在物，而且是人的自然存在物，就是说，是自为地存在着的存在物，因而是类存在物。他必须既在自己的存在中也在自己的知识中确证并表现自身。因此，正像人的对象不是直接呈现出来的自然对象一样，直接地存在着的、客观地存在着的人的感觉，也不是人的感性、人的对象性。自然界，无论是客观的还是主观的，都不是直接同人的存在物相适合地存在着。"①人的对象并不是自在的自然对象本身，而是被人的存在和认识改变的属人对象，人在自在世界的基础上造就了自为世界。宗教、道德、艺术等自为的生活方式，建构了属人的精神世界，使人由物性的世界中超拔出来，成为万物之灵。人的生活世界展开为社会历史这一独特的存在领域和存在过程。

但是，这些人为的创造却可能超额地压制人的肉体欲求，使人失去自然的乐趣和自由。本来是满足欲求的社会机制变成了敌视人的东西，摧毁了蓬蓬勃勃的自然生命，成为一种异己的统治力量。黑格尔曾经指出："在宗教生活的对立面，矗立着一个外部世界，即自然界，人的心情、欲

---

① 《马克思恩格斯文集》第一卷，人民出版社2009年版，第211页。

望和人性的世界，这个世界之所以有价值（在基督教看来），就仅仅在于它是被克服的障碍物。"①狄德罗有一个十分刻薄的说法，上帝的产生是因极端仇恨人类而想出来惩罚人类的方法，使人们将妄想看得比他们的生命还重要②。因此从宗教、道德等异化观念世界中解放出来，肯定人的物性存在和人的物性欲求就成为现代主体性展开的基本维度。现代作为我们所是的存在，本质上就是能够自由地实现物性欲求、满足物性欲求的时代。人的生活从超验的天空回到现实的土地上，生命价值从抽象的精神回到生死、呼吸、消化、排泄这些物质能量循环的实在物性上。

人作为欲求主体的确立大体可以说经历了马克思、尼采、弗洛伊德直到当代的福柯、巴塔耶、德勒兹、瓜塔利等数代人的努力。通过这些努力，作为人物性存在体现的利益、本能和欲望从各种观念与制度中被解放出来，现代主体性的解放最后落到了人的物性存在和存在的物性这个基本的层面上。知识和权利都被理解为身体欲求展开的方式。身体是欲求机器，欲求则是身体这架机器运转的动力和目的。本能欲望的自由满足甚至被看成了生存自由的根本内容。我们用欲求这个概念来表示人作为物性存在的物性，也就是利益、本能和欲望等肉体本身展示的物性。现代主体性的确立在内在体验领域表现为从超越的精神回到了实在物性，满足和实现欲求成为主体性自由的体现。人的身体及其欲望的正当性得到肯定。现代就是从物性的身体和欲望反对抽象观念的统治从而获得解放的时代。马克思和恩格斯曾经充满激情地指出："迄今为止人们总是为自己造出关于自己本身、关于自己是何物或应当成为何物的种种虚假观念。他们按照自己关于神、关于标准人等等观念来建立自己的关系。他们头脑的产物不受他

---

① [德]黑格尔：《哲学史讲演录》第四卷，贺麟、王太庆译，商务印书馆1978年版，第3页。

② [法]狄德罗：《狄德罗哲学文选》，江天骥等译，商务印书馆1983年版，第51页。

们支配。他们这些创造者屈从于自己的创造物。他们在幻象、观念、教条和想象的存在物的枷锁下日渐萎靡消沉，我们要把他们从中解放出来。我们要起来反抗这种思想的统治。"①

身体和欲求解放的思想基础是与宗教神学及唯心主义道德相对立的现代唯物主义。作为现代启蒙思想基础的唯物主义从物性实存的意义上理解整个世界，人的精神意识不过是肉体存在发展出来的属性。人的死亡就是具有这种精神属性的实体的毁灭。人死神灭，没有超越此生的天堂和彼岸世界在人死之后再度展开。人的存在就是一段特殊的物质过程。没有任何超越时间的原则或者实体能够成为这一有限存在的根据。"人的根本就是人本身"，而且是作为物性存在的、现实的人本身。人作为物性的存在不仅要满足自身的物性欲求才能存在，而且满足这种物性的欲求就是存在的意义和价值所在。人不再追求人自身之外的超越价值和意义，人本身就是目的和价值。"在科学的认识主体和政治的权利主体之后，能在将自身理解为维系自身存在、满足自身利益和欲望的欲求主体。欲求被理解为人自我确证的根本范畴也是人作为能在超越生存指向的目标。在这种新的自我意识中，超验信仰或卓越价值被看成了统治能在的意识形态幻象。信仰和价值没落了，或者说欲求本身成了绝对信仰和绝对价值。将自身理解为欲求主体的能在不过是肉体和欲求统一的物性实在"②。这种以物性欲求为核心的现代主体性体现为三个基本的方面。

首先是物质利益，也就是维系人的物质生命存在的需求获得了正当性。在本体论的意义上人首先是物性的肉体存在。从敌视肉体的唯心主义

---

① [德]马克思、恩格斯：《德意志意识形态》（节选本），中共中央马克思恩格斯列宁斯大林著作编译局编译，人民出版社2003年版，第3页。

② 罗骞：《超越与自由——能在论的社会历史现象学》，北京师范大学出版社2019年版，第392页。

观念中获得解放是现代主体性的基本立场。马克思曾经批判指出："在德国，对真正的人道主义者来说，没有比唯灵论即思辨唯心主义更危险的敌人了。它用'自我意识'即'精神'代替现实的个体的人，并且像福音传播者一样教诲说：'精神创造众生，肉体则软弱无能。'显而易见，这种超脱肉体的精神只是在自己的想象中才具有精神的力量。"①在历史唯物主义看来，满足人的物质性需求，以维系人类生存的基本活动是人类历史的第一个前提，"人们首先必须吃、喝、住、穿，然后才能从事政治、科学、艺术、宗教等等"②。在这里，人的主体性不再是拥有认识世界的理性和得到等同承认的权利，而是能动地实现维系自身肉体存在的利益和需求。人的利益需求获得了正当性，并且成为理论叙事的出发点。当然，历史唯物主义肯定这一出发点而不是停留在这一出发点上。

其次是本能欲望，也就是物性的原始冲动获得了正当性。在传统的存在论意识中，本能欲望处在看不到的黑暗之中，人最基础最原始的物性被严密地遮蔽着，好像是可有可无的事情。到了现代，本能欲望被看成是存在基础，在理论叙事中获得了优先性地位。人类文明本身都只是被看成本能欲望得以展开和实现的机制。本能欲望堂而皇之地实现和表达自身，快感和愉悦取得了至高的地位，而不再是羞羞答答地隐藏在阴暗的角落。本能欲望的公开登场已经成为当代世界的基本景观，并且在经济、政治、文化所有领域都得到了充分的表达。"20世纪60年代以来，以本能欲望为核心的非理性主义政治对抗理性主义政治概念成了当代思潮的一个显著特点，在政治叙事中曾经被遮蔽和忽视的非理性欲望在当代政治思想中获得了显赫位置"③。

---

① 《马克思恩格斯全集》第二卷，人民出版社1957年版，第7页。

② 《马克思恩格斯选集》第三卷，人民出版社1995年版，第776页。

③ 罗骞：《超越与自由——能在论的社会历史现象学》，北京师范大学出版社2019年版，第430页。

最后是作为物性存在的肉体本身得到肯定。也就是说，人作为主体对自己的身体拥有了主权，成为自己身体的主人。作为肉体的身体是人本原的存在，是人作为人的存在得以展开的营地。观照、守护、爱抚和保卫自己的身体，不仅被看成是个人的立场，而且是社会建制的基本理念。人们可以炫耀、展示、处置自己的身体，身体不再包裹在沉重的观念外衣下面，不见天日。现代是几千年的包裹之后，人的身体得到解放的时代。人们公开地颂扬、展示和打造自己的身体，经营身体已经成为重要的产业。将作为肉体存在的身体理解为存在论的出发点成为现代的思想事实。最原始的、最直接的存在事实却是最后被确认的存在论事实。作为肉体的身体不再被看成是肮脏的、污秽的存在，不再被看成是需要扬弃和否定的消极对象。我就是我的身体，我的身体之外没有一个我存在，我与我的身体同存亡。现代人要成为自己的主人，当然意味着身体成为生命权、健康权、肖像权、迁徙权等权利的基础和环绕的中心。现代解放在这个意义上体现为身体解放，现代就是人的物性身体获得解放，人对自己的身体拥有权利的时代。现代逐渐废除了死刑、酷刑、逼供、劳役、流放等处罚身体的方式，与身体相关的权利得到确认和保护，这是人类文明的巨大进步。

三

我们说人的存在是肉身性和精神性的统一。肉身是人存在的基础。但我们不能说肉身就是人的存在，人的存在不能被还原为他的肉体。人是物性肉体基础上、超越物性的精神存在。精神性才是人之为人超越物性的本质论层面。精神性是在物性存在中逐渐发展出来的，它使人成其为人，成为具有价值和意义领会的存在物。精神性扬弃了物质性，由这一精神性的存在者展开的世界是充满价值意义的存在空间。人的精神本性是在物性中展开并且扬弃了实在物性的本质规定。在这个意义上，人的精神要规定肉体。精神原则是肉体欲求得以展开的社会历史形式。信仰指引、道德教化、审美积淀使人成为非动物的动物，人不再以动物物性的方式来实现它的物性。就其仍然并且始终具有物性而言，人是动物；就其物性不再以物性的方式，而是以精神性方式为中介而言，他是非动物。精神性的信仰、价值、规范、制度、习惯等使人成为能够以这种"出离"物性的方式来展开他的物性，生活在抽象原则的规定之中。

这种展开既是实现也是限制。精神是通过压制物性的方式在实现人的物性。当这种压制超出必要的限度就会成为物性的束缚，成为与人的物性存在相异化的异己力量。这样一来，精神不再是自由的实现，而是实现自由的障碍。在强大的精神宰制中，生机勃勃的物性生命凋零枯萎，失去创造的冲动和活力。在前现代社会，随着人类文明发展，精神性的胜利导致了肉体欲求的隐匿，忽视甚至是否定物性存在的精神导向主导着人们的存在论意识和现实生活。生命变得无趣了，精神变得虚伪了，抽象空洞的精神原则剥夺了生命的丰满。精神监禁肉体，物性肉体对精神的造反成为现代的主题之一。人肯定自己的物性存在，并且重新在物性存在的意义上建构对生活世界的理解。生命重新回到了世俗的、物性的、真正现实的基础上。人将自身理解为有限之物，人按照物性的逻辑展开自身、实现自身。如果说前现代是将人神化的时代，现代则是将人物化的时代。从神本论向人本论的现代解放，不是回到了人，而是回到了人的物性存在。因为真正说来，那个高高在上的神不过是抽象精神的人格化。否定抽象的精神统治，回到物性的存在本身，现代就是以这样一种观念领会生命并以这样一种观念生活着的我们所是的时代。

我们这里讲的物化，指的是现代人摆脱抽象的精神桎梏，将人理解为物性的存在，并以实现人的物性欲求为意义根据的时代状况。在这个意义上，现代就是物化的时代，就是人将自身确认为物性主体的时代。"人成为物性实在并且被理解为物性实在，这种时代的存在论状况和存在论意识在诸如马克思的异化概念和卢卡奇的物化概念中都有根本的揭示，海德格尔对技术的批判也在这样一条路线上。人作为能在不仅将自身看成物性实在而且确实生活在物化意识指引的现实中。人的主体性解放乃是肯定自己的物性，依据自己的物性生活，即成为一种物化的非主体性的主体"[1]。人还是主体，因为他以这样一种物性的存在论意识指引他的生活，他从本质上没有、确实也不可能回到动物；但另一方面，指导他生活的恰恰又是这样一种物性的即否定主体超越性的存在论意识，所以说他是非主体性的。这就是作为我们所是的现代，即人的物化状态和物化过程。

就其从超验的精神原则中获得解放而言，现代物化是以物化的方式实现了自由的生存；就其坠落到人的物性实存从而否定了超越物性的意义世界而言，现代物化是人从精神世界中的一次沉重坠落。人落实到了物性实在的基础之上。这是悲喜交集的人类转世。我们在这个转世之中，我们需要凝视这个转世，凝视这个转世就是凝视我们的存在本身。只有凝视这个转世中的黑暗与光明，我们才能成为现代真正的同时代人。像阿甘本指出的那样："真正同时代的人，真正属于其时代的人，也是那些既不与时代完全一致，也不让自己适应时代要求的人……正是因为这种状况，正是通过这种断裂与时代错位，他们比其他人更能够感知和把握他们自己的时代。"[2]我们谈论现代就是凝视我们自身所是的存在，就是争做"同时代人"。与它保持距离，死死地盯住它，以犀利的目光透视它，让时代离我们并不朦胧和辽远。

人首先是物，但今天我们才真正成为物了，因为人类经过漫长的历史

① 罗骞：《超越与自由——能在论的社会历史现象学》，北京师范大学出版社2019年版，第391页。

② [意]阿甘本：《裸体》，黄晓武译，北京大学出版社2017年版，第20页。

才开始认真地把自己看成物。"神性曾经赋予存在意义，但一度地远离了存在而变成存在的桎梏。科学摧毁超验的世界，但却将存在的世界变成了物性的实存，并变成物化的生产。"①在这个物化的过程中，物性的身体成为欲望机器、技术产品和买卖对象②。自我解放的主体在解放中没落。感觉主义、物质主义和消费主义成为人感觉与体验自我存在的基本原则。人失去了超越性和否定性，成为单向度的肯定性的存在。

我们说现代是人将自身确认为主体的时代。主体性的自由要在方方面面得到展开和实现。我们讨论了现代的认知主体、权利主体和欲求主体，阐释了这些不同的主体性维度在对象实在领域、交往活动领域和内在体验领域得以确立的基本状况。现代就是以这种主体性的确立和展开为基本规定的我们所是的时代，就是人作为主体的展开状态和展开过程。然而，到此为止的谈论只是指明了现代与主体性之间的内在关联，以及主体性展开的三个维度。主体性的这三个维度如何得到展开，这种展开的主体性如何表现为复杂的现实过程，并且这种主体性的实现如何同时是主体性的限制？接下来我们将讨论作为现代主体性展开方式和展开关系的资本范畴，揭示资本如何规定现代主体性展开的过程，从而把握现代解放的历史性成就和历史性限度。

---

① 罗骞：《告别思辨本体论——历史唯物主义的存在范畴》，华东师范大学出版社2014年版，第270页。

② 罗骞：《超越与自由——能在论的社会历史现象学》，北京师范大学出版社2019年版，第392-400页。

第三章

资本对现代主体的规定

第一节 资本统治的时代

一

现代作为存在论范畴，用于表示从物性中升腾而出的人类总体之特定存在形态。现代不是物理的时间和空间概念，而是由生存实践建构的存在领域之过程和状态。现代之为现代根植于人之所是的特定存在样式。把握现代就是要揭示人如何存在并且如何领会自己的这种特定存在样式，从而在总体性的断裂意识中形成形态学意义上的现代概念。从社会历史存在论出发，我们说现代就是人将自己确认为主体并依据这种主体性意识生活的时代。人从自然中觉醒、从宗教观念中解放出来确立了主体性的意识。人的主体性在生活的方方面面都要得到自由的展开。主体性成为现代的核心范畴。人成为主体，人将自身理解为存在主体的时代就是现代。因此，现代被称为主体性时代，或者人本论时代。现代是主体性的人自我展开的存在状态和存在过程，是主体性的人在世和历世的共在总体。

现代是由主体性的人展开的生活世界。人在对象实在领域、交往活动领域和内在体验领域分别成为认识主体、权利主体和欲求主体。知识、权利和欲求是揭示现代主体性展开的三个基本范畴。现代就是人的主体性在这三个维度上展开的对象化世界。或者反过来说，我们是用这三个范畴来刻画现代人作为主体展开的对象化生存状况。主体性的人创造了一个什么样的世界，生活在一个什么样的世界之中呢？从与主体不同的视角，我们如何将这样一个主体性展开的对象性世界概念化？我们用何种范畴总体性地揭示和把握这个对象化世界的客观性？主体展开的世界是一个与主体相对的对象性世界。现代的本质范畴必须能够有效地揭示主体存在状态、存在关系、存在方式和存在过程的客观性，揭示与主体相对的、规定主体性得以展开的客观力量。满足这样一种存在论内涵的范畴才能成为现代的本质范畴，与作为现代中心范畴的主体相对，它要能够展示主体性各个维度在其中得到展开的客观状况。

我们认为，从与主体性相对的视角来看，现代的本质范畴是资本。在这个意义上，现代就是资本统治的时代。资本是现代存在最为根本的对象性存在方式。像恩格斯指出的那样，对于启蒙的思想家来说，现代是一个理性的时代，所有存在的事物都要接受理性法庭的审判。这是从现代的精神气质和思想原则来说的。从对象化的客观状态来说，是资本而不是理性才是现代的本质范畴。现代所有的存在者都在资本关系中存在，通过资本关系而存在。资本就是现代存在者之对象性的存在方式，是现代存在者社会性、历史性的存在规定。在这个意义上，资本就是现代的本质范畴，资本时代是对现代的社会历史存在论命名。这一命名奠定在历史唯物主义的思想基础之上。对于马克思来说，现代就是资本主义时代，就是资本占统治地位的社会历史时代。

马克思曾经指出："'现代社会'就是存在于一切文明国度中的资本主义社会，它或多或少地摆脱了中世纪的杂质，或多或少地由于每个国度的特殊的历史发展而改变了形态，或多或少地有了发展。"①在马克思使用的概念中，资产阶级时代、资本主义时代、第二大社会形态、商品经济形态等含义是一致的，就是指现代。马克思是以资本范畴规定现代的特殊本质。马克思指出："只有资本才创造出资产阶级社会，并创造出社会成员对自然界和社会联系本身的普遍占有。由此产生了资本的伟大的

①《马克思恩格斯选集》第三卷，人民出版社1995年版，第314页。

文明作用；它创造了这样一个社会阶段，与这个社会阶段相比，一切以前的社会阶段都只表现为人类的地方性发展和对自然的崇拜……资本按照自己的这种趋势，既要克服把自然神化的现象，克服流传下来的、在一定界限内闭关自守地满足于现有需要和重复旧生活方式的状况，又要克服民族界限和民族偏见。资本破坏这一切并使之不断革命化，摧毁一切阻碍发展生产力、扩大需要、使生产多样化、利用和交换自然力量和精神力量的限制。"①我们认为，马克思以对现代的资本命名和批判而成为这个时代真正的思想代表。他为人们理解"现代"提供了基本的概念工具和规范基础，并通过走向实践而参与了历史本身的构成，在现代性的确证方面奠定了不可超越的基础②。

在揭示对象化的存在方式和存在关系的意义上，我们说以资本命名现代不同于以主体（或者理性）命名现代。它是对社会历史的存在论命名，是从社会和历史的客观化角度揭示现代的基本规定。当然，关键的问题还在于对资本范畴本身的存在论理解。资本范畴需要在历史唯物主义思想视域中进行理解，而不只是作为一个狭义的政治经济学范畴。如果资本仅仅是在带来价值和剩余价值这样一种经济学意义上理解的话，它就不可能具有这种存在论意义。我们将资本看成特定社会历史时空中规定事物显现自身的存在方式和存在关系，这当然超出了资本作为政治经济学的一般含义。关于这一点，马克思自己就明确说过："但资本不是物，而是一定的、社会的、属于一定历史社会形态的生产关系，后者体现在一个物上，并赋予这个物以独特的社会性质。"③也就是说，资本是存在物存在的对

---

① 《马克思恩格斯全集》第三十卷，人民出版社1995版，第389－390页。

② 罗骞：《现代性的存在论批判——论马克思的现代性批判及其当代意义》，人民出版社2019年版，封底。

③ 《马克思恩格斯全集》第四十六卷，人民出版社2003年版，第922页。

象性形式，它使物成为社会性、历史性的特定存在。说资本不是物，是指作为资本的物并不是物作为物的物性，而是它的非物性、非自在的社会本质。资本作为特定的生产关系，它通过物而存在，在物之中存在。资本作为物特有的社会性质，与其说物取得了社会性，毋宁说资本就是社会存在物本身，就是社会存在物的一种形态，是一种特定的社会关系和特定的存在方式，就像地租曾经是特定历史时代的社会存在物一样。在资本时代，资本关系不仅是人与人之间，而且是人与物之间、物与物之间的一种存在联系①。现代就是资本成为普遍存在形式的社会历史时代，就是人的主体性展开受到资本原则规定和支配的人类存在状况和存在过程。

正是在这种意义上，马克思通过政治经济学批判展开的《资本论》就是一部现代的社会历史存在论，一部现代社会历史的基础存在论。马克思通过资本运行结构、过程和逻辑的分析，剖析现代社会历史的结构，分析人类生存状况，展望未来发展趋势，为人类自我理解奠定了历史唯物主义的思想基础。在这个基础上，我们通过分析资本范畴，在资本关系中考察人的生存状况，考察人的主体性在对象化的客观关系中的展开方式，我们就能够揭示现代作为我们所是的时代的基本特征，就能够领会主体性的解放在对象化的社会历史空间中的实现程度和历史限度。这样才能将对现代的理解导向以历史唯物主义为基础的社会历史存在论方向上去，而不是一种观念论的路向②。在这一存在论路线上，对于现代的理解才必须从主体和主体性进入资本分析和资本批判，资本原则对主体性的普遍规定才被

---

① 罗骞：《告别思辨本体论——历史唯物主义的存在范畴》，华东师范大学出版社2014年版，第170页。

② 关于现代性概念的历史唯物主义存在论路向和观念论路线的区分，首先在拙文《现代性批判的两种不同定向——论马克思的资本批判与当今"现代性哲学话语"的基本差异》中得到了阐释（见《教学与研究》2005年第7期），后来又在我的博士论文中有进一步深化。

看成现代基本的存在论状况。就像《共产党宣言》中指出的那样："在资产阶级社会里，资本具有独立性和个性，而活动着的人却没有独立性和个性。"①离开资本范畴根本理解不了我们自身所是的存在，离开资本的客观规定，现代主体性概念就会成为抽象的精神原则，根本不能真正深入现代存在本身。

二

我们说现代是资本统治的时代。资本统治讲的是资本作为一种客观化的存在关系，作为现代存在者展示自身的社会历史存在方式，规定和支配着所有的存在者，因此成为现代普遍的对象性存在形式。所有的存在者和存在者之间的相互关系都受到资本原则的中介，都在资本关系中得到展开，因此表现出了与前现代不同的存在面向。理解现代就是要理解资本原则对存在者的普遍规定，理解资本关系在社会历史空间中的普遍贯穿及其影响。在现代的理解中，资本不是与主体抽象对立因而外在于主体的客体一极，而是对象化的主体存在，是与人的主体性相对应的规定主体性展开的客观关系这样一种社会历史存在方式。

马克思曾经说过："在人类历史中即在人类社会的形成过程中生成的自然界，是人的现实的自然界；因此，通过工业——尽管以异化的形式——形成的自然界，是真正的、人本学的自然界。"②也就是说，人们现实地生活于其中的自然受到人类生存实践活动的制约，是人化的自然。剥离了特定社会历史关系的赤裸裸的自然，不论在认识论还是在存在论的意义上都是观念的绝对抽象。"土地与地租没有任何共同之处，机器与利润没有共同之处。对于土地占有者来说，土地只有地租的意义，他把他

---

① 《马克思恩格斯选集》第一卷，人民出版社1995年版，第287页。
② 《马克思恩格斯全集》第三卷，人民出版社2002年版，第307页。

的土地出租，并收取租金；土地可以失去这一特性，但并不失去它的任何内部固有的特性，不失去例如任何一点儿肥力；这一特性的程度以至它的存在，都取决于社会关系，而这些社会关系都是不依赖于个别土地占有者的作用而产生和消灭的，机器也是如此"[①]。在特定的社会历史关系中才能真正把握自然物质的存在，把握事物存在的社会性、历史性。社会历史的存在论分析不是要还原主义地揭示物质世界的实体性和广延性，而是把握它的历史存在。葛兰西有一个十分深刻的说法："对于实践哲学来说，'物质'既不应当在它从自然科学中获得的意义上来理解……也不应当从人们在各种唯物主义形而上学中发现的任何意义上来理解……物质本身并不是我们的主题，成为主题的是如何为了生产而把物质社会地历史地组织起来，而自然科学则应相应地被看作本质上是一个历史范畴，一种人类关系。"[②] 历史唯物主义作为社会历史存在论超越自然唯物主义的根本之处就在于把握存在者的社会性和历史性，在特定社会历史关系中的存在才是真正感性的、现实的，我们生活于其中的存在。对于现代自然的理解就必须通过资本范畴的中介。

资本作为现代的本质存在方式规定了自然物质世界特定的社会历史性。马克思说："如果说以资本为基础的生产，一方面创造出普遍的产业劳动，即剩余劳动，创造价值的劳动，那么，另一方面也创造出一个普遍利用自然属性和人的属性的体系，创造出一个普遍有用性的体系，甚至科学也同一切物质的和精神的属性一样，表现为这个普遍有用性体系的体现者，而在这个社会生产和交换的范围之外，再也没有什么东西表现为自在

---

① [匈]卢卡奇：《历史与阶级意识》，杜章智等译，商务印书馆1996年版，第155页。

② [意]葛兰西：《狱中札记》，曹雷雨等译，中国社会科学出版社2000年版，第383-384页。

的更高的东西，表现为自为的合理的东西。因此，只有资本才创造出资产阶级社会，并创造出社会成员对自然界和社会联系本身的普遍占有……只有在资本主义制度下自然界才真正是人的对象，真正是有用物；它不再被认为是自为的力量；而对自然界的独立规律的理论认识本身不过表现为狡猾，其目的是使自然界（不管是作为消费品，还是作为生产资料）服从于人的需要。"①在资本的规定中，自然不再是自身自在的物性存在，而是在资本生产逻辑中成为创造价值的有用物，从而失去了自身的自在性和自足性，不仅失去了它的神秘性，同时也失去了它的诗意光辉，成了资本生产和资本增值的"原料库"，被不断开发、占有和剥夺，被组织到资本运转的强制逻辑之中，日益被资本规定为资本运行的一个实体性环节②。正是在这个意义上，马克思指出现代异化同样使人之外的自然发生异化③。

自然发生异化，说的是自然不再作为自然本身而存在，而是作为资本运行的一个环节，作为资本自我增值赖以实现的要素，从而成为人与人之间剥削和压迫他者的工具。就像封建时代的土地不是作为土地而是作为地租存在一样，整个自然界逐渐成为资本生产的要素纳入资本循环之中，成为人与人之间的社会关系得以展开的物质载体。人们以资本的方式占有、开发、生产某种物质，乃是因为通过物质的占有和生产能够占有别人的劳动，能支配别人的生活。资本就是这样一种社会化的占有和统治方式。资本不是直接以不平等的权力实现统治，而是一种社会化的支配力量。正是

---

① 《马克思恩格斯全集》第三十卷，人民出版社1995年版，第389页。

② 马尔库塞曾经指出："人所遇到的自然界是为社会所改造过的自然，是服从于一种特殊的合理性的，这种合理性越来越变成技术的、作为工具的合理性，并且符合于资本主义的要求。"《西方学者论1844年经济学哲学手稿》，复旦大学出版社1983年版，第145页。

③ 《马克思恩格斯全集》第三卷，人民出版社2002年版，第274页。

在这个意义上，资本是一种现代化的统治形式，是一种文明的奴隶制。人在资本的规定下只是实现了形式的、抽象的平等和自由，实际上仍然处在一种社会化的强制剥夺之中。就像《启蒙辩证法》指出的那样，"资本已经变成了绝对的主人，被深深地印在了生产线上劳作的被剥夺者的心灵之中"①。当然，现代资本的统治并不意味着只在生产流水线上，而是渗透到了社会的每一个角落。

在《1857—1858年经济学手稿》中，马克思说："在自由竞争中自由的并不是个人，而是资本。只要以资本为基础的生产还是发展社会生产力所必需的、因而是最适当的形式，个人在资本的纯粹条件范围内的运动，就表现为个人的自由，然而，人们又通过不断回顾被自由竞争所摧毁的那些限制来把这种自由教条地宣扬为自由。自由竞争是资本的现实发展。它使符合资本本性，符合以资本为基础的生产方式，符合资本概念的东西，表现为单个资本的外在必然性。"②在资本关系的规定之中，马克思明确指出，对于无产阶级而言，现代的自由意味着人除了能够出卖的劳动力而外，自由得一无所有。人通过出卖劳动力的方式实现自己的同时出卖和失去了自己的生活。在资本生产中，"生产不仅把人当作商品、当作商品人、当作具有商品的规定的人生产出来；它依照这个规定把人当作既在精神上又在肉体上非人化的存在物生产出来——工人和资本家的不道德、退化、愚钝。这种生产的产品是自我意识的和自主活动的商品……商品人……"③异化不仅仅是工人，是无产阶级，而是整个人类的生存状况，"有产阶级和无产阶级同样表现了人的自我异化"④。

---

① [德]马克斯·霍克海默、西奥多·阿多诺：《启蒙的辩证法》，渠敬东、曹卫东译，上海人民出版社2003年版，第139页。

② 《马克思恩格斯全集》第三十一卷，人民出版社1998年版，第42页。

③ 《马克思恩格斯全集》第三卷，人民出版社2002年版，第282页。

④ 《马克思恩格斯文集》第一卷，人民出版社2009年版，第261页。

在资本的普遍规定中，人也像自然一样只是可以买卖的商品，成为有用物。社会就是依赖这样一种客观化的商品—资本关系联系起来，成为马克思所说的以物的依赖为基础的时代。"只是到了现代的商品—资本社会，才从概念上和制度上确认了劳动力可以买卖这样一种物化关系。所有存在物，包括人本身都要在商品—资本的买卖关系中确认自己的存在"。所以马克思说，现代是以物的依赖关系为基础的时代。这个"物"讲的就是这种以货币为中介的商品—资本关系。"商品—资本就是人作为物性实在的社会性、历史性的对象性存在方式。这种对象性方式主导着人作为物性实在的利益、欲望、本能的实现。"[1]也就是说，生活在现代意味着人只有通过资本关系才能展开自己的存在。资本关系就像我们每天呼吸的空气一样围绕在我们周围，成为我们存在的现实。

资本原则对存在世界的全面贯穿，资产阶级按照自己的面貌来改造世界，使得空间—时间全面的一体化，这是现代化的基本实情，也是今天被称为全球化的世界历史的内在本质。《共产党宣言》第一节对这一历史过程有高屋建瓴、气势磅礴的描述："资产阶级，由于一切生产工具的迅速改进，由于交通的极其便利，把一切民族甚至最野蛮的民族都卷到文明中来了。它的商品的低廉价格，是它用来摧毁一切万里长城、征服野蛮人最顽强的仇外心理的重炮。它迫使一切民族——如果它们不想灭亡的话——采用资产阶级的生产方式；它迫使它们在自己那里推行所谓文明，即变成资产者。一句话，它按照自己的面貌为自己创造出一个世界。"[2]我们要理解我们自身所是的存在，就是要解剖资本作为本质范畴对现代根本的架构作用，理解我们是如何在现代资本关系中展开我们生活的现实。资本是

---

[1] 罗骞：《超越与自由——能在论的社会历史现象学》，北京师范大学出版社2019年版，第398-399页。

[2] 《马克思恩格斯选集》第一卷，人民出版社1995年版，第276页。

现代本质的范畴，现代就是资本原则的全面贯穿的时代，就是资本主义时代。对现代的理解离不开资本范畴。尽管提出了多维度的现代性概念，当代社会学家吉登斯仍然高度肯定了资本概念的巨大意义，因此高度地颂扬马克思的思想贡献："虽然这样做是不太时髦的，但是我仍然敬仰马克思，因为资本主义对较大的现代性框架具有核心重要性。在现代社会中，经济影响同它在从前社会中相比，其效应要明显和深远。这些影响的结构以资本主义制度和机构为核心。"① 虽然吉登斯这个判断还不是在社会历史存在论这样的高度理解马克思的资本概念，但足以说明了马克思对现代资本命名的根本重要性。

<h2 style="text-align:center">三</h2>

以资本命名现代，可以说是马克思最为重要的思想贡献，现代被称为资本主义时代已经成为一个基本的历史事实。也有以理性、主体、自由等对现代的命名，但资本概念从一种对象化的客观角度准确揭示了现代基本状况，所以成为现代的本质命名。从马克思对现代的资本命名到今天，社会历史已经发生了很大变化。有的人甚至指认这种变化已经超出了马克思的思想视野，然而在我们看来，究其本质而言，今天仍然是资本时代。社会历史的表层现象发生了变化，但社会历史的基本逻辑和基本结构仍然没有变。资本仍然是当今时代的本质范畴，我们仍然生活在由资本原则规定的现代社会历史之中。或者说，我们仍然通过资本原则展开我们所是的现实生活。马克思以政治经济学批判展开的资本现代性批判仍然是我们今天不可超越的思想地平线。虽然马克思主要是在社会经济基础的意义上研究资本生产，但资本原则在社会存在中的全面贯穿和渗透，仍然体现了马克

---

① [英]吉登斯：《现代性：吉登斯访谈录》，新华出版社2001年版，第70页。

思思想穿透历史的强大力量。今天，我们应该在马克思资本范畴的指引之下展开现代性的社会历史存在论批判，充分深化和拓展马克思资本概念的社会历史存在论意义。

我们曾经提出，以政治经济学批判方式展开的《资本论》是历史唯物主义现代性批判的"基础存在论"。在这个意义上，资本是现代本质的存在范畴，被理解为存在论范畴的现代只有通过资本范畴才是可能的。对资本生产过程、结构、规律、趋势等的分析，就是对现代的存在论分析，资本批判就是现代性的存在论批判。政治经济学批判是对现代经济基础的解剖和批判，也就是对现代社会历史的基础存在论分析。没有了对社会存在论基础的政治经济学阐释，不仅现代性批判会走向观念论批判的路线，对历史唯物主义存在范畴的理解也完全可能走向抽象的思辨，摆脱不了旧唯物主义的束缚，资本和现代等也不可能被理解为存在范畴。在马克思那里，正是因为有了政治经济学批判这一基础存在论，历史唯物主义才没有成为抽象的思辨哲学，政治经济学批判才没有成为一门狭义的实证主义的应用经济学。这样一种理解，能够将被分化解读为哲学、政治经济学和科学社会主义的马克思主义内在地统一起来，克服学科分化解读带来的局限乃至根本的理论错误。将资本现代性批判阐释为马克思思想的根本母题，能够将现代性批判重新有效地奠定在历史唯物主义的基础上，成为一种存在论路向上的根本批判。

在马克思以资本命名现代的时候，世界历史才刚刚跨进资本时代的门槛，许多国家和民族还处在封建时代甚至是原始时代。资本的诱惑和魔力对这些地方的渗透改造过程还是以后才逐步展开的，超越资本根本没有提上社会历史议程。可以说，马克思以资本命名现代并展开现代性批判之后的历史才是资本现代性迅速展开和深化的历史。在这个意义上，不是马克思对现代的资本命名过时了，而是马克思对现代的资本命名如今才本质性地得到了根本的确证。今天人类面临的根本实践问题就是如何面对资本的问题；同样的，今天社会历史存在论的根本问题，就是揭示资本原则如何成为现代存在普遍的对象性形式因此规定了我们自己所是的存在问题。当然，由于批判黑格尔观念论的倾向，马克思突出强调了对社会存在基础的阐释，而没有全面地在政治、文化等所有的存在层面展开资本批判，资本概念在一定程度上还局限在一般经济学的范围之内；与此同时，马克思资本批判的理论构想也没有完全得到落实，这一批判还应该包括没有得到展开的国家、对外贸易和世界市场等相关内容。因此，以资本为本质概念的现代阐释还需要得到拓展和深化。我们将这一工作称为对现代的存在之思。"存在之思"这一概念，不仅是说它是在后形而上学存在论的层面展开，而且试图表明它的致思方式与传统的理论和真理方式并不相同，因此在某种意义上也是对马克思思想的改写和深化。

前面我们已经阐释，现代的核心范畴是主体，现代是将自己确认为主体并且依据这样的主体性意识去自我实现的时代。现代的主体性在实在对象领域、交往活动领域和内在体验领域得到展开，知识、权利和欲求成为主体性展开的三个核心范畴。从对象化的客观性角度，我们说现代的本质范畴是资本，资本是现代对象性的存在方式，资本对存在者的普遍规定使存在者获得了特定的社会历史性，因此才有现代的诞生。现代主体性的确立意味着现代主体性原则在资本关系中的展开，或者说资本原则的统治意味着资本原则对主体性展开的规定。对以主体性为核心范畴、资本为本质范畴的现代存在论分析，就是要揭示资本如何规定作为现代主体性之展开的知识、权利和欲求，也就是要分析知识生产、权利保障和欲求满足如何受到资本力量的规定和支配，从而领会现代主体性自由实现的历史成就和根本限度。

第二节　资本与知识

一

人是在物性之中超越物性的存在。人首先生活在物性的世界之中，遵循着物性世界的逻辑，按照事实性的原则与世界打交道。人只有正确地认识世界才能利用关于世界的正确认识指引生活实践。认识世界是人基本的生存活动，关于世界的正确知识是人的主体性得以展开的基本维度。现代主体性在实在对象领域的确立就是人将自己领会为认识的主体，知识是主体性展开的三个基本维度之一。人是能知者和有知者。与现代资本生产相结合，作为知识载体的科学技术发挥了根本性作用，人们对知识本身的看法也发生了根本性变化。资本生产和知识生产的相互促进，资本原则对知识生产领域的支配和规定，是现代最为显著的特征之一，已经并且将继续改变现代的基本面貌。"科学技术的加速发展及两者的内在统一是人类文明进入现代之后的一个显著特征，它极大地改变了人类历史的根本面貌，并且日益改变着人们对于存在世界及其意义的理解。在这个意义上，科技革命本质上是一场深刻的存在论革命。现代是资本的时代，这一革命的存在论基础是资本统治的确立。在资本的规定中我们才能揭示现代科技发展和科技异化的历史存在论基础"①。探讨资本对现代知识生产过程的规定，是阐释作为主体性自我展开的重要方面。这一阐释能够说明，体现人类主体能力的科学和技术为什么在现代也在经历异化的形式。

---

① 罗骞：《告别思辨本体论——历史唯物主义的存在范畴》，华东师范大学出版社2014年版，第188—189页。

自然科学是人类与自然物质世界在生活实践中形成的一种历史关系，不能离开人类的生存实践活动理解自然科学的本质和作用。所有关于世界的知识都是人类本质力量的体现，都是人类自我展开的基本方式。《1844年经济学哲学手稿》中有一段精彩的话，充分揭示了存在论视阈中的科学技术本质和作用。马克思说："自然科学却通过工业日益在实践上进入人的生活，改造人的生活，并为人的解放作准备，尽管它不得不直接地完成非人化。工业是自然界同人之间，因而也是自然科学和人之间的现实的历史关系。因此，如果把工业看成人的本质力量的公开展示，那么，自然界的人的本质，或人的自然的本质，也就可以理解了。因此，自然科学将失去它抽象物质的或者不如说是唯心主义的方向，并且将成为人的科学基础，正像它现在已经——尽管以异化的形式——成了真正人的生活的基础一样；至于说生活有它的一种基础，科学有它的另一种基础——这根本就是谎言。"①

这一段话包含了丰富的含义，它在存在论的高度上揭示了科学技术之间的相互关系，揭示了科学技术的存在论内涵。如果说科学技术是人的本质力量的话，现代工业则是这种本质力量的公开展示，是打开的关于人的本质力量的书。自然科学不是一种独立于生活世界的神秘力量，而是立足于生活实践的感性的历史力量，它扎根于我们的生活世界。正像马克思批评费尔巴哈时指出的那样："费尔巴哈特别谈到自然科学的直观，提到一些只有物理学家和化学家的眼睛才能识破的秘密，但是如果没有工业和商业，哪里会有自然科学呢？甚至这个'纯粹的'自然科学也只是由于商业和工业，由于人们的感性活动才达到自己的目的和获得自己的材料的。"②科学技术扎根于生活实践，并且随着社会历史的变化而变化。不

① 《马克思恩格斯全集》第三卷，人民出版社2002年版，第307页。
② 《马克思恩格斯选集》第一卷，人民出版社1995年版，第77页。

仅是其意义、作用的大小，而且人们关于科学技术的知识论概念本身也在历史中发生变化。在古代，科学没有发挥今天这样巨大的作用，人们也不是以今天的方式理解科学技术的本质。

古代不少思想家认为，认识并不直接地指向具体的实用性。恰恰相反，知识超越实用性的目的指向绝对的真理本身，其目的就在于观念地把握世界，形成关于世界的正确图像。理论家和科学家以认识真理为任务，过的是一种沉思的生活，而不是一种"积极的"或者说"行动的生活"。他们从根本上超越现实生活的杂务，超越实践的意见领域。在亚里斯多德看来，追求知识、探索真理本身是一项自足的理论活动，它是一种高尚的生活方式，能够满足人的好奇，摆脱因为无知带来的灵魂纷扰，其目的根本不是为了实用[①]。亚里斯多德的这种知识论和真理观，在西方传统思想中产生了重要影响。甚至可以说形成了一种与实践论不同的观念论传统，解释世界的正确知识自足地成为认识本身的目的。在与实践哲学相区别的意义上，我们称之为一种认识论哲学的思想路向。正是出于批判这一思想传统，才有了马克思《关于费尔巴哈的提纲》最后一条那句切中要害的名言："哲学家们只是用不同的方式解释世界，问题在于改变世界。"[②]这一思想传统到了现代才发生了根本的改变。培根"知识就是力量"宣布了新时代的到来。到了现代，人自觉地将自身看成是能够认识世界并且利用自己的认识改变世界和支配世界主体。作为知识的科学成为人实现自身意志的手段，只有在技术的应用中科学才能达到自己的目的。

"……实用性成为基本原则的情况下，认识就从根本上成了功利活动的内在构成环节。不仅认识是从属于功利目的，甚至真理的本质也被理

---

① 罗骞：《告别思辨本体论——历史唯物主义的存在范畴》，华东师范大学出版社2014年版，第195页。

② 《马克思恩格斯选集》第一卷，人民出版社1995年版，第57页。

解为有用性，即实用主义的所谓有用就是真理。"①由于知识在现代的这样一种实用性和实践论的转向，现代科学向技术转化，科学成为技术的基础，而技术应用成为科学认识的目的。技术上的需要推动科学的发展，所以恩格斯说："社会一旦有技术上的需要，则这种需要就会比十所大学更能把科学推向前进。"②在这个意义上，现代技术成了科学的本质，科学认识本身失去了自足性。在科学——技术为基础的世界观中，世界被看成依据必然性的规律运行的可认识的世界，对世界的正确认识可以转化为改变世界的实用技术。这种科学——技术观就是海德格尔讲的可计算基础上的可建造世界观。现代世界被看成是一个生产世界，不仅是人对自然的生产和再生产，而且包括人与社会的生产和再生产。这种以知识为核心、科学认识和技术应用为基本环节的"生产世界"概念，充分地体现了现代主体性的意识。从这一角度出发，现代就是生产时代，是以科学技术为基础的人对其自身和对象进行生产与再生产的时代。"在新时代的开端上，笛卡尔曾经夸下了豪言壮语，如果你给我广延性的物质和运动，我就给你建造世界。这是一种时代精神的思想表达。现代是以科学知识为基础的技术生产的时代，利用知识创造和改变世界的时代。这种依据技术对世界的生产和改造是现代领会能在主体性及其自由的一个基本维度"③。

二

科学认识指向技术的应用，技术成为科学的本质，世界在现代因此成为生产的世界。不仅人们关于科学技术的观念发生了变化，而且科学技术

---

① 罗骞：《超越与自由——能在论的社会历史现象学》，北京师范大学出版社2019年版，第300页。

② 《马克思恩格斯全集》第三十九卷，人民出版社1974年版，第198页。

③ 罗骞：《超越与自由——能在论的社会历史现象学》，北京师范大学出版社2019年版，第314页。

的发展本身引起了社会历史的根本性变化，改变了人们的存在论状况和存在论意识。但这一切不能从人类的观念内部来理解，不能将知识生产和再生产，也就是将科学技术的发展看成是人类观念论内部的事情，好像是人类认识自我发展和自我推动的结果。恰恰相反，人类的认识活动是生存实践的内在环节，它在生存实践的基础上发生并且导向生活世界的改变。就像马克思说的那样，认为自然科学的发展具有不同于生活世界的另一种基础，这是一个谎言。正是在这个意义上，对于知识生产，对于展开现代主体性的科学技术的理解必须深入到客观的社会历史关系之中，必须探讨作为客观向度的资本关系对现代知识生产的规定。知识生产本身进入了资本规定的生产时代。

关于资本在科学技术的生产和再生产过程中的根本性作用，马克思和恩格斯都有过阐释。马克思首先在一般的意义上谈到以资本为基础的生产创造了一个有用性的体系，科学技术等被纳入这个体系，因此不再表现为自为的合理的东西。马克思说："如果说以资本为基础的生产，一方面创造出普遍的产业劳动，即剩余劳动，创造价值的劳动，那么，另一方面也创造出一个普遍利用自然属性和人的属性的体系，创造出一个普遍有用性的体系，甚至科学也同一切物质的和精神的属性一样，表现为这个普遍有用性体系的体现者，而在这个社会生产和交换的范围之外，再也没有什么东西表现为自在的更高的东西，表现为自为的合理的东西。"[①] 在现代社会，科学技术被纳入资本生产的体系，从属于资本生产的逻辑，在资本生产中实现自身和获得自身的价值。在这个意义上，科学下降为技术的工具，而技术下降为资本的工具，它们共同地指向资本生产中的价值和剩余价值的创造。也就是说，现代的"大工业则把科学作为一种独立的生产能

---

① 《马克思恩格斯全集》第三十卷，人民出版社1995年版，第389—390页。

力与劳动分离开来，并迫使科学为资本服务"①。马克思说："只有资本主义生产方式才第一次使自然科学为直接的生产过程服务，同时，生产的发展反过来又为从理论上征服自然提供了手段。科学获得的使命是：成为生产财富的手段，成为致富的手段。"②马克思还说："由于自然科学被资本用作致富手段，从而科学本身也成为那些发展科学的人的致富手段，所以，搞科学的人为了探索科学的实际应用而互相竞争。另一方面，发明成了一种特殊的职业。"③"自然科学本身〔自然科学是一切知识的基础〕的发展，也像与生产过程有关的一切知识的发展一样，它本身仍然是在资本主义生产的基础上进行的，这种资本主义生产第一次在相当大的程度上为自然科学创造了进行研究、观察、实验的物质手段。"④科学技术被作为资本增值的手段和自然被看作资本价值增值的物质承担者，这是同一过程的不同方面。科学技术的发展才使自然的各种属性被科学广泛地发掘出来满足人们的需要，成为资本增值的手段。正如马克思所说的那样："自然因素的应用——在一定程度上自然因素并入资本——是同科学作为生产过程的独立因素的发展相一致的。"⑤

在这些表述中，马克思反复强调了资本生产对于科学技术发展的作用，强调了现代资本主义生产与科学技术发展之间的紧密关系。今天，不论是资本主义的发展还是科学技术的发展，都远远地超越了马克思所处的时代。但马克思强调资本生产与科学技术发展之间的关系，强调作为知识生产通过资本生产逻辑得以展开的基本观点，仍然具有根本的重要性。二者之间的这种本质联系在今天表现得更加充分、更加突出。今天的整个知

① 《马克思恩格斯全集》第四十四卷，人民出版社2001年版，第418页。
② 《马克思恩格斯文集》第八卷，人民出版社2009年版，第356页。
③ 《马克思恩格斯文集》第八卷，人民出版社2009年版，第359页。
④ 《马克思恩格斯文集》第八卷，人民出版社2009年版，第358页。
⑤ 《马克思恩格斯文集》第八卷，人民出版社2009年版，第356页。

识生产体系完全受到有用性的支配，教育科研都被纳入资本生产过程，成为价值增值的要素。资本逻辑对于知识生产的规定和强制，是现代的基本状况。我们可以从以下几个方面理解这一正在展开的知识生产状况。

首先，知识成为一种实践地改变现实、支配对象的力量（power）。知识就是力量是培根对现代知识功能的时代宣言。在《启蒙辩证法》中，霍克海默和阿多诺对培根的这一时代宣言进行了深刻阐释，揭示了知识在现代成为主体性力量的逻辑。知识不再只是满足于揭示真理，行之有效地解决问题才是它的真正目的。按照马克思的说法，改变世界才是我们认识世界的目的。培根简明地指出："在我看来，知识的真正目的、范围和职责，并不在于任何貌似有理的、令人愉快的、充满敬畏的和让人钦羡的言论，或某些能够带来启发的论证，而在于实践和劳动，在于对人类从未揭示过的特殊事物的发现，以此更好地服务和造福于人类生活。"①可以说，这一知识论观念是现代主体性观念的基本维度，同时也是现代资本建立的"有用性体系"的根本要求。

其次，知识成为主体获得利益的一种权利（rights），现代逐渐建立起了保护知识权利的知识产权制度。现代知识产权制度是资本主义与知识生产相结合的重要机制之一，它通过保障主体排他性的知识所有权——本质上是收益权，调动了科技创新的积极性，促进了科学技术的快速发展。对自主创新的科学技术拥有知识产权，掌握先进的科学技术本身成为一种强大资本，在现代社会能够通过市场化获得相应的收益，这是现代社会对知识劳动和知识成果的保护，是前现代社会所没有的机制，充分体现了现代人的主体性。

再次，科学技术一体化在现代社会成为基本趋势。科学知识的实用性

① [德]马克斯·霍克海默、西奥多·阿多诺：《启蒙的辩证法》，渠敬东、曹卫东译，上海人民出版社2003年版，第2-3页。

观念，现代知识产权制度的建立，以及知识生产服务于资本的增值逻辑，在现代社会成为推动科学技术一体化的强大力量。按照海德格尔的看法，技术运用成为科学的本质。科学技术的一体化是人类文明进入现代之后的一个显著特征，它极大地改变了人类历史的根本面貌，并且日益改变着人们对存在世界及其意义的理解。科学技术一体化加快了现代社会的发展速度，现代甚至因此被称为加速主义的时代。科技的加速发展导致整个现代人生活方式的迅速变化。社会发展的加速变化，这是科技一体化的社会历史影响和后果。

最后，科技本身成为一种占主导地位的现代意识形态。从现代开端处，科学技术发挥的反对封建迷信和宗教神学的意识形态功能，到今天科学技术本身已经成为一种意识形态，这是现代知识生产的又一特征。科技被理解为正确性的知识和可行性技术的同一，实证性和有用性成为知识的内在特征，人类的认识被单面地理解为实证性的科学技术知识。宗教、哲学、艺术等被排除了科学的体系，人们的整个意识形态受到实证性和有用性观念的统治。按照哈贝马斯的看法，科学技术代表的工具理性全面地征服了整个生活世界，导致了生活世界的殖民化。今天我们看到，科学技术的意识形态化在显著地消解超越实存的生存意义和精神价值，人们按照科学主义的方式理解世界、理解生活。这一过程再与资本的功利原则结合起来，现代生存遭遇着巨大的挑战。

三

马克思说，资本主义生产方式才第一次使自然科学为直接生产过程服务。由于资本主义生产方式的确立，在资本效率和利润原则的驱动之下，科学技术在现代发展越来越快速，同时也获得了不同于前现代社会的时代内涵和存在论意义。被资本中介和规定的知识生产今天在给人类带来极大自由、实现人的主体性的同时，也使人类遭遇巨大的困境。但愿这个困境像海德格尔说的那样意味着救渡的可能性："说到底，我们至少可以揣度，技术之本质现身在自身中蕴藏着救渡的可能升起。因此一切皆取决于我们对此升起的思索，并且在追思中守护这种升起。"[1]今天看来，寻求并且守护这种可能性的升起显得比海德格尔的时代更加地紧迫了。思考科技在当今时代的后果及其暗淡的一面，是人类当下面临的基本思想任务。

由于知识生产服务于资本主义生产的逻辑，受到了资本利润原则和效率的强制推动，科技不再一般的是认识世界和改造世界的理论，而是成为攫取自然和剥削他人的强制性力量，导致了自然物质世界和人类世界的双重异化。海德格尔在《追问技术》中曾经指出："现代技术中起支配作用的解蔽乃是一种促逼，此种促逼向自然提出蛮横要求，要求自然提供本身能够被开采和贮藏的能量。"[2]而这种促逼受到效率原则的指引和推动："但这种开采首先适应于对另一回事情的推动，就是推进到那种以最小的消耗而尽可能大的利用中去。"[3]简单地说，由于资本主义资本积累和追逐效率的方式，自然被裹挟着不断地提供资源和原料，科学技术承担着不断发掘和利用自然物质的作用，不是人而是人格化的资本成为统治和剥夺自然的力量。当然，对自然的剥夺与对人的剥削是紧密联系在一起的。科学技术的发展促进了经济发展，提高了生产效率，带来了劳动工作方式的变化，科学技术成为资本占有他人劳动和生命的方式。科学分工、泰勒制、生产流水线的自动化等，都使科技成为一种支配人的社会力量，成为资本获取利润的基本要素。像霍克海默和阿多诺指出的那样，"技术用来获得支配社会的权力的基础，正是那些支配社会的最强大的经济权

---

① 《海德格尔选集》，孙周兴选编，上海三联书店1996年版，第950-951页。

② 《海德格尔选集》，孙周兴选编，上海三联书店1996年版，第932-933页。

③ 《海德格尔选集》，孙周兴选编，上海三联书店1996年版，第933页。

力"①。科学技术,乃至整个知识的生产和再生产都是通过资本方式展开的,因此异化成了一种促逼自然和人的外在力量。

在现代社会,不仅知识成为资本生产的环节,而且知识生产本身按照资本生产的方式进行,成为资本生产的一个领域。资本进入知识和文化产业根本目的就是交换价值和利益。在这个领域,以知识产权保护为制度基础,以市场为定向,为了效率和利润,教学机构和科研单位都按企业化的模式运作,市场化、企业化了。激烈无情的竞争让实验室没有了白天和黑夜,全天候地运转和忙碌。知识和文化生产已经远离了悠闲和从容,不再是文人墨客修身养性的方式。在知识产权制度下,同一课题的研究者之间只有第一,没有第二,他们都在与时间赛跑。资本利益的驱动让无数科研项目挑战道德伦理底线和人类存在的底线。科学研究和技术发明的直接目的不是解决人类的困难,不是为了治疗人类的疾病,减少人类的痛苦,而是为了交换价值,为了利益。在知识产权制度的保护之下,科研成果具有排他性的垄断地位,甚至无视人类的疾病和痛苦。我们常常看到一边是无钱治疗带来的死亡、痛苦,一边却是新药物和新技术治疗的高昂费用和与高昂利润。就像一般的商品一样,科技成果的交换价值掩盖了其使用价值,使用价值仅仅成了其交换价值的物质承担者。知识生产直接的目的不再像培根说的"更好地服务和造福于人类生活",而是为了财富的收益和增值,从而成为一部分人统治另一部分人的力量。有一种技术中性的说法,但事实上,科学技术总是在特定的社会关系中发挥作用,没有脱离社会历史的抽象的中性技术本身。

现代科学技术迅速发展,不仅不断地突破事物既有的边界,而且科学技术本身已经变成了一个没有边界的事业,它不再受到外在事物的限制。

---

① [德]马克斯·霍克海默、西奥多·阿多诺:《启蒙的辩证法》,渠敬东、曹卫东译,上海人民出版社2003年版,第135页。

似乎凡是认识上正确、技术上可行、实践上有利的事情都是可为的事情。宗教的、伦理的、法律的各种价值和规范在科技面前不断地退却。人们日益按照这种正确的、可行的和有利的原则改造世界，生产和再生产世界本身。现代成为一个生产时代，以科学技术为基础的生产时代。所有的事物都在生产逻辑中被瓦解和再造，所有神圣的、固定的东西都土崩瓦解。资本和科技的联姻，不断地使存在发生分裂，使所有的存在者不断地处在远离自身、失去同一性的永恒流变之中。这种生产和瓦解的逻辑将人抛掷到了无根基的虚无之中。在高人工智能和人类基因编辑的伟大成就中，人类已经失去了自诞生以来就获得的自我认同的基础，人类自诩的创造性、神圣性、独一性已经支离破碎。不是说人工智能是不是人，基因编辑过的人是不是人，人机融合体是不是人，而是人本身是什么变得模糊，失去了长期获得的稳定内涵，面对这一根本问题人类不知所措。社会流动性造就的无家可归的浪子已经不再是现代人的典型形象了，因为那毕竟还是漂泊着的存在者。在今天这个不断自我瓦解的无根时代，人本身已经失去了自我确定性，失去了本质论上的自我规定。什么是人？在这个自我认同的根本问题面前，人类已经茫然失据。

人在自我生产中的自我瓦解这个问题带来的当然不只是关于人自身存在的困惑，也就是人在自我生产中自我消解和自我否定这样一种现代存在状况，而且是整个世界概念的变化，整个存在论的变化。"存在的无根性已经使绵延了数千年的存在论彻底动摇，这就是按照必然性逻辑把握的自在世界最后在依据必然性逻辑展开的技术生产中瓦解了自在自身。这不仅表现在世界成了能在生产的对象，而且是作为生产者的能在本身也被技术地生产。纯粹的自然真正成为一个观念抽象，或者说，自然逻辑的彻底化意味着根本上不再有自然本身了。"[1]这就是说，由于作为人的主体性展

---

[1] 罗骞：《超越与自由——能在论的社会历史现象学》，北京师范大学出版社2019年版，第320页。

开的知识生产和资本生产之间的结合，现代科学技术本质上通过生产世界瓦解世界的逻辑，所有的存在者在这个生产的时代被生产，从而失去了自身。在这个意义上，现代就是人类通过技术生产逃离自然，从而也是逃离自身确定性的过程。在技术座架的摆置和规定中[1]，作为人主体性力量展开的知识却成为消解人的力量。这种消解说的不是使之消逝和毁灭，而是祛除其根基，使之摇摆和漂浮，因此永远置于难以自我认同的不确定性之中。

第三节 资本与权利

一

我们已经阐释，现代主体性在交往活动领域表现为人成为权利主体。在现代社会，人们之间以等同承认对方抽象人格的方式相互联系，平等主体之间建构了以契约、制度和法律为纽带的法制社会。权利是现代主体性展开的基本维度。从对象化的客观存在方式和客观关系的角度来看，我们说现代是资本时代，资本是现代的本质范畴。现代人的主体性通过资本关系得到展开和实现。那么，资本原则如何规定了现代主体性权利的展开及其实现呢？分析资本对现代主体性的实现和制约，就需要考察现代资本原则与现代权利之间的关系，讨论为什么在资本统治的时代，人在交往活动

---

[1] 海德格尔在谈到技术的本质时说："我认为技术的本质就在于我称为'座架'的这个东西中，这是一个常常被嘲笑而且确实也不确切的字眼。座架的作用在于：人被坐落在此，被一种力量安排着、要求着，这股力量是在技术的本质中显示出来的而又是人所不能控制的力量。"（海德格尔：《海德格尔选集》，孙周兴选编，上海三联书店1996年版，第1307页）

领域需要解放为平等的权利主体，资本原则在何种意义上推进和限制了主体性权利的实现，以及资本统治与权利平等的实质是什么？诸如此类的问题本质上就是揭示现代人的生存状况，就是揭示现代主体性原则展开的方式和限度问题。

现代是人的主体性得到解放的时代。人在交往活动领域获得解放，成为拥有自由平等的权利主体这件事情得到了广泛认同，自由、平等、博爱等成了现代的核心价值。很多思想家主要从这种价值论的层面理解现代，形成了我们讲的观念论的现代概念。在这样一种观念论的影响之下，人们对许多问题的思考也发生了偏误。比如说，现代占主流的自由概念即自由主义的自由概念，就主要是从这种规范性的价值层面进行阐释的，就像平等概念是作为规范性的权利概念得到阐释一样。作为价值诉求来理解的自由平等成了法律制度保障层面的权利概念，强调的是人天生就拥有的人格权利。天赋人权理论、社会契约论等就成了现代主体性解放的基本理论。这些理论将权利看成是非历史的人性权利，人被理解为抽象同一性的主体，拥有等同的人格权利，反对各种后天观念和制度对人的束缚，从而实现了思想上和政治上的巨大解放，使得现代从传统的等级制度和专制主义的统治中解放出来。

权利是现代人抽象人格的法权表达。在法权意义上，现代人作为人就是成为独立的权利主体，也就是人作为人这件事情在主体间等同得到承认，每一个人作为人都独立地、平等地拥有相同的权利。这些权利与后天获得的偶性没有任何关系。成为权利主体，不是因为你是某种人，而是因为你是人本身。也就是说，权利概念是抽象掉了人的各种自然属性和社会属性之后对人作为人本身的肯定。它承认的是抽象人格，而不是实际生活中的具体属性和状态。承认人都具有作为人的权利就是对人主体性的确认，以这样的观念去生活就是人主体性的现实展开。马克思说，在现实性上人是一切社会关系的总和。人是差异性、丰富性关系中的具体存在者。然而，权利只是抽象掉了存在的偶性建立起来的抽象同一性，每一个人作为抽象的人格都拥有不可剥夺的相同权利。因此，权利只是抽象的形式规定，只是观念的抽象，是可能性的预设和出发点，它不意味着实际生活中具体展开状态的同一性。仅仅停留在权利概念上，仅仅在思想解放和政治解放的意义上理解主体性，并不能真正把握现代人的实际上生活状况。人作为权利主体只是现代主体性的一个法权表达。在实际生活中，人并没有因为成为权利主体而意味着全面的解放和自由。停在人本主义抽象权利概念的层面，不论从自然概念还是从理性概念出发，都不能真正揭示现代权利的实质，也不能理解现代主体性解放的复杂性。

从自然或者理性的绝对性出发理解权利，将一种社会历史的现象变成了不受时间限制的先天原则。如果人作为人具有的这些权利是先天权利，那就不能揭示何以现代之前人们不这样理解权利，社会也不是按照这样的权利概念组织起来的。这样的理解不能揭示现代与前现代相比的特殊之处，不能真正理解将自身看成是拥有平等权利的主体只是一种现代的存在论意识，因此只是现代社会的组织原则，并且只是现代解放的基本维度之一。人是在历史过程中争取和获得这种权利的，生活在现代的人只是在交往活动领域才将自身看成是与他人平等的权利主体。在漫长的前现代社会，根本就没有现代意义上的这种权利主体存在。因此，我们理解权利概念的时候，既要理解主体性权利本身的历史性，也要深入理解抽象权利在展开过程中受到的现实制约。唯有如此，才能真正把握现代人作为权利主体的实际生活状况，才能真正地把握我们的自身之所是，才可能去改变我们作为主体的这种自身之所是的生活状况。

当然，我们这里讲的具体展开状况也是在相对意义上说的，并不是说我们要具体深入到不同权利主体的生活细节之中才能够了解权利的实践状况。那也许可以成为法律社会学或者其他学科的研究课题，而不是关于现代作为我们之所是的存在之思的任务。存在之思要思考的是作为主体之基本维度的权利如何在客观的社会关系之中得到展开，推动同时制约主体权利得以展开的客观力量以及客观关系是什么。关于这一点，马克思主义的历史唯物主义具有根本的理论功劳。历史唯物主义以资本为本质概念规定现代，为我们理解现代的主体性奠定了存在论基础。现代权利的诞生与资本主义文明的诞生具有同构性。拥有抽象权利的主体是现代资本主义的产物，现代权利的展开受到资本原则的限制，因此体现出鲜明的历史局限性。超越现代资本主义的文明，将意味着现代权利体系的解体，将意味着人们之间的关系不再以这样一种抽象的权利关系得到展开。阐释资本概念对权利概念分析的基础性作用，是现代存在论批判的基本任务。这是在马克思的理论著作中已经被指明但没有得到系统展开的理论任务。

二

权利主体是交往活动领域中的现代人。从这一方面说，现代人之所以是现代人，是因为在交往活动领域中他们相互将对方视为平等的权利主体。权利概念意味着人对自身存在方式的一种特殊领会。我们需要在存在方式和存在关系的历史变迁中才能理解现代权利的诞生。生活方式、生活关系和生活状态发生了历史性的变化，才引起了人们自身权利意识的觉醒。只能从生存的实践关系而不是从内在思想原则出发才能揭示现代人的权利主体性。这是历史唯物主义历史观对我们的基本启示。按照马克思的说法，不是从观念出发来解释实践，而是从物质实践出发来解释各种观念的形成①。马克思对现代人及其法权关系的解释就走在这样一条社会历史

①《马克思恩格斯文集》第一卷，人民出版社2009年版，第261页。

存在论的思路上。

　　马克思在《政治经济学批判·序言》中指出，法的关系正像国家的形式一样，既不能从它们本身来理解，也不能从所谓人类精神的一般发展来理解，它们根源于物质的生活关系，对这种物质关系的解剖应该到政治经济学中去寻求①。在历史唯物主义的思想视阈中，现代的法权关系只是与现代资本主义生产方式相适应的制度体系。人与人之间的平等权利是资本生产关系的本质要求和体现："这些生产关系的总和构成社会的经济结构，即有法律的和政治的上层建筑竖立其上并有一定的社会意识形式与之相适应的现实基础。物质生活的生产方式制约着整个社会生活、政治生活和精神生活的过程。不是人们的意识决定人们的存在，相反，是人们的社会存在决定人们的意识。"②现代法权体系和现代权利意识的确立是资本主义生产关系发展的结果。权利根本不是天赋权利，而是历史法权，一种历史性的权利，是用于把握现代人之间的相互关系的一个范畴。

　　现代权利概念将人理解为相对独立的权利主体，具有平等的法权地位，这是因为人们之间的生产生活关系发生了本质变化。前现代社会受到地缘和血缘的限制，人们之间形成了一种人身依附关系。人总是依附于他者，或者从属于更大的集体，而不是被理解为独立的平等个体。人并不认为自己是拥有平等权利的独立个体。只有人们之间打破了地缘和血缘的自然联系，摆脱人身依附，完全依赖平等交换建立起社会联系的地方，人才获得独立性，才被理解为平等权利的拥有者。这就意味着从前现代向现代的转变。马克思指出："人的依赖关系（起初完全是自然发生的），是最初的社会形式，在这种形式下，人的生产能力只是在狭小的范围内和孤立

————————

① 《马克思恩格斯文集》第一卷，人民出版社2009年版，第591页。

② 《马克思恩格斯文集》第一卷，人民出版社2009年版，第591页。

的地点上发展着。以物的依赖性为基础的人的独立性，是第二大形式，在这种形式下，才形成普遍的社会物质变换、全面的关系、多方面的需要以及全面的能力的体系……因此，家长制的，古代的（以及封建的）状态随着商业、奢侈、货币、交换价值的发展而没落下去，现代社会则随着这些东西同步发展起来。"①马克思这里说的以物的依赖为基础的人的独立性的社会形态，就是指资本时代，也就是现代。这里讲的物就是指客观化的商品资本关系。就是说，人们之间的关系建立在平等交换的基础上，商品资本关系成了人们之间相互联系的纽带，以人的依赖为基础的人身依附关系被彻底瓦解了。在这种平等的物化关系中，人获得了相对独立性，人的需求、能力随着商品交换关系的发展而得到全面发现。很明显，马克思对现代的理解是与客观存在方式的发展变化相联系的，他将商品资本这一客观关系的形成和发展看成人的独立平等的基础。独立的、平等的个体，即意识到自身拥有权利的个人，是历史发展的结果。这种个体本质上就是现代资本主义市民社会中的个人。

马克思说："我们愈往前追溯历史，个人，也就是进行生产的个人，就显得愈不独立，愈从属于一个更大的整体：最初还是十分自然地在家庭和扩大成为氏族的家庭中；后来是在由氏族间的冲突和融合而产生的各种形式的公社中。只有到18世纪，在'市民社会'中，社会结合的各种形式，对个人来说，才只是达到他私人目的的手段，才是外在的必然性。但是，产生这种孤立的个人的观点的时代，正是具有迄今为止最发达的社会关系（从这种观点来看是一般关系）的时代。"②现代个人，即被理解为法权主体的个人只是现代资本主义市民社会中的个体在法权体系中的表达。现代资本关系要求平等独立的个体，要求个体拥有政治上的自由平等

① 《马克思恩格斯全集》第三十卷，人民出版社1995年版，第107页。

② 《马克思恩格斯选集》第二卷，人民出版社1995年版，第2页。

权利。唯有如此，人才能作为具有独立意志的代表参与平等的交换过程。"劳动力占有者要把劳动力当作商品出卖，他就必须能够支配它，从而必须是自己的劳动能力、自己人身的自由所有者。劳动力占有者和货币占有者在市场上相遇，彼此作为身份平等的商品占有者发生关系，所不同的只是一个是买者，一个是卖者，因此双方是在法律上平等的人。"①

马克思多次说过"商品是天生的平等派""资本是天生的平等派"②。市场交易中的平等、政治生活中的平等和哲学中自我意识的平等是相互关联的，市场交易中商品资本关系要求的平等原则是政治平等和观念平等的基础。在马克思看来，市民社会的利己主义成员是政治国家的基础和前提，政治国家通过承认这样的人的权利获得自己的基础。在批判卢梭和法国大革命的天赋人权和自由人性理论的时候，马克思指出，现代的人权一部分属于政治自由的范畴，即公民权利的范畴，而不同于公民权利的人权不过是市民社会的"利己主义的人的权利"。自由这一人权实际就是私有财产权，平等无非是"每个人都同样被看作孤立的单子"，不是建立在人与人结合的基础上，而是建立在人与人分离的基础上。马克思说："任何一种所谓人权都没有超出利己的人，没有超出作为市民社会成员的人，即没有超出作为退居于自身，退居于自己的私人利益和自己的私人任意，与共同体分离开来的个体的人。"③

马克思对现代权利的理解是以现代市民社会，也就是现代资本主义生产方式紧密联系的。对马克思来说，卢梭社会契约论中拥有平等权利的公民实际上同斯密经济学中的"经济人"是同构的。马克思批评他们看不到这种个人概念的社会历史基础，看不到这种个人是历史的结果，而把它看

---

① 《马克思恩格斯文集》第五卷，人民出版社2009年版，第195页。
② 《马克思恩格斯文集》第五卷，人民出版社2009年版，第104、457页。
③ 《马克思恩格斯全集》第三卷，人民出版社2002年版，第184-185页.

成了历史的起点：

被斯密和李嘉图当作出发点的单个的孤立的猎人和渔夫，属于18世纪的缺乏想象力的虚构。这是鲁滨逊一类的故事，这类故事决不像文化史家想象的那样，仅仅表示对过度文明的反动和要回到被误解了的自然生活中去。同样，卢梭的通过契约来建立天生独立的主体之间的关系和联系的'社会契约'，也不是以这种自然主义为基础的。这是假象，只是大大小小的鲁滨逊一类故事所造成的美学上的假象。其实，这是对于16世纪以来就作了准备、而在18世纪大踏步走向成熟的'市民社会'的预感。在这个自由竞争的社会里，单个的人表现为摆脱了自然联系等等，而在过去的历史时代，自然联系等等使他成为一定的狭隘人群的附属物。这种18世纪的个人，一方面是封建社会形式解体的产物，另一方面是16世纪以来新兴生产力的产物，而在18世纪的预言家看来（斯密和李嘉图还完全以这些预言家为依据），这种个人是曾在过去存在过的理想；在他们看来，这种个人不是历史的结果，而是历史的起点。[1]

在这里，马克思深刻揭示了政治经济学中"经济人"概念和政治哲学中"公民"概念之间的内在关系，揭示了拥有财产权和公民权的权利主体性实际上是封建社会解体的产物，是现代资本主义兴起的产物。市民社会的物质经济关系对个体权利的奠基作用和限制作用是显而易见的。资本原则不仅要求和促进了现代抽象权利的诞生，而且也意味着现代权利是一种形式抽象，意味着权利概念蕴含的自由、平等、民主等价值不可能得到充分的实现。

[1] 《马克思恩格斯选集》第二卷，人民出版社1995年版，第1-2页。

三

现代是抽象统治的时代①。商品资本的抽象机制是现代统治的基础，在此基础上树立着政治上的抽象法权体系和意识形态的抽象价值。在《1857—1858年经济学手稿》中，马克思深刻地指出："个人现在受抽象统治，而他们以前是相互依赖的。但是，抽象和观念，无非是那些统治个人的物质关系的理论表现。"②马克思讲的这个抽象统治，就是前面提到的现代是以"物的依赖为基础"的时代，人受到商品资本关系这种客观化的物质力量的统治。在这之前，人们之间是一种以地缘和血缘为基础的人身依赖关系。在这里，马克思明确提出抽象权利体系和观念体系的统治不过是统治人的物质关系的理论表现。

商品资本就是统治着人的现代物质关系。这个统治着现代人的物质关系本身就是一个抽象体系。关于商品资本作为一种形式平等的抽象统治体系，《资本论》以政治经济学批判的方式进行了深刻揭示。以劳动抽象为基础的价值抽象体系在使用价值毫不相同的事物之间建立了同一性，使得质上相互差异的事物变成一种可以交换的不同量。抽象价值成为事物的社会存在，事物之间的不同表现为价值量上的差异，而作为事物自然存在的使用价值却降到了价值承担者的地位。事物存在的意义和价值完全取决于交换价值的大小，取决于能够换回多少货币。也就是说："以抽象劳动为基础的交换价值实现了对存在的同一化过程，不同的存在类型和同一类型的不同个体之间变成了量上的可通约的同一。存在物在市场中只是代表着一定量的交换价值，个体性和差异性覆盖着被本质化的社会幻象，存在的

---

① 罗骞：《现代性的存在论批判——论马克思的现代性批判及其当代意义》，人民出版社2019年版，第144页。

② 《马克思恩格斯全集》第三十卷，人民出版社1995年版，第114页。

丰富性、多样性变成了没有意义的杂多，它们只是作为本质的交换价值的现象，亦即是所谓的'物质承担者'。这样，在商品的普遍中介下，资本主义生产方式，建立了普遍有用性的体系，存在关系被抽象为以交换为目的的单纯效用关系。"①在这种抽象的统治中，人就成了经济人，人们之间的关系就变成了抽象同一性的平等主体之间的利益交换关系。随着商品的量化和抽象化原则向社会生活的全面渗透，抽象性成为这个时代最根本的特征。自然、人、思想、知识、职业等所有的一切都受到价值抽象的统治，变成了交换价值的承担者、利益的工具，一切关系因此都成为"纯粹的金钱关系"，失去了超验的价值和神圣的光辉。

商品资本的抽象体系要求人成为平等的、独立的权利主体，现代的抽象权利体系和价值观念是与抽象的商品资本体系相适应的"上层建筑"。在《黑格尔法哲学批判》中，马克思指出了政治国家的普遍抽象同市民社会的普遍抽象之间的同一关系。在《神圣家族》中，马克思就明确提出，理论的任务在于表明，国家、私有财产等怎样把人化为抽象，或者他们怎样成为抽象的人的产物，而不成为单个的、具体的人的现实②。在现代社会，个人在经济上成为抽象的"经济人"，在政治上成为抽象的国家"公民"。经济人概念和公民概念是现代人作为主体在经济生活与政治生活中的抽象，它们揭示了现代人的基本存在状况和存在规定。"人在其最直接的现实，在市民社会中，是尘世存在物。在这里，即人把自己并把对别人看作是实在的个人的地方，人是一种不真实的现象。相反，在国家中，即在人被看作是类存在的地方，人是想象中的主权中虚拟的成员；在这里，

---

① 罗骞：《现代性的存在论批判——论马克思的现代性批判及其当代意义》，人民出版社2019年版，第148页。

② 《马克思恩格斯文集》第一卷，人民出版社2009年版，第358页。

他剥夺了自己现实的个人生活，却充满了非现实的普遍性"①。也就是说，"政治解放一方面把人归结为市民社会的成员，归结为利己的、独立的个体，另一方面把人归结为公民、归结为法人"②。只要资本还是实际生活和现实社会的根本组织原则，人就只能是利己的经济人和权利抽象平等的公民，社会就只能实现政治上的抽象平等权利和经济上的抽象平等交换。在这个抽象平等体系的下面就是人与人之间相互对立的统治与被统治、支配与被支配的实质关系，只不过这种关系被披上了自由平等的外衣。

当然，抽象的平等和自由，毕竟也是平等和自由，也是人类历史发展中的巨大进步。揭示抽象权利和资本原则之间的内在关系，揭示现代权利实现受到资本原则的制约，决不是要否定其巨大的解放作用。在面对现代资本和现代权利的时候，批判是一种辩证的历史意识，而不是外在否定，不是因为看到了现代的限度而拒绝现代，不能将对现代的批判变成否定现代的保守主义，重新为专制主义、极权主义、等级主义等辩护。确立抽象的平等原则和平等意识，承认和保证人作为主体的权利，对于许多民族和地区来说仍然是没有完成的历史任务，因此具有紧迫而重要的意义。这就像我们一般地谈到现代主体性确立的时候所说的那样："人在启蒙中成为主体，不过就是说，人在观念中被理解为根本目的的同时被理解为自我决定者这件事情。当然，至于在非西方的世界，就启蒙运动还不断地被提起并且被作为模范而言，我们只能说理性作为普照之光也有其速度，它的到达也是有迟早的，但它毕竟只是迟早的事情！在这个意义上，编年史的时间概念远远不如形态学的时间概念那样深刻，同一历史时代中生活的人却可能'不是历史的同时代人'。因此，能在超越中'自我'阶段的原则，

① 《马克思恩格斯全集》第三卷，人民出版社2002年版，第172页。
② 《马克思恩格斯全集》第三卷，人民出版社2002年版，第189页。

就某些地方已成往事，而对另外一些地方却仍然具有报晓的意味！"①

第四节　资本与欲求

一

我们说现代是资本统治的时代，人虽然将自身确认为存在的主体，但主体性的展开却要受到资本这种客观物质力量的规定。作为主体性展开维度的欲求，也像知识生产和权利保障一样，要在资本这种客观关系中得到实现。资本是欲求得以实现的现实方式。资本在满足欲求的同时制约欲求的满足，甚至是扭曲了人的欲求。也就是说，人被理解为欲求主体，欲求在观念上获得解放的同时受到了资本原则的制约。欲求满足服从于物性欲求之外的效率利润原则，最自然的本性却采取了违反自然的方式来实现。如果说传统禁欲主义是压制欲求因此常常使欲求以一种扭曲的方式得到表达的话，解放了的欲求则公开通过商品资本这种扭曲方式得到合理的表达。说它是扭曲的，因为商品资本原则使欲求不再是欲求自身，而是表现为与欲求相对立的交换价值；说它是合理的，乃是因为这种立足于价值抽象的平等交换体系是现代的基本方式，欲求的满足得到现代形式公平的价值观念和法制体系的保证，具有了正当性和合法性的基础。

肯定自身是拥有物性欲求的主体，欲求的满足获得了正当性。欲求是现代主体的主体性得到表达和实现的基本维度之一。"自我作为主体拥有欲求，他的主体性规定就是欲求……欲求的满足成了能在在世的目的和意

---

① 罗骧：《超越与自由——能在论的社会历史现象学》，北京师范大学出版社2019年版，第268-269页。

义，也成了能在自主调控的私人领域。能在主体性的自由在实在性的关系中就是摆脱各种宗教、道德和审美教条的束缚，肯定欲求本身，肯定欲求满足的自主性……"①人成为拥有欲求的主体，人的主体性欲求要得到自由的实现，不再受各种超越原则和观念的束缚。这是现代主体性原则的体现。但解放了的欲求如何在现实中得到展开和实现呢？也就是说，主体性的欲求以何种社会历史方式得到实现因此使得现代不同于前现代呢？就欲求作为人的肉体物性来说只是一种抽象的规定，满足欲求的不同社会历史方式才是人作为人区别于动物的地方。

现代欲求的满足通过利己主义个体之间的交换来实现。商品资本关系成为欲求得以展开的基本方式，人们之间的基本联系不是信仰、道德、情感，等等，而是进行平等交换的市场。现代所有存在者及其存在属性都被抽象为价值通过交换实现自身。就像布希亚（鲍德理亚）在《物体系》中指出的那样："在这里，我们汇合了马克思分析商品形式的逻辑：就好像需要、感情、文化、知识、人自身所有的力量，都在生产体制中整合为商品，也被物质化为生产力，以便出售，同样的，今天所有的欲望、计划、要求、所有的激情和所有的关系，都抽象化（或物质化）为符号和商品，以便购买和消费。"②市场实际上就是以利己个体为中心围绕着主体欲求满足形成的交换平台，以货币来度量的抽象价值是这个平台的核心机制。现代欲求也被纳入了这个抽象的交换机制。

拥有欲求需要满足的个体与能够满足其欲求的他者之间通过货币作为中介建立联系，形成一种利己的交换关系。每一个人的欲求通过购买他人拥有的满足欲求的手段才能够得以实现。"因为一个个人的需要，对于另

---

① 罗骞：《超越与自由——能在论的社会历史现象学》，北京师范大学出版社2019年版，第514–515页。

② [法]尚·布希亚：《物体系》，林志明译，上海人民出版社2001年版，第224页。

一个拥有满足这种需要的手段的利己主义的个人来说，并没有什么不言自明的意义，就是说，同这种需要的满足并没有任何直接的联系，所以每一个个人都必须建立这种联系，为此，每一个个人都同样要成为他人的需要和这种需要的对象之间的牵线者。可见，正是自然必然性、人的本质特性（不管它们是以怎样的异化形式表现出来）、利益把市民社会的成员联合起来。"①人们之间由于需要必然性建立联系，而货币就是这种联系的牵线人："货币的特性的普遍性是货币的本质的万能，因此，它被当成万能之物……货币是需要和对象之间、人的生活和生活资料之间的牵线人。但是，在我和我的生活之间充当中介的那个东西，也在我和对我来说的他人的存在之间充当中介。"②需求和满足需求的手段表现为一定的货币量，货币就成了存在的唯一尺度，成了人本质力量及其欲求的外化存在。

对一个没有货币的人而言，他的欲求只是对他来说是真正的欲求，但对市场来说，对能够满足其欲求的他者来说，并不是真正的欲求，不是有价值的现实的欲求，不是有效欲求。欲求的有效性和真实性是由腰包的鼓瘪决定的。"没有货币的人也有需求，但他的需求是纯粹观念的东西，它对我、对第三者、对［其他人］［XLIII］是不起任何作用的，是不存在的，因而对于我本人依然是非现实的，无对象的。以货币为基础的有效需求和以我的需要、我的激情、我的愿望等等为基础的无效需求之间的差别，是存在和思维之间的差别，是只在我心中存在的观念和那作为现实对象在我之外对我而存在的观念之间的差别"③。货币成了欲求的本质，成了决定欲求能否实现的客观物质力量。没有货币支持，主体的欲求就不是现实的欲求，不能实现自身欲求的主体就不再是真正的主体。属人的自然

---

① 《马克思恩格斯文集》第一卷，人民出版社2009年版，第322页。
② 《马克思恩格斯文集》第一卷，人民出版社2009年版，第242页。
③ 《马克思恩格斯文集》第一卷，人民出版社2009年版，第246页。

欲求，作为物性本来是人作为主体的最真实、最自然的存在，但它却成了人的存在的否定。人的欲求越强烈，人越是缺乏满足自己欲求的货币，人就越是感觉到欲求是自我否定的属人的本质，人就越是感觉到自我存在的真实和不能够自我实现的空虚。"依靠货币而对我存在的东西，我能为之付钱的东西，即货币能购买的东西，那是我——货币占有者本身。货币的力量多大，我的力量就多大。货币的特性就是我的——货币占有者的——特性和本质力量。因此，我是什么和我能够做什么，决不是由我的个人特征决定的。我是丑的，但我能给我买到最美的女人。可见，我并不丑，因为丑的作用，丑的吓人的力量，被货币化为乌有了"[①]。这就是建立在"以物的依赖为基础人的普遍联系"这种社会形态最大的悖谬和可悲之处。人真实的欲求变成了非本质的东西，而外在的抽象力量变成了本质的决定性的东西。

为了这个抽象的本质力量，市场呼唤欲求，激起病态的欲求，将欲求的满足纳入资本生产的循环体系。作为人的最自然本性的欲求成了赚钱的手段，成了价值增值的环节。"工业的宦官迎合他人的最下流的念头，充当他和他的需要之间的牵线人，激起他的病态的欲望，默默地盯着他的每一个弱点，然后要求对这种殷勤服务付酬金"[②]。不仅资本将别人的欲求作为挣钱的手段，而且资本家还将自身的享受纳入资本的预算，他的挥霍建立在别人血汗劳动的基础上。"因为资本家把自己的享受也算入资本的费用。因此，他为自己的享受所挥霍的钱只限于这笔花费能通过会带来利润的资本再生产而重新得到补偿。可见，享受服从于资本，享受的个人服从于资本化的个人，而以前的情况恰恰相反"[③]。以商品资本为基础的交

---

① 《马克思恩格斯文集》第一卷，人民出版社2009年版，第144页。

② 《马克思恩格斯文集》第一卷，人民出版社2009年版，第244-245页。

③ 《马克思恩格斯文集》第一卷，人民出版社2009年版，第235页。

换体系，使人的自然本性以异化的方式表现自身，失去了本身的存在。因此，在批判的意义上，彻底的自然主义才等于彻底的人道主义。彻底的人道主义就是人的自然欲求能够自然地被满足的自然主义。由资本原则中介的欲求满足，是人的存在的异化，背离了人道主义和自然主义的原则。

二

商品和资本是天生的平等派，它打破了人的欲求满足的传统方式。商品资本原则不仅肯定了自然欲求的合理性，推动了人的自我实现和自我发展，而且创造了欲求满足的新方式，不断地挖掘和制造新的欲求，实现了欲求的巨大解放。现代商品资本市场就是一个人的欲求得到自由实现的机制。欲求按照资本的逻辑被生产和再生产，成为资本增值的一个生产要素和环节。就像使用价值只是交换价值的载体一样，积欲—解欲—积欲的循环成为资本循环的载体，在资本逻辑的强制中不断加速。人体成为加速运转的机器，通过欲望的生产和再生产执行资本的职能，生产出资本主义生产关系和现代社会本身。欲求满足和生产的方式在资本逻辑的中介之下不同于过去，人的存在也就不同于过去。人在商品资本关系中实现他们自身的欲求，依赖商品资本关系存在，受到商品资本关系的支配。"在资产阶级社会里，资本具有独立性和个性，而活动着的个人却没有独立性和个性"①。资本积累的欲望成为人的欲求生产的动力和目的，作为人的自然物性的欲求被纳入了资本的强制逻辑，获得了新的时代特征。

商品资本的平等原则促进了欲求的解放。商品资本以抽象的价值同一性体系拉平了人们之间的差异，被抽象掉个性特长、血缘出生、身份地位、等级门第的人变成了市民社会中平等的市民。人成为同一性的个体，

---

① 《马克思恩格斯文集》第一卷，人民出版社2009年版，第46页。

人的欲求及其满足不再受到各种观念和等级制度的束缚，完全变成了个人私事，通过市民社会中的平等交换体系来实现。这样一种平等交换体系的逐渐形成和完善，极大地调动了人们的积极性，刺激了人的欲望，驱动着人不断地在满足欲求的道路上奔忙，与资本主义经济的运作完全同步合拍。"必须使个体把自己当成物品，当成最美的物品，当成最珍贵的交换材料，以便使一种效益经济程式得以在与被解构的身体、被解构的性欲相适应的基础上建立起来"①。人们的物质需求和本能欲望都被看成正当的合理因素，不再遮遮掩掩，而是大胆地在市民社会的利己主义体系中实现自身。勤俭、节约、禁欲不再是根本的道德要求，相反，人们追求消费、享受，甚至奢侈和挥霍。满足自己各种各样、稀奇古怪的欲求成了生命的意义和价值所在。从一方面看，人成了自己欲求的主人，从另一方面看这里已经没有主人，只有欲求的循环。欲求成了肉体的本质，人成了欲求的机器。欲求是这个机器的灵魂，驱动着这个机器的运转。

商品资本的交换原则使欲求成为异己的存在。在商品资本的平等体系中，欲求和满足欲求的手段被抽象为不同量的货币，货币是与人的欲求相对立的客观存在。不存在不能被兑换为货币的欲求，只存在没有货币支付的主观欲求。主体拥有每种欲求，某种欲求在他的身上现实地产生了，客观地存在着，但是如果没有货币支付能力，这种欲求对市场来说，对能够满足这一欲求的另一个主体来说，就是主观的、无效的观念。主体不再是他的欲求主体，他的真实欲求不再是他的快感、愉悦和幸福的来源，而是他的灾难，是他挥之不去的噩梦，是让他感到自身无能和挫败的非人存在。人的本质的东西成了反对人的本质的东西。只看到物性欲求的解放是自我成为主体的解放，而看不到解放的欲求在资本关系中成为异己的存

---

① [法]让·鲍德里亚：《消费社会》，刘成富、全志刚译，南京大学出版社2001年版，第147页。

在，实际上是一种唯灵论。像马克思说的那样，"因为货币作为现存的和起作用的价值概念把一切事物都混淆了、替换了，所以它是一切事物的普遍的混淆和替换，从而是颠倒的世界，是一切自然的品质和人的品质的混淆和替换。谁能买到勇气，谁就是勇敢的，即使他是胆小鬼。因为货币所交换的不是特定的品质，不是特定的事物，不是人的本质力量，而是人的、自然的整个对象世界，所以，从货币占有者的观点看来，货币能把任何特性和任何对象同其他任何即使与它相矛盾的特性和对象相交换，货币能使冰炭化为胶漆，能迫使仇敌互相亲吻"①。没有货币，美好的希望会变成泡影，强烈的欲望会变成虚无。

商品资本逻辑创造出额外的甚至是虚假的欲求。为了获得更多的利润，实现更大的增值，资本主义不断刺激人们的欲求，生产出一些违背自然的不必要的甚至是虚假的欲望，让人们为了满足这些虚假的欲望不断地奔忙。人们的欲求不再是自己的欲求，而是他人的欲求，是他人为了自己的欲求设定、制造出来的欲求。各种新的欲求被生产诱导出来，通过广告、媒体、艺术等推送给公众，最后被普遍化为基本需求。资本的逐利本性作为看不见的手，掌控、支配、生产和传播各种欲望，把一些欲望的幻象变成了真正的现实。广告通过劝说、诱导的方式生产欲望，成为欲望和物品之间的牵线人。我们再也看不到真实与幻象，看不到了原著与摹本，被发现和生产出来的欲求瓦解和摧毁欲望，人们在新的欲求中发现了新的自己，以新的方式照看、关注和实现自己。鲍德里亚说："从卫生保健到化妆，其间还包括晒黑皮肤、运动和多种对时尚的'解放'，身体的重新发现首先都要经过物品。看起来，唯一被真正解放的冲动便是购物的冲动。让我们再一次提到那位对自己身体一见钟情的女人，她急急忙忙地就

---

① 《马克思恩格斯文集》第一卷，人民出版社2009年版，第247页。

去了美容院……希望'重新发现自己的身体'而献身于香水、按摩、疗养的女人越来越常见。作为符号的身体和物品在理论上的等同造成了事实上的奇妙等同；'购买吧——您会在您的皮囊里感觉良好'。"①欲望的生产实现了人本身的生产和再生产。

商品资本的效率和竞争机制加速了欲求满足的加速，使人处在欲求不断满足和掏空的加速流动循环之中。欲求的加速变化和流动，才能不断产生满足欲求的新的方式，才能促进创新、促进发展。"在资本主义生产的价值增值和利润导向中，生产变成了欲望本身的生产和再生产，变成了生产—欲望—新的生产—新的欲望不断加速发展的过程，欲望的满足和制造成为资本增值的基本因素。一种新的欲望还没有演变成社会普遍需求的时候，新的欲望已经在制造和生产过程之中了"②。为了满足不断被生产出来的欲求，人们生活节奏不断地加快。生活失去了从容悠闲，被捆绑在加速发展的社会列车上失去了自主性，甚至连感知这种失去自主性的能力都一并地失去了。就像马克思在一百多年前就指出过的那样，"这就是资产阶级时代不同于过去一切时代的地方。一切固定的僵化的关系以及与之相适应的素被尊崇的观念和见解都被消除了，一切新形成的关系等不到固定下来就陈旧了。一切等级的和固定的东西都烟消云散了，一切神圣的东西都被亵渎了"③。市场利用我们的欲求来榨取我们的才能和血汗，我们的每一次消费和自我满足的享受都成了别人银行账号上积累的货币与资本。消费者解欲积欲的过程就是资本加速积累和扩大循环的过程，就是人的欲求自我实现的同时自我否定的过程。

---

① [法]让·鲍德里亚：《消费社会》，刘成富、全志刚译，南京大学出版社2001年版，第147页。

② 罗骞：《超越与自由——能在论的社会历史现象学》，北京师范大学出版社2019年版，第407页。

③ 《马克思恩格斯选集》第一卷，人民出版社1995年版，第275页。

三

本来人在现代解放中将自身理解为存在的主体，人是自己欲求的主宰，人在欲求的自我满足中实现自我。欲求应该是人最本质最原始的存在，是人作为物性存在的物性本身。相对于成为认知主体、权利主体而言，人成为欲求主体使人的解放回到了最终实在的基础上。物性欲求的满足应该是人的本质力量最真实的体现。就像马克思说过的那样，"我们现在假定人就是人，而人对世界的关系是一种人的关系，那么你就只能用爱来交换爱，只能用信任来交换信任，等等……你对人和对自然界的一切关系，都必须是你的现实的个人生活的、与你的意志的对象相符合的特定表现。如果你在恋爱，但没有引起对方的爱，也就是说，如果你的爱作为爱没有使对方产生相应的爱，如果你作为恋爱者通过你的生命表现没有使你成为被爱的人，那么你的爱就是无力的，就是不幸"①。同样不幸的是，通过商品资本关系展开的欲求失去了本真的属人的本性，变成了与人的存在相对的抽象的货币，变成了能够带来交换价值的使用价值。生产不是为了满足人的需求，满足人的需求倒是为了生产，为生产中的价值增值。从前深深地遮蔽在道德观念、宗教戒律中的欲求，如今被全面地发掘和释放出来，但从它重见天日的那一刻起，就开始与自身分裂，就开始成为现代经济体系的奴隶，它不是变得更加纯洁，更动人，而是相反。像赖希所愤懑地指出的那样："因性与经济利益的结合，导致了爱情生活的彻底堕落和野蛮化。"②

问题的关键不只在于欲求的解放，不在于人成为观念上的欲求主体，而在于人如何实现自己的欲求。在现代资本主义的体系中，欲求被资本规

---

① 《马克思恩格斯文集》第一卷，人民出版社2009年版，第247-248页。
② [美]威廉·赖希：《性革命》，陈学明等译，东方出版社2010年版，第286页。

定，被货币中介，人仍然还是被动的存在，仍然不是他的欲求自由自觉的拥有者。他的欲求常常与他作对，让他难堪。因此，揭示资本规定的欲求之实现方式，把握现代欲求满足中的不满足，就是了解我们自身之所是的现代存在状况，就是深入我们自身所是的存在本身。今天，欲求的满足完全没有达到一种"自我调节"的状态，而是在商品资本异化关系的规定之中。资本主义的经济体系虽然提供了欲求满足的平等方式，但它本质上与人的欲求满足是对立的，它将欲求的满足变成了一种对商品资本的依赖关系，因此变成了一种可能的痛苦。在这个意义上，它违背了自然主义的原则。既然欲求是人的自然物性，它就不应该受到社会物的捆绑和束缚。彻底的自然主义才是彻底的人道主义，摆脱了交换，摆脱了货币，总之摆脱了商品资本关系的欲求满足形式才是彻底的自然主义。

"男人对妇女的关系是人对人最自然的关系。因此，这种关系表明人的自然的行为在何种程度上是合乎人性的，或者，人的本质在何种程度上对人来说成为自然的本质，他的人的本性在何种程度上对他来说成为自然。这种关系还表明，人的需要在何种程度上成为合乎人性的需要，就是说，别人作为人在何种程度上对他来说成为需要，他作为最具有个体性的存在在何种程度上同时又是社会存在物"。如今人与人之间最本质的、最自然的关系，变成一种最不自然的关系。不仅是花钱购买的性服务，不仅是没钱谈不上恋爱的尴尬，不仅是廉价的成人玩具，而且是婚姻中通过结婚证担保的物权关系，本质的东西被掩盖和忽略，一切都处在颠倒的幻象之中，欲求的实现就是欲求的非实现，本质的展开就是本质的瓦解。在物质的丰盛和欲求的张扬中，我们看到的却是进步中的衰退、文明中的野蛮。在欲望满足的方式和程度中，我们可以看到人与人之间的差异和分化，看到了人与人之间的对立和矛盾。问题不是欲求的差异，而是满足欲求的能力和手段的差异。在农民工背井离乡的性压抑中，是手机上满屏的小鲜肉不断更新的绯闻和腐败官员糜烂的生活。这的确是一个最好的时代，同时也是最坏的时代。

在欲求的自我实现方面，我们看到的仍然是现代平等的抽象，是人性解放中的非解放。就像劳动者获得劳动的权利进入雇佣劳动关系并不是劳动的彻底解放一样，沉睡的欲求被唤醒进入到商品资本市场也不是欲求的彻底解放。今天，在一些人的基本欲求得不到满足的同时，我们也看到了欲求在商品资本原则的推动下不断地突破人之为人的道德底线，到处是欲望的膨胀泛滥，到处是纸醉金迷的享乐奢华。这并不是欲求的真正实现，而是人的欲求被资本体制绑架的异化形式，是资本对人的最基本物性的征用。就像卡林内斯库指出的那样，当今的"波谱享乐主义"，对瞬间快乐的崇拜，玩乐道德，以及自我实现与自我满足之间的普遍混淆，根源都不在现代主义文化，而在于作为一种体制的资本主义："媚俗艺术决不是美学现代性出现的直接后果。历史地看，媚俗艺术的出现和发展壮大是另一种现代性侵入艺术领域的结果，这就是资本主义的技术和商业利润。"[①]

在谈到性革命的时候，赖希曾经乐观地说过："我们正在经历着一场我们的文化存在的真正革命性的变革。在这场斗争中，没有游行，没有军队，没有奖章，不敲锣打鼓，不鸣放礼炮，但充当这种战争牺牲品的人却不会比1848年或1917年的内战少。人类对其自然的生命功能的反应正从千年沉睡中苏醒过来。我们生活中的这场革命触及了我们情感的、社会的和经济的存在之根本。"[②]赖希肯定了自然欲望从千年沉睡中醒来的积极意义，但他批判性欲本能通过货币的实现，批判资本逻辑对于本性的压抑。在他看来，摆脱经济因素的制约，实现自我调节的性欲满足才是真正

---

① [美]马泰·卡林内斯库：《现代性的五副面孔》，顾爱彬、李瑞华译，商务印书馆2003年版，第13-14页。

② [美]威廉·赖希：《性革命》，陈学明等译，东方出版社2010年版，序言第10页。

的性的解放，本能欲望的解放。当然对赖希来说，性的解放不仅是经济学的问题，更是政治学的问题，是经济利益关系和强制权力中获得自由解放的问题。性革命的实质就是人的性欲能够成为性欲本身自然地实现而不受异化关系的支配。性—经济学和性—政治学是赖希使用的两个概念，他讲的性革命就是性这种自然生命功能的实现摆脱经济关系的束缚和权力关系的宰制成为一种自我调节的满足，因此可能动摇整个现代政治经济制度的根本。这一目标就是马克思倡导的彻底的自然主义和彻底的人道主义。然而，就现实来说，欲求的实现不仅受到资本的中介，而且还受到现代公共权力的制约。在这个意义上，赖希将他的性革命理论称为性政治学是不无道理的。

第四章

权力对现代主体的支配

第一节　公共权力诞生的时代

一

我们前面讨论了资本对现代主体性的规定，资本如何在现代主体性的三个维度上成就现代主体性的同时制约了主体性的实现。在社会历史存在论的意义上，资本被理解为现代的本质范畴，是现代主体性在其中得以展开的对象化的客观力量和客观关系。资本原则要求与其相应的主体性地位和主体性意识，这就是现代的自由、平等和民主等抽象权利。抽象权利意味着主体拥有进入市场交换的独立平等人格，同时也就意味着在实际生活中人们之间的差异和对立。也就是说，独立平等的抽象人格只是对实际生活中多元差异和不平等现实的抽象。现代的权利保障体系在保证形式平等的同时事实上导致了现实的不平等，人与人之间的差异、对立、支配等存在关系以新的文明方式得以展开。这就是作为天生平等派的资本原则规定下的现代人的实际存在状况。资本是一种社会化的、非强制的统治形式，它在实现人解放的同时带来了新存在的异化。

资本作为一种平等的社会化客观力量推动主体性解放的同时带来了新的限制。这是整个现代社会存在论上的基本状况。资本统治是现代统治的本质。但是，现代资本权力（capital power）的确立与现代政治权力（politic power）的诞生是相同过程。资本作为一种市场化的、在市民社会中展开的力量贯穿到存在的方方面面，政治权力被局限在公共事务的范围内减少对市民社会的介入是资本权力确立的标志。这就是说，现代资本权力确定的同时必然意味着与之相对应的现代政治权力的形成。我们称之为公共权力的诞生过程。这里的公共权力是指依托政治国家形成的一种强制性的支配力量。因其从私人事务中撤出而以公共职位为基础、以公共事务管理作为自己的本务，因此我们称为公共权力（public power），它是政治权力的现代形式。公共权力不像资本权力那样是建立在主体平等地位基础上的非强制性的支配力量，而是以国家政权为基础，依托于职位不平等形成的非对称的强制性支配力量。公共权力不同于一般的力量概念，也不同于传统的政治权力概念。

汉语中权力概念要比力量概念的内涵更加丰富，指代对象更加狭窄。权力并不是指事物或者主体之间相互作用的力量，而是指作为主体的人单向地影响对象事态的强制性支配力量，是将自己的意志强加给对方而对方又不得不接受的一种被共同认可的行为可能性。权力作为实现意志的强制可能性，并不是因为行为双方个体力量的大小强弱，而是源于社会赋予并得到认可的行为资格。也就是说，权力不是拥有者自己本身具有的内在力量，而是共同体以某种方式赋予的、在这个共同体内部有效的强制性行为能力。由于这种被认同的赋予，权力获得了有效性和正当性基础。权力指向的对象是被动接受和执行的一方。在这个根本意义上，权力总是意味着不对等的强制支配性，一方的意志被正当而又强制性地加诸另一方，使另一方作出依其自愿可能不会作出的行为。正因为如此，人们总是渴望权力，争夺权力。霍布斯将无休止地渴望权力看成是人天生的倾向，尼采更是将权力意志看成是普遍的存在现象。后来的福柯更是在一种泛化的意义上将所有力量关系都理解为权力，扩大了权力概念的内涵。

一般来说，权力只是作为主体的人拥有的支配性力量，是有限共同体内部的一种行为可能性，这种支配与被支配的力量关系在共同体内部得到了普遍认同。共同体常常是依据一定的权力关系联系起来的人群。小到一个家庭、社区、组织，大到一个国家内部以及国家相互之间都有权力关系的存在。权力是共同体内部相互联系的纽带，在共同体的建构和维系中发挥着建构性的作用。不存在权力关系的共同体常常是松散的，易于解体，因为它意味着缺乏可以强制执行的共同意志。共同体的权力体系意味着一种超越个体任性的强制性。这种强制性不同于共同实践中产生的权威力量。权威是在信服基础上形成的一种自发的服从关系。权力则是因为特定的地位被确认的一种强制性关系。权威没有权力，也不需要权力，权威是一种自觉自愿的服从关系。在这个意义上，权威甚至可以说没有服从关系，而是一种自然的引领作用。权力则不同，权力不意味着拥有权威，权力不需要对方自发的信服，而是一种被赋予和确认的不对等的强制性。从一般的力量到自发信服的权威，再到强制性的权力之间存在着基本差异。从一般的力量影响中逐渐产生权威，在权威的基础上形成了与威信相剥离的特定权力关系。权力以其单向性、强制性和赋予性区别于一般的力量与权威。

权力普遍存在，分散于社会生活的方方面面。在人类发展的过程中，权力有一种逐渐集中和制度化的倾向。从单纯个人力量的大小，自发认同的权威性，最后逐渐地与个体人格和血缘身份等剥离，形成了依托于职位的制度性职权。"在社会发展某个很早的阶段，产生了这样一种需要：把每天重复着的产品生产、分配和交换用一个共同规则约束起来，借以使个人服从生产和交换的共同条件。这个规则首先表现为习惯，不久便成了法律。随着法律的产生，就必然产生出以维护法律为职责的机关——公共权力，即国家。"[①]在这个历史过程中，慢慢变成以国家政权为基础、与政治职位相关的支配性力量。非政治的力量关系逐渐失去了单向的强制性，不再具有合法性基础，权力慢慢成为一个政治性的概念。私人逐渐被

---

① 《马克思恩格斯选集》第三卷，人民出版社1995年版，第211页。

剥夺了强制性的权力，制度化的政治权力或者说公共权力开始形成，国家（政府）成为强制性权力的垄断者。政府以合法化的、强制性的方式介入现实生活，管理公共事务，权力逐渐成为一种规范化的职务能力。在较为狭义的意义上，权力逐渐被用于指称与政治国家和政府管理相联系的、具有支配性的职务力量。

权力的这种集中化和政治化过程到现代达到了完善与成熟。在权力失去私人的性质，成为一种依托于国家暴力的公共权力得以完成这个意义上，可以将现代看成公共权力真正形成的时代。权力在本质的意义上成为公共权力，以公共权力为基础的现代社会结构和治理模式不同于前现代社会。现代权力影响个体生活的方式发生了根本变化。探索权力在现代的公共性特征及其对个体主体性实现的影响，是讨论资本统治之后揭示现代主体性展开状况的一个基本方面。公共权力构成与商品资本相对立的现代主体性展开的另一翼，是保障和制约个体主体性得以实现的基本力量。

二

公共权力的诞生是现代社会的基本特征。公共权力诞生于市民社会同政治国家的分离。现代主体性的解放意味着主体从传统社会的宗教权力、政治权力、宗法权力等支配性的权力关系中解放出来成为独立的个体。这个独立个体拥有自由平等的权利。不同个体要等同地对待对方，不能侵犯他人的权利。除了依托于公共职务的赋予，没有人作为人拥有支配他人的强制性权力。"君要臣死臣不得不死；父要子亡子不得不亡"的时代已经过去了。这既意味着个体权利的诞生，同时也意味着权力的公共化，强制性的支配权将由政治国家体系来垄断，并且以规范化、法制化的方式成为保证个体权利得以实现的力量。现代权力具有了不同于传统权力的特征。权力的合法性基础、运动机制、价值取向、基本职能等都获得了新的时代内涵。这意味着以权力体系为核心的现代政治概念、政治体制和政治实践逐渐远离传统社会，人们之间的交往方式也具有新的特征。揭示权力的现代特征是理解现代生存状况的基本方面。

现代权力来源的世俗化。政治权力拥有者的权力来源于何处？这是权力和政治思想的关键。在前现代社会，最高政治权力往往有一个超验的来源。对于基督教来说，"上帝作为绝对的意志拥有绝对的权力。世俗权力只是神意在世间的代表，它因为神的授权实现神的意志，因此拥有了绝对权力，具有了绝对的权威性和神圣性，是绝对真理和绝对信仰的实现者和捍卫者"①。中国古代虽然没有一神论的宗教，但也有人副天数、以德配天等思想。奉天承运，帝王是代表天意在人间进行统治。权力的根源和正当性被追溯到超世俗的因素，这大体可以看作前现代政治的基本观念。现代则不同，政治权力从超验的思想观念中解放出来，其根源回到了人间，整个政治理论被建构在世俗经验的基础上。由于个人解放为拥有独立平等权利的个体，政治的统治权来源于公民的授权，现代政治的合法性建立在公民认同的基础上。将神意或者血缘作为权力合法性根据的时代在原则上一去不复返了。那种父子相传、一人飞升仙及鸡犬的权力模式仅仅是传统政治在现代的历史遗物。在现代社会，政治权力变成了一种有限的治理权力，政党或个人通过选举等方式不定期地在轮换中获得治理权。理论上说，这种治理权是一种委托授权，权力的主体在社会。主权在民，人民的同意和认可是权力的来源与基础。这是现代权力概念和政治理论的基础。

现代权力的公共化。现代权力是公共意志的表达，代表和执行的是公共意志，具有明显的公共化特征。这是因为现代解放中人成了独立的私人，个体成了自己的主人，一切只与自己相关而不触及公共领域的事务，

---

① 罗骞：《超越与自由——能在论的社会历史现象学》，北京师范大学出版社2019年版，第154—155页。

都应该由自己做主，排除他人的干扰，尤其是排除具有单向强制性的公共权力的介入。私人领域和公共领域的相对区分，使公共权力被排除在私人领域之外，以保证私人的独立和自由，这是现代公共权力得以形成的基本观念。现代公共权力的任务主要有两项：从消极的方面看，主要是保证私人的权利不受公共权力和他人的侵犯；从积极的方面来看，主要是负责处理公共领域中的事务，实现公共领域的共同利益和共同目标。公私领域的划分是现代公共权力概念得以形成的基本前提，也是现代市民社会和政治国家分离的基本表现。现代权力就是这种公共化的权力。

现代权力宗旨的服务化。主权在民，现代政治权力的来源是人民认同，本质上是一种委托代理的治理权。虽然这种治理权仍然具有单向强制的支配性，但它的宗旨不是指向超验的神圣因素，也不是为了被授予权力的管理者本身的利益。理论上说，现代政治权力的宗旨服务于作为主权拥有者的人民。代表人民进行公共事务管理以增进社会福祉为目的，政治权力以人民公仆的身份服务于通过纳税的方式支持和养活了它的整个社会。政治权力被看成以服务社会为宗旨的社会管理权，而不是实现统治者自身目的和意志的统治性力量，它以社会公共利益、以人民利益为根本指向。现代民主理论不仅是主权在民，而且也是主权为民的理论。它与中国古代的民本思想存在很大差异。中国古代的民本思想只是一种手段、一种治理术，目的是实现家族皇权的代代相传，永葆江山稳定。现代政治权力的宗旨是服务于社会、服务于人民，治理权本身就只是社会实现自我管理的手段。当然，在实际的运作中，尤其是在资本主义生产方式占主导地位的社会历史条件下，政治权力实际上还是一种统治的力量，维护既得利益团体的利益，实现他们的意志。服务社会只是一种形式和手段。

现代权力运行机制的民主性。为了体现人民主权，实现服务人民的宗旨，现代权力的运行机制体现了人民参与和人民监督的原则。传统社会的政治权力运作主要是自上而下的单向模式，在制度设计上不可能全面体现和保证人民的参与权和监督权，人民只是被动地接受权力的统治而不是能动地参与到权力的运行之中。即便有冤屈可以申诉，那也只是一种救济性的措施。现代政治权力运行机制的设计，往往在不同的环节上保障了人民参与公共事务的权利。人民在法律上被赋予了选举权、监督权、知情权、咨询权等，对公共权力一定程度上形成约束，体现了权力运作的民主性特征。权力的拥有者只是因为他承担某个职务而拥有权力。权力受到各种制度的约束，公民平等地参与到政治生活当中，实现对政治权力的监督和制约是现代政治的基本特征。选举、听证、公投、举报、罢免，都是公民实现自己民主权利的方式。中国独创性的政治协商制度、多党合作制等都是公民参与政治的方式，在保证权力运行的人民性、民主性方面发挥重要作用。在现代社会中，人民参与政治权力运作的空间和可能性比前现代社会有了很大提升。尽管就权力的本性来说，它是一种自上而下的强制性力量，但是现代社会通过各种运行机制的设计，尽量使这种单向的强制性力量能够表达人民的意志，让人们能够真正感受到服从权力就是服从普遍化的意志。

现代权力性质的职务化。现代权力不是来源于君权神授，不是来源于天意，也不是来源于血缘的传承，它不是与特定的个体人格相联系的支配性力量。某个人不会因为他拥有特殊的人格身份而天然地获得和拥有某种权力。现代权力是与人格相剥离的职权，拥有权力的是某个设定的职位。某人拥有一项特殊的权力是因为他占据了某个特定的职位，而不是因为他这个人本身。权力是与个人人格相分离的客观力量，它是社会权力系统网络中特定职位的根本要素。这种力量与权力获得者自身的力量、人格、能力等并不同等，它是因为特定职位而被赋予和被认同的行为可能性。它的合法性来源这种职位授予中的授权认同。现代权力的这种职位化使得权力运行进一步地摆脱人治的传统，进入法制化的轨道，成为一种科学的、规范化的体系运作。

现代权力运行的法制化。以法律制度的方式规范权力运行，确定权力的边界，避免权力滥用、腐败和异化，是现代权力体系的特征之一。将权力装进法制的笼子，让公权力的运行规范、科学、公正和廉洁，以保证个人的权利不受侵害，这是现代作为法制社会与传统人治社会的根本区别。"法制社会的本质不是说一个社会中有各种法律和制度，古代社会也有法律和制度，而是说社会政治奠定在权利平等的基础上，是保障公民平等权利的社会"①。以法制的方式限制和规范公共权力的运作，避免公共权利侵害个人权利，让公共权力能够公正地在主体之间承担保障个体平等权利的责任。个体拥有自由平等的权利，这种权利又能够得到公权力公正合理的保障。这是现代主体性解放的基本方面。权利运行的法制化、规范化是现代社会得以稳定和良性运行的基本保证。

三

我们说，在与经济领域相联系同时又相区别的政治领域，公共权力的诞生是现代的重要现象。公共权力的这些新观念、新特征、新机制，体现了现代政治生活和政治功能发生的根本变化，也表明了现代个人生活领域发生的根本变化。新的公共权力机制和政治概念全面地影响到社会生活的方方面面，以至于在一定的程度上现代解放的本质特征被理解为政治解放，作为主体的现代人常常被理解为这种政治上拥有权利的公民。在这种解放中，私人抽象权利得到承认的同时，权力必然成为一种依托国家政权被排除在私人领域之外的公共权力。如何理解这种公共权力或者说作为公

① 罗骞：《超越与自由——能在论的社会历史现象学》，北京师范大学出版社2019年版，第378页。

共权力依托的政治国家的作用及其方式，就成为现代政治理论的核心，也是理解现代社会的重要方面。

权力作为单向度的强制性力量，是前现代统治的基本形式。传统社会没有形成与权力对抗的市民社会，个人没有被理解为具有平等独立权利的个体。各种权力成为与个体相对的外在的强制性力量，束缚和制约着人的自由发展。在这个意义上，权力意味着强制、专断和邪恶。为了实现思想解放，确立现代个体权利，推翻传统的统治形式，现代启蒙思想家大多以消极邪恶的形象描述权力，认为权力只是一种必不可少的消极力量。在这样一种观念基础上，现代政治理论一方面主张限制政治国家权力，划清公共权力与个体权利之间的边界，减少政府职能，主张政府国家的权力不能干预市民社会的私人生活领域；另一方面，由于绝对权力导致绝对腐败，主张通过制度设置和立法来规范权力的运行。这就奠定了现代政治和现代权力运行的观念基础。我们将它称为以消极权力概念为基础的消极政治。这种消极政治概念的核心思想就是削弱公共权力的职能，制约公共权力的运行，政治被看成了防护性的力量，权力仅仅被看成了需要限制的消极因素[1]。

这一现代政治和现代权力观念有利于个体从传统社会的权力统治中解放出来，确立和捍卫现代个体的权利。但是它忽视了权力积极的建构性意义，只是从消极的方面看待权力的作用。就像福柯指出的那样："我们不应该再从消极方面来描述权力的影响，如把它说成是'排斥''压制''审查''分离''掩饰''隐瞒'的。实际上，权力能够生产。它生产现实，生产对象领域和真理仪式。个人及从它身上获得的知识都属于

---

[1] 罗骞：《走向建构性政治——历史唯物主义视野中的后现代政治哲学研究》，华东师范大学出版社2014年版，第229页。

这种生产。"①权力的建构性不仅体现在它能够生产新的社会关系和社会现实，而且也体现在权力在现实生活中发挥的积极作用。

正是因为权力的这种建构性意义，现代政治国家的职能在一定程度上不是弱化而是强化了，公共权力越来越发挥着社会协调和促进社会全面发展的作用。权力正在以一种规范化、科学化的方式全面地渗透到我们日常生活中，更加显著地成为人们生活于其中的"第二自然"："如今可以说，政治就是人类存在的第二自然，它像无处不在的空气一样萦绕在我们的身边，成为我们生活的一个构成维度。这还不是说，我们的生活中有政治这么一块，一个领域，我们可以在这个领域中走进走出，靠拢或远离这个领域；而是说，我们的存在本身就是政治性的，我们不可能置身于政治性之外。今天就连我们呼吸的空气质量好坏，饮水价格高低都直接与政治关联在一起了……我们的生存被政治地构成。从我们的日常生活，到我们的肉体，再到我们的精神，莫不留着政治的烙印。"②将政治权力只看成一种否定性的力量不符合今天的现实状况和现实趋势。

尤其是随着现代市场经济的发展，资本力量在推动社会发展的同时带来了自身无法克服的矛盾和困境，政治国家作为一种与资本的自发性原则相对的力量更是发挥着不可替代的作用。现代社会已经超越了简单的自由资本主义形态，国家权力和市场调节之间的关系已经成为当代社会发展的基本问题。尤其是从宏观的角度来看，资本主义发展带来的人类危机已经不只是局部的、某个领域的危机，而是整个文明形态遭遇的危机，甚至触及人类的生死存亡问题。在这一过程中，具有强制性执行力的政治国家和

---

① [法]米歇尔·福柯：《规训与惩罚》，刘北成、杨远婴译，生活·读书·新知三联书店2007年版，第218页。
② 罗骞：《走向建构性政治——历史唯物主义视野中的后现代政治哲学研究》，华东师范大学出版社2014年版，前言第3页。

公共权力正在发挥并且也必须发挥重大作用。我们将推进人的自由解放和挽救人类的灭亡理解为政治在当代的两项基本使命，赋予政治国家和公共权力在社会历史发展中积极的建构性意义。抽象地说，在指引未来发展方向、维护社会稳定秩序、保障个体合法权益、弥补市场调节不力、解决社会发展矛盾等方面，政治权力发挥着其他力量难以替代的作用。当然，问题的关键是现代政治体系和公共权力是否可能以及如何才可能真正完成这些使命。

我们说现代是主体性解放的时代，为了确认和捍卫现代个体的主体性权利，形成了公共权力概念和公共权力的运行体系。但真正说来，公共权力的运作并不只是停留在保障个体抽象权利的方面，而是通过抽象权利的保障渗透和影响主体生活的各个方面。事实上，现代知识生产、权利保障和欲求的满足中都有公共权力的影子，权力影响和制约着主体性各个维度的展开。从现代主体性解放的角度来说，揭示权力与知识生产的相互关系，揭示权力在现代科学技术生产中的作用；揭示公共权力与个体权利的关系，揭示权力在保障个体自由的同时对个体自由的限制；揭示权力与欲求的关系，揭示权力在保证个体欲求满足的同时本身异化为一种满足欲求的手段；等等，都是对现代主体性存在状况的分析。不同于资本原则规定的主体性展开中的平等和自发逻辑，权力是以非对称的强制性实现对主体性保障和限制，因此具有特殊性的意义。

第二节　权力与知识

一

认识是观念地把握对象的对象性活动。在这种活动中，认识主体与认识对象之间是一种相对静止的确定性关系。认识主体揭示对象性质、结构、特征和规律，在观念中形成把握对象的知识。一般来说，实践活动是一种对象化活动，实践中人们将自己的意志和思想外化到对象上，主动地改变对象，因此表现为一种动态的关系。认识活动不同于实践，它是主体在观念中把握对象，主体与对象在观念当中建立起一种同一性，还没有涉及对对象存在本身的改变。认识活动中获得的知识是认识主体把握认识对象本身属性形成的观念，是对对象自身属性确定性的把握，是呈现在人意识中的对象属性。认识与审美活动中的感受、道德活动中的评价等也不一样，它指向的是事物自身的客观性，而不是意识主体方面的内在尺度。认识要求的是主体客观地揭示对象的存在属性，而不是主体的主观评价和内在感受。总的来说，认识主体与对象之间是一种纯粹的观念关系。认识活动和知识的这种特征决定了人们关于知识的一般看法。现代知识论具有不同于传统知识论的显著特征。

首先，传统知识论强调真理的绝对性，现代知识论一般反对绝对主义的认识观念。传统知识论认为，正确的知识或者说真理性的知识不受时间和空间限制，它是普遍的和客观的，因此是绝对的，不会因为认识主体和社会历史变化而变化。认识的目的就是要寻求和达到这种绝对真理，而不是相对的意见。比如说在柏拉图的思想中，真理是关于本质、关于理念的绝对知识，而不是关于现象、关于经验的相对意见。这意味着只有在认识的过程中排除各种主客观因素的干扰，才能达到绝对的知识。感觉、利益、权力等都被看成影响正确认识的消极因素，因此要被排斥在外。受到这些因素干扰得到的只能是相对的意见，甚至是错误的观念。相对意见受到时间空间的限制，随着主客体条件的变化而变化，提供不了稳定可靠的绝对知识。基于这种观念，在传统思想中一直存在绝对真理与相对意见对立的二元论，贬低相对意见而抬高绝对真理。在现代知识论观念中，相对性和绝对性概念之间的关系本身相对化了，真理与意见之间的关系也相对化了。任何真理性的认识都被看成各种实践关系中形成的对象性认识，受到主客观因素的制约，因此具有相对性、有限性。主体与对象之间不可能形成不受各种关系影响的抽象的纯粹认识，经济、政治、文化等都影响着认识的过程。这种观念的变化为分析各种现实因素在知识生产中的作用提供了基础。

其次，传统的认识论认为理论认识具有先于实践的优先性，而现代认识论一般强调认识与实践关联，强调知识的实践应用。传统认识论一般认为理论活动是关于绝对真理的，目的是形成绝对真理，因此比实践重要。中外古代的思想家、理论家大都强调理论认识的优先地位，甚至因此贬低实践。亚里士多德就十分推崇理论认识的地位，把认识世界看得比处理具体事务的实践活动更高，主张过一种沉思的理性生活。这样一种理论态度在很大程度上影响了整个西方哲学的发展道路。认识的目的就在于形成正确的知识，实际上就是形成关于世界的正确"图像"。我们称这种哲学为认识论路向的哲学。只是到了现代，尤其是到了马克思那里才发生了根本性的倒转，实践取得了根本性的地位。理论认识被看成是在实践基础之上产生并且以实践为目的的观念活动。关于这一点，汉娜·阿伦特曾经指出，马克思不仅颠覆了黑格尔，而且颠覆了思想与行动、沉思与劳作、哲学与政治的传统等级秩序，实现了一次根本的思想转向[1]，将思想、沉思和哲学奠定在劳动实践的基础上。从实践过程理解思想观念的形成是马克思历史唯物主义的一个基本立场。通过这样一种实践哲学的转向，关于认识产生的客观历史条件，认识对现实生活和社会历史的影响与意义，如何发挥理论在实践中的作用等就成了根本重要的问题。而不是相反，站在纯

---

[1] 贺照田：《西方现代性的曲折与展开》，吉林人民出版社2002年版，第397页。

粹理论的立场上小看和贬低实践的意义，不能真正理解政治经济等因素在知识生产中的客观作用。

再次，传统认识论观念强调真理具有支配实践的绝对统治地位，现代认识论则将认识看成是实践的构成环节。因为认为真理性的认识具有绝对性，理论活动优先于实践，传统认识论一般强调真理具有支配和统治现实的地位，现实的实践尤其是政治实践要接受真理的指导。真理代表一种绝对力量要高于政治实践中的权力。真理应该规定权力的运作，而权力不能干预真理的认识。这样一种观念在柏拉图的"哲学王"这一概念中得到了最充分体现。柏拉图通过"哲学王"概念试图确立真理高于意见、哲学高于政治的绝对地位。在柏拉图看来，"哲学王不是说哲学家得到了政治的承认被拥戴为王，因此可喜可贺，而是生活在真理世界的哲学家转身回来面对现象世界，牺牲自己下降到政治的世界，为政治带去真理。通过理论的沉思追求绝对正义和真理的哲学要高于政治，政治应该摆脱相对意见的支配，接受哲学的绝对真理。哲学以先验的绝对真理来规定和提升经验世界，好的社会就是符合先验原则和理念秩序的社会"①。现代社会不再将真理看成不受时空限制的绝对真理，不再认为理论认识具有优先于实践的绝对地位，真理本身是对象化实践活动中形成的相对性认识，它本身要受到各种实践条件的制约。政治实践、政治权力影响着认识活动，影响着知识的生产。因此，应该在具体的实践中形成真理和发展真理，根本不存在实践之外的真理原则能够用于指导政治实践。真理认识与政治权力之间不再是外在的决定与被决定的关系，而是一种内在的相互构成关系。实际上，了解哲学史的人都知道，柏拉图的真理观恰好是当时政治形势的反映，是他的老师苏格拉底被民主制度处死在理论上的反思。柏拉图通过强

---

① 罗骞：《超越与自由——能在论的社会历史现象学》，北京师范大学出版社2019年版，第152—153页。

调绝对真理对政治意见的统治地位，批判当时的民主制度，认为民主制度体现的只是没有真理性的意见。柏拉图提出的真理观和哲学观恰好体现了政治的影响，体现了政治实践在知识生产体系中的巨大作用。

最后，传统认识论认为真理性的认识本身具有自足性和纯粹性，它就是它自身的根据，不需要其他的因素作为支持。也就是说，认识真理的理论活动本身就是自身的目的，它不指向外在的事物。就像"哲学王"概念里面表达的意思一样，即便现实的帝王应该是哲学家，但是为王不是哲学家的目的。哲学家生活在自足的理念世界，认识理念掌握真理本身就是自足的活动，它不需要外在目的的支撑。认识真理根本不是为了获得什么经济上的利益、政治上的权力，等等。认识真理的理论活动被看成是一种高尚的、纯洁的活动，哲学家、思想家被看成理想的人格，因为他们献身于纯洁的理论活动，不受各种外在名利的袭扰。今天人们不再这样看待认识。将认识与外在的经济、政治等结合起来，将知识生产看成是整个社会运行的一个环节。充分发挥知识在社会发展和个人生活中的作用，成为根本观念，这一观念极大地推动了科学技术的发展，推动了社会的发展。

正是关于知识观念的这些基本变化，引导着现代的知识生产，本身也加深和改变了人们对现代知识生产的认识。前面我们已经阐释过，知识是现代主体性展开的一个基本维度。它是以事实性的原则把握对象的方式。在现代的知识生产中，资本既利用科学技术发展的成果，也极大地推动了科学技术的发展，起到了基础性的作用。知识生产与资本生产的相互促进和相互制约是现代社会的基本现象。在知识生产中，权力也发挥着极其重要的作用。尤其是在现代社会，权力利用科学技术实现统治的同时，也极大地推动了科学技术的发展。权力对科学技术的推动和征用体现了权力在知识这个维度上与主体性的复杂关系。揭示权力与知识生产之间的关系成为现代政治哲学和认识论的重要话题，同时也具有重要的现实实践意义。

按照传统的知识观，比如说非功利主义的知识观并不能真正揭示现代知识生产的机制，也不利于个体和整个社会的发展。

二

人并不只是以沉思的方式面对世界的认识主体，世界首先不是作为认识的对象呈现在意识中的。人与世界首先是一种生存实践关系，认识在生存实践关系中发生并且受这个关系的制约。按照科西克在《具体的辩证法》中所说，实在最初不是作为直觉、研究和推论的对象，而是作为感性—实践活动的界域呈现在人面前的[①]。人与对象的认识关系只是感性实践活动之中展开的一个环节，因此二者之间不是一种纯粹外在的反映与被反映、符合与不符合的关系，而是相互改变着的、相互作用着的构成关系。知识在实践活动中发生，并且在主客体相互作用的实践活动中发挥着作用。认识对象的目的是在实践之中利用对象和改变对象，认识活动本身没有纯粹的自足性。从知识对人的生存实践和社会发展的角度来理解知识，知识与权力的关系在现代开端处就成为重要课题。

我们前面说过培根的重要命题"知识就是力量"（Knowledge is power）。关于这个命题的翻译涉及对于power的理解。有人认为应该翻译成"知识就是权力"。的确，这里的power译成权力，我们认为更符合培根的本意，更能够突出知识发挥作用的机制。因为这个命题不是一般地说人因为拥有知识而拥有力量，而是强调人作为拥有知识的行为主体，能够凭借对对象的认识来统治和支配对象。知识作为人支配和统治对象的能力发挥作用，因此在本质上它只是被看成了一种实践的工具。霍克海默和阿多诺在《启蒙辩证法》中的阐释说明了这一点。"权力与知识是同义

---

① [捷]卡莱尔·科西克：《具体的辩证法》，傅小平译，社会科学文献出版社1989年版，第1页。

词"，知识让人类的理智战胜迷信，去支配已经失去魔力的自然①。人不仅通过认识自然而成为自然的主人，而且通过对自然的控制来实现人对人的控制。拥有知识让统治者认识他统治的对象从而实现对对象的有效统治。社会中的统治与被统治关系就像科学家与自然的关系那样，通过认识自己的对象而统治对象。"启蒙对待万物，就像独裁者对待人。独裁者了解这些人，因此他才能操纵他们；而科学家熟悉万物，因此他才能制造万物。于是，万物便顺从科学家的意志。事物的本质万变不离其宗，即永远都是统治的基础"②。认识了对象的本质、特征、机制就拥有了支配对象的能力，为统治对象奠定了基础。霍克海默和阿多诺批判性地指出，人类的思想成为一种强制机制："观念只是一件工具。人们在思想中远离自然，目的是要以想象的方式把自然呈现在自己面前，以便按照他们设定的支配方式来控制自然。"③也就是说，知识是思想强制机制、权力支配机制的根本工具和根本手段。

关于理性与权力、知识与权力之间的关系，是当代许多思想家关注的主题。在我们看来，马克思以政治经济学批判的视角阐释了对政治权力的理解，打破了政治与经济之间在现代思想中建构的封闭线，而福柯则是对政治理性本身展开批判，揭示了理性统治的本质。福柯深刻揭示了知识生产与权力运行之间的复杂关系。在福柯看来，权力不能在没有真理话语的生产、积累、流通和运转的情况下建立与运转。如果没有真理在权力之中通过权力运行，也就不可能行使权力。人们屈服于权力来进行真理的生

---

① [德]马克斯·霍克海默、西奥多·阿多诺：《启蒙的辩证法》，渠敬东、曹卫东译，上海人民出版社2003年版，第2页。

② [德]马克斯·霍克海默、西奥多·阿多诺：《启蒙的辩证法》，渠敬东、曹卫东译，上海人民出版社2003年版，第7页。

③ [德]马克斯·霍克海默、西奥多·阿多诺：《启蒙的辩证法》，渠敬东、曹卫东译，上海人民出版社2003年版，第36页。

产，而且只有通过真理的生产才能有效地使用权力①。如果说，马克思的资本批判揭示了知识生产中物质利益因素成为动机的话，福柯则直接将权力概念引入知识生产，揭示了理性和知识的统治本质。在福柯看来，不仅知识本身成为权力统治的因素，表现为一种统治的力量，而且知识生产的过程贯穿着权力的运作。传统问题的关键是真理如何划定权力的边界规定权力，而福柯思考的是真理生产中权力的作用和机制："简略地说，存在着一个传统问题，我认为即政治哲学，人们可以如此归纳：关于真理的话语，或简单地说，作为尤其是关于真理的话语的哲学，它们如何能够确定权力的法律界限？这是一个传统问题。然而，我想提的问题处在这个问题之下，与这个传统的、崇高的、哲学的问题相比，它是完全只与事实相关的问题。我的问题可以说是这样：为了生产真理话语，权力关系实施的法律规则是什么？或者：在我们这样的社会里，真理话语被赋予如此强大的效力，用以生产它的权力属于哪一类型？"②

与传统的政治权力和哲学真理的观念相反，福柯认为，"真理发出的光亮再微弱，也是受制于政治的"。作为话语，真理本身只是权力关系建构的结果，而不是规定权力边界的绝对原则。福柯认为，"权力的运作制造出新知识对象和信息体系"③，真理作为知识体系在权力的运作中是流动的。福柯关于权力与知识，更准确地说是权力—知识的论述，对我们理解现代权力和知识生产之间的关系具有十分重要的意义。福柯说：

---

① [法]米歇尔·福柯：《必须保卫社会》，钱翰译，上海人民出版社1999年版，第23页。
② [法]米歇尔·福柯：《必须保卫社会》，钱翰译，上海人民出版社1999年版，第23页。
③ [英]Jorge Larrain：《意识形态与文化身份：现代性和第三世界的在场》，戴从容译，上海教育出版社2005年版，第126页。

"或许，我们应该完全抛弃那种传统的想象，即只有在权力关系暂时不发生作用的地方知识才能存在，只有在命令、要求和利益之外知识才能发展。或许我们应该抛弃那种信念，即权力使人疯狂，因此弃绝权力乃是获得知识的条件之一。相反，我们应该承认，权力制造知识（而且，不仅仅是因为知识为权力服务，权力才鼓励知识，也不仅仅是因为知识有用，权力才使用知识）；权力和知识是直接相互连带的；不相应地建构一种知识领域就不可能有权力关系，不同时预设和建构权力关系就不会有任何知识。因此，对这些'权力—知识关系'的分析不应该建立在'认识主体相对于权力关系是否自由'这一问题的基础上，相反，认识主体、认识对象和认识模态应该被视为权力—知识的这些基本连带关系及其历史变化的众多效应。总之，不是认识主体的活动产生某种有助于权力或反对权力的知识体系，相反，权力—知识，贯穿权力—知识和构成权力—知识的发展变化和矛盾斗争，决定了知识的形式及其可能性的领域。"①

福柯的这段论述建立了权力与知识之间的内在关系，知识—权力概念可以说是现代知识论的重要范畴。关于知识生产的那种纯粹自足性的观念被彻底颠覆了。我们置身于权力—知识的内在链接之中。权力不是外在于知识决定着知识的生产和运作，知识本身就是权力，就是以权力运作的模式在从事着自我的生产和再生产。知识的这种权力本质和权力逻辑在现代得到了充分体现。知识作为权力在现代主体性的展开中起到了奠基性的作用，通过认识对象而支配对象的权力—知识正是现代人成为主体的基本维度。在现代的知识生产中，公共权力发挥了巨大的作用。通过推动知识的创新，促进科学技术的发展，科学技术又在资本逻辑的推动下服务于社

---

① [法]米歇尔·福柯：《规训与惩罚》，刘北成、杨远婴译，生活·读书·新知三联书店2007年版，第29-30页。

会经济的发展，公共权力体系本身因此得到强化，获得正当性和合理性基础。知识—权力—资本之间构成了一种循环关系。个体的生存活动在这个循环中展开和受到限制。这就是现代的基本状况之一。

三

知识权力的诞生成为显著的现代状况。在前代社会，知识也执行着权力的功能，但没有市民社会商品资本逻辑的强制，知识生产还没有与资本相结合成为一种产业，科学技术还没有充分发挥改造世界和推动历史发展的巨大作用，因掌握知识而拥有权力的人也还只是在十分有限的范围内影响社会发展。到了现代社会，科学技术与资本生产相结合，知识生产成为最重要、最富有创新性因此最能带来竞争优势的产业。最初，科学技术的发明只是个人、企业或者研究机构本身的事情，随着资本主义进入到有组织的晚期资本主义阶段，公共权力对社会经济生产过程介入程度的加深，国家在知识生产也就是科学技术产业的发展中发挥着越来越大的作用。除了资本市场的逻辑，公共权力已经成为知识生产中最重要的因素。认识不再只是个体面对世界时的困惑和好奇，而是资本与权力双轮驱动的、能动地生产和再生产世界的本质活动，公共权力像资本市场一样成了科学技术发展的助推器。

如今，科学技术的发展与一个国家的政策导向具有很大关系。当代中国发展的关键因素之一就是科教兴国战略的提出和落实。随着全国科学大会的召开，在改革开放的过程中我国迎来了科学的春天。邓小平提出了科学技术是第一生产力的论断。随着科教兴国被提升为国家发展的基本战略，我国科学技术随着社会经济的发展取得了长足的进步。今天科学技术在社会经济的创新型发展中扮演着关键的角色。为了推动科技发展，国家出台了一系列的方针政策、法律制度来鼓励和推动知识创新。通过加强知识产权保护，增加教育科研投入，引导科技攻关方向，培养科研人才等方式，国家权力影响着整个科学技术发展的方向和发展水平。可以说，我们近年来的科技进步充分体现了国家在知识生产当中的巨大推动作用。

国家不仅可以通过产业政策从宏观的方面影响整个国家和社会的科学技术发展，从微观的方面，国家通过教育体系对个人的成长发挥至关重要的作用。知识改变命运。随着改革开放初期我国高考制度的恢复，许多人通过接受系统教育和选拔考试改变自己的命运。国家通过建立健全公共教育体系，加大对教育投入，提供公平公正的选拔机制等一系列方式，真正让拥有知识才能的人能够改变命运，从而形成尊重知识、尊重人才的良好社会氛围。国家在个人知识培养中具有重要的意义。通过教育发展，推动人才培养，推动科学技术发展。改革开放以来，我国先后颁布了《中国教育改革和发展纲要》《国家中长期教育改革和发展规划纲要（2010—2020年）》《中国教育现代化2035》等纲领性文件。这些纲领性文件的落实，在不同历史时期有力推动了我国教育事业的发展，推动了我国社会经济的全面发展，同时也为个体的成长提供了良好的机遇和制度环境。

第三节　权力与权利

一

我们说现代是人获得解放的时代，也就是人从传统的统治关系中解放出来获得自由的时代。简单地说，就是人对自己的生命拥有了主权，成为能够掌控自己生命的主体。因此，我们将主体性的确立阐释为现代解放的核心思想。启蒙运动作为思想解放运动的本质就是在观念中将人确认为主体这样一场历史事件。人在观念中将人看成主体，在实践中按照这种主体性的原则展开现实的生活。现代就是此种生活实践的展开过程和展开状态。这种对现代的理解隐含两层意思：一方面，现代的主体性自由只意味着从传统的统治形式中解放出来，并不意味着现代人不再生活在特定的统治形式中，人获得了彻底的解放；另一方面，我们说现代表现为人在观念中被看成主体，人按照这种主体性的原则展开自己的生活，并不意味着在对象化的实践中人没有被动性，人获得了彻底的自由。恰恰相反，我们突出强调这种原则的观念性质，突出这种观念的原则性，目的是表明它与具体实存状态之间的差异。也就是说，现代作为主体性的时代是一个本质论的规定，是我们从现代的生存状况中领会到并提升为生存原则的一种存在论意识。这一原则并不是对现实的单纯描述，或者是从主观设定得到的抽象应当，而是体现了实然和应然在生存实践中展开的辩证统一。对现代性生存的揭示就是要解析这一实然与应然辩证展开的状态。

前面我们阐释过，在公共领域中现代主体性解放意味着人将自身理解为拥有平等权利的主体，现代是以拥有平等权利的公民为主体的法权时代。权利意识是现代人基本的存在论意识，是现代自我意识的核心观念。个体都将自己看成是拥有权利的独立个体，意味着主体之间等同承认他者的平等地位成为现代交往活动领域的基本原则。权利概念及其保障机制意味着人所有具体的存在属性都被抽象掉，人作为人本身的抽象人格得到尊重和保护。权利就是对人作为人的抽象人格的肯定，意味着主体之间相互承认对方的独立和平等地位。在现代的交往互动中，行为必须是自由意志的表达，是自觉自愿的行为，因为法律面前人人平等，他人原则上无权施加任何外在的强制。拥有平等的权利是现代主体性自由的基本规定。权利就是法定地排斥他者强制侵犯的可能性，为行为划定边界。在这种意义上，权利概念意味着对个体自由的消极保障，起到一种标画红线的保底作用。

平等主体的法权意识不仅适用于自然人，也适用于企业、组织和国家。权利实际上成了社会联系的纽带，不仅是人与人之间，而且是所有扩大的社会实体之间相互联系的纽带。企业、组织和国家等各种社会实体因为拥有被承认的权利而成为社会生活的主体，它们都是抽象权利得到等同承认的法权人格。依据平等的法权意识来处理相互之间的关系，以法律、契约等规范相互之间的权利与义务，主体之间不存在非对称的强制性支配关系。各种共识、契约、制度和法律作为平等主体之间交往活动的规则本身就是主体交往活动的产物，就是共同意志的表达。主体参与这些规则的形成，遵守规则就是服从权利主体自身的意志。那些强加的，不是主体自由意志表达因而没有得到主体承认的东西，不管是制度、契约还是具体行为，都不具有正当性，主体都有权拒绝，它们违背了现代社会相互联系的基本原则。主体之所以为主体，就因为它拥有独立平等的权利，它能够对它自觉自愿的意思表达承担责任，同时拒绝单方面的外在强制。

权利概念中体现的自由、平等和独立意识，是现代权利主体性的体现。它意味着权利主体摆脱了传统社会的统治形式获得解放。在前现代社会，人们处在一种等级制度、专制制度的统治之下，上下尊卑、等级森严，父母子女之间、夫妇君臣之间、上下官吏之间没有平等可言，人们之间相互联系的是支配与被支配的、不对称的强制性权力关系。社会没有维护平等权利的法律制度，个体也没有形成平等的权利意识。整个社会是以强制性权力为纽带的人治社会，而不是以平等权利为纽带的法治社会。现代权利意识的诞生和法权体系的建设，意味着人从传统权力统治中获得解放，成为独立的权利主体。与此同时，权力不再能够任性地支配和干预人的生活，侵犯人的权利。权力从私人生活中撤出，成为保证私人权利和处理公共事务的公共权力。在这个意义上，现代主体性权利不是说彻底地摆脱了权力关系，否定权力的作用，而是说权力成为捍卫和保证个体权利得以实现的方式与手段，权力获得了公共权力的性质。

权力在现代成为公共权力实际上就是现代个体权利诞生的过程。人成为拥有平等权利的主体。个体权利不仅需要主体间理性的相互承认，还需要国家强制性力量的保证。因为平等主体之间不再有强制性的支配权，它没有保障自身权利的强制性手段，这种强制性手段集中到了国家政府手中，这就是公共权力。在前现代社会，个人在国家法律之外还有复仇惯例，就像父债子还、父仇子报主张的那样；一个大家族还有拥有惩罚的家规，俨然一个私家的法庭，拥有生杀予夺的权力。在现代社会，所有这些暴力性质的惩罚权都由国家垄断，由公共权力来实现。私人和社会主体因为成为拥有平等权利的主体而失去了强制性权力，强制性的权力集中到了超越于社会之上的第三者——国家手中。当自己的权利受到了侵害，个体也没有暴力报复和强制惩罚权力，只能诉诸于公共权力的保护和救济。暴力由国家强制性垄断是现代社会的基本特征。即便是允许持有枪支和武器的国家，实际上也是在十分有限的意义上提供正当防卫的条件和可能性，而不是说私人可以执法，可能凭借暴力为自己找回公道。

公共权力是为了保障私人的合法性权利而诞生的，私人的合法权利必须通过公共权力来保障。在这个意义上，现代公共权力是私人权利诞生的产物。公共权力从消极的方面来讲不能侵犯私人权利，从积极的方面来讲其存在的根本意义就是保证私人的合法权利。保证私人的合法权利是现代公共权力的正当性基础。"从政治的意义上说，成为主体就是人成为民主法制社会的平等公民，公民的权利得到承认并且实现。这不仅是说公民拥有不可剥夺的基本权利，而且是说政治的公共权力来源于公民的共同授权，必须得到公民的合法承认"[1]。只有以保障公民的合法性权利为目的

---

① 罗骞：《超越与自由——能在论的社会历史现象学》，北京师范大学出版社2019年版，第373-374页。

并且因此得到公民普遍承认的公共权力才是正当的。公民作为被管理者本身是拥有权利的行为主体，是依据权利行事的公共生活的参与者。被管理者的承认不仅是公共权力的来源而且是具体管理行为的正当性基础。在这个意义上，公共权力是现代平等权利在现实中得到展开的具体方式。

<h2 style="text-align:center">二</h2>

公共权力是现代平等权利得以展开的方式。现代权利要依赖公共权力才能得到实现。当然，现代公共权力在实现和保障权利的同时，可能也会阻碍权利的实现，甚至可能会侵犯主体拥有的权利。因此，为了保障私人权利不受公共权力的侵犯，划定公共权力与私人权利之间的边界，限制和制约公共权力的运行就成为现代各种社会制度的基本要求，也是现代政治思想的主要内容。既然以国家暴力为基础的公共权力在现代社会成了强制性权力的垄断者，杜绝权力的任性才能真正保障现代主体性的解放，保证主体性的平等权利。在专制主义的权力本位时代，权力常常十分任性。在现代自由民主时代，公共权力也常常依托于国家暴力成为公害，不仅没有有效地保障公民的正当权利，而且成为异化最为严重的领域。

首先，常常出现公共权力侵犯私人权益的情况。公共权力的产生是为了站在超越于市民社会的立场保障公民的权益，但由于公共权力具有单向的强制执行力，权力在行使的过程中常常伤害到处于弱势地位的公民，侵犯公民的权利，损害公民的合法利益。尤其是在一个权力意识浓厚而公共权力管辖事务又太多的情况下，此种情况特别严重。公民本身的自我保护意识和自我保护能力不强，公权力的违法成本较低，侵犯公民合法权益的情况大量发生。我国社会正处在快速发展的过程中，公共权力承担着推动社会全面发展的职能。比如说基础设施的建设，城市用地的扩张必然出现大量的用地拆迁。在这个过程中，出现了许许多多违法强拆的事件，强制农民"上楼"的事件，严重地侵犯了公民权益，引起了不少群体事件。公共权力如何在执行过程中协调好私人权益和公共利益之间的关系，处理好政府行为与市场行为之间的关系，做到有法可依，有法必依，保证公民的合法权益，十分重要。对公共权力违法如何做到违法必究，以保证公共权力的合理、合法和合情，这是处理权力与权利关系的核心问题。一般说来，公权力因其强制性常常是任性的一方，因此是导致问题的一方。当然，个人的权利也有相应边界，而不是绝对的。在个人权利与他人和社会公共的利益发生冲突的时候，需要公共权力的裁量和协调，在坚持合法、公正、透明的原则下，公共权力机关有权对个人的权益进行处置，否则公共权力也就没有存在的可能和必要了。

其次，常常出现公共权力不能保证公平正义实现的情况。在现代社会，强制性的权力交给了政府，政府以国家暴力为基础保障公民权利，调整社会关系，维护社会的公平正义，公民本身则失去了以暴力方式捍卫自身权益的可能性。但在不少情况下，公共权力没有发挥主持正义、保障公平的作用，而是无法可依，有法不依，执法不严，违法不究。人们常常呼吁正义不要迟到，但正义常常迟到，甚至根本就不到，不少时候是公共权力不作为和乱作为导致的，没有履行好维护社会公平正义的职责。有时甚至相反，公共权力以捍卫正义的名义作出了有违正义的事情。近年我国平反了一些冤假错案，引起了社会的广泛关注。每一起冤假错案背后基本都包含了公共权力的任性和滥用，刑讯逼供，屈打成招。有的当事人已经被冤屈地执行了死刑，有的含冤入狱几十年。在个人权益受损而公共权力缺位的情况下，就会产生私人执法、报复社会的恐怖行为。这种情况严重地影响了公权力捍卫正义的形象。只有公权力能够坚定地维护正义，公权力才能够获得普遍的信任，才能够树立起普遍的权威，才能够更好地实现自己的职能。

再次，公权私用、权力寻租的腐败行为。我们说过，公共权力是一种职权，是公共职位为了完成相应的职责而设定的强制性权力。一个人承担某种公共职位就拥有相应的职权，承担相应的职责。不像权利属于个人，拥有公共权力的不是个体本身，而是个体承担的这个职位。个体手中的公共权力是职权，个体是职务权力的受托方，他行使权力的行为是一种职务行为。公职人员一方面是拥有私人欲求和特殊利益的人，另一方面又是作为拥有强制性支配权的工作人员。这种双重身份之间难免发生分离和冲突。有的人公而忘私，夙夜在公，清正廉洁；相反，有的人公权私用，以公谋私，贪赃枉法，因拥有权力而膨胀堕落。权力异化常常伴随着对公民权益的侵犯，对公共利益的掠夺。限制和规范公共权力运作，打击权力腐败，就成为现代政治的基本任务。

最后，是公共权力对私人权利的限制。我们说私人权利在现代社会是一种法定的权利，是国家政权通过法律制度设定和认可的公民平等享有的权利。公共权力在立法、司法和执法的过程中都存在对权利的保障与限制问题。公共权利一定程度上决定着权利范围的大小、权利的种类、权利保障的方式、保障的程度和最终的实际效果等，有时它甚至是通过限制权利的方式来实现权利的保障，来维护公共利益的。也就是说，排除故意侵犯私人权利、对私人权利保护不力等异化情况之外，在合法正当的情况下也存在着权力如何规范和限制私人权利的问题。比如说合法婚姻年龄的设定、法定行为能力的立法、行政信息公开的程度、公共空间言论自由的尺度、公共医疗费用报销的范围，等等，虽然要体现公民的意志，但最后都由公共权力机构最后确定并执行。在当代社会，公共权力对私人权利限制和制约是相当大的，如何避免公共权力的不自觉膨胀，在公共权力与个体权利之间形成相对清晰和合理的边界，就显得异常重要。

当然，公共权力与私人权利之间的边界只能是相对清晰和相对稳定的，而不存在一条僵死不变的界限。在特定的情况下，公共权力必须拥有一定的裁量空间。在这个空间范围内，为了他人的权益尤其是公共的集体权益，公共权力必须有权处置和干预个体的权益，个体也有出让权益的义务。比如说在战争、自然灾害、疫情暴发等情况下，公共权力有权采取征用、宵禁、封闭等强制性处置行为。这种处置必然会让个体平时的合法权益受到限制，甚至是损害。特殊情景中个人权利受到压缩，得到的保证也相对脆弱。在这种特殊情况下，个体没有挑战和对抗公共权力的权利，必须强化公共权力的权威性和唯一性。比如说在新冠疫情的暴发中，相关部门采取了强制性的封城措施，限制了人员的自由出入，一些人就站在常规状态、站在抽象的个人主义立场批判反对，实际上是将权力和权利的边界绝对化了，将个人权利绝对化了。当然，也不能将例外状况下的公共权力绝对化，例外状态的设定必须是科学的、正当的、合理的，是以社会和国家的总体利益为导向的。所以，问题不在于公共权力限制和干预了个体权利，而在于为什么、在何种情况下、如何限制和干预了个人权利。抽象反对公共权力而保护私人权利，最后也可能导致个人权益本身的受损。

三

现代权利意味着主体之间自由、平等的非强制性的双向关系，同时也意味着能够以平等的公民身份参与到公共政治生活之中。所谓公民，就是在政治生活中享有平等参与权利的抽象个体。公民是政治生活的主体，它是相对于公共事务而言的主体性身份，是私人生活与公共生活之间相互连接的纽带。公民对公共事务的参与是公共利益能够综合和表达私人权益的根本方式。公民政治权利是公民参与公共事务制约公共权力任性的手段，目的是确保集中到国家手中的强制性公共权力能够合理、合法地运行。公民是政治生活中针对于公共权力而言的概念，以公共事务的参与权对公共权力的运行发挥必要的制约、监督作用，促使公共权力公正透明，合理合法地实现保护公民权益和管理公共事务的职能，以避免权力的异化。公民行使权利具有反向制约公共权力的作用。现代公民影响和制约公共权力的方式很多，归纳起来主要有几种，它们充分体现了现代权利和公共权力之间的互动关系。

公民对公共权力发挥的作用首先体现在公职人员的选举和罢免中。我们说过，现代权力来源回到了世俗的基础上，权力的获得不再是依据神圣意志或者家族血缘，而是通过制度化的选举或任命获得的职务权力。占据某一职位，承担相应的职责才被赋予一定的权力。权力是可以获得、失去、转让的行为可能性，而不是与个人身份或能力绑定的个体力量。在这个意义上，福柯指出："在经典法权理论中，权力被视为一种权利，人们像拥有财产一样拥有它，因此可以全部或部分地通过法律行为或建立法律的行为来转移和让渡（过程发生的瞬间是不重要的），这属于占有或契约的范畴。"①现代权力运行是通过对相关人员的选举、任命、罢免等环节实现的。公民在这些环节中都可以发挥作用，特别是在主要行政官员的任免上发挥积极作用，通过选举、推荐、建议等方式将胜任的人赋予相应的职权，而免除不胜任者的权力。国家应该开启多种渠道，让公民充分发挥主要行政官员任职中的参与作用，走群众路线，而不是单向自上而下的提拔，避免各种走奉承路线，导致带病晋升的情况发生。

将合适的人应用到合适的岗位上，还不能完全保证权力的正常运转。在权力运行的过程中，公民还应该被赋予各种咨询建议的权利，参与到具体事务的管理过程，使权力的运行真正扎根到广泛的群众基础中。各种方针政策、计划决议等都要听取民众的意见和建议，发扬民主，避免长官意

---

① [法]米歇尔·福柯：《必须保卫社会》，钱翰译，上海人民出版社1999年版，第12页。

志、官僚作风、专断独行、脱离实际。因为权力具有单向的强制性，能够调动各种资源，导致有的权力拥有者个人意志膨胀，缺乏民主作风，不能做到科学决策。并不是他们主观上能力不够，或者动机不纯，而是方法问题。因此，必须有科学合理的渠道和方式鼓励群众参与，尤其是事件相关方的参与，保证权力运行的科学性、正当性，减少权力执行中的阻碍，以便充分发挥公共权力的作用。

公民对于公共权力的运行还可以发挥监督和质询的作用，通过各种方式和手段监督权力的合法性、科学性、正当性。对于公共权力运行中出现的各种问题进行督促，要求纠偏和整改，这是国家赋予公民的基本权利，也是公民参与公共事务的主要方式。公共权力的运行当然有体系内部的各种监督形式，那是职权体系内的监督，不同于公民居于公民权利实施的外部监督。公民对公共权力的监督权是公民权利的基本内容，是公民作为现代法权主体性的实现方式。公民被广泛赋予监督权并且这种监督权得到真正落实的话，公共权力的运行一般就比较科学民主、和谐顺畅，人民的权益就能够得到很好的保障。

公民可以在权力运行的各个环节通过各种方式实现对公共权力的制约，实现公民平等参与公共政治生活的权利，以保证公共权力能够较好地体现公共意志，实现公共利益，保证公共权力与公民权利之间有效的相互作用。这种相互作用要能够顺利有效地展开，应该包括几个方面的建设。首先是公共权力体系和制度的建设，科学合理的制度安排才能保证权力运行的规范化、合理化，既能够保证公共权力内部的分工制约，又能够保证公民的合理参与和有效监督。其次是通过权力运行机制的法制化，摆脱传统人治社会的局限，使权力的运行能够走在法制化的轨道上，划定权力的界限，明确权力执行规范，避免权力受个体性格、能力、外部环境因素变化等太大的影响产生的不确定性和主观任性。只有做到有法可依，有法必依，执法必严，违法必究，将权力关进法律的笼子，才能很好保障公民权利。再次是加强技术建设，以技术的手段处理公共事务，减少权力执行的人为因素，保证公共权力执行的客观公正；同时发展技术装备，规范和监督公职人员的公务行为，避免权力的滥用。最后是培育现代的法权意识，再好的制度、法律和技术在一群传统人的手中都可能发挥不了好的作用，甚至可能毁坏在一群传统人的手中。现代社会作为法权社会，不仅意味着应该制定和完善各种法律制度，而且意味着培养公民的法权意识。只有人们拥有了科学合理的公共权力意识和个人权利意识，并且按照这样的法权意识来指引自己的行为，才能很好地处理公共权力和个体权利之间的关系，在可能范围内实现个人作为法权主体的主体性自由。

第四节　权力与欲求

一

现代公共权力是以国家政权为基础的强制性职权，一种单方面的支配性力量。公共权力不仅影响着现代知识生产和权利保障，同样也影响现代主体性第三个维度的展开，也就是个体欲求的实现。在现代社会，由于有资本市场的实现机制和私人权利的保证体系，欲求满足受公共权力影响的范围、程度和方式都发生了根本变化。公共权力不仅是主体欲求得以实现的合法保障，同样可能成为欲求实现的障碍。公共权力对于个体欲求的压迫、抢占、掠夺和寻租仍然到处可见。摆脱权力关系的强制性支配和压制，保障和实现个体主体的合法欲求仍然是主体性解放需要继续实现的任务。

在传统社会，人与人之间的社会关系主要建立在地缘和血缘的基础上，是以自然为基础的人身依赖关系。这种依赖关系决定了权力的绝对统治地位。处于统治地位的权力不仅是以国家政权为基础的政治权力，而且包括了宗教权力、道德权力、宗法权力，等等。按照马克思的说法，由于生产还在狭隘的、较小的范围内孤立地发展着，人们之间还没有形成以商品资本交换为基础的普遍联系，不能以个人的力量在市场中实现自己的欲求。因此，个体没有获得独立平等的地位。普遍的人身依附意味着权力支配关系，不平等的强制性成为社会关系的基本特征。除了自然力量之外，能够支配资源的权力决定性地影响着欲求的满足。权力是欲求的集散机制，满足欲求的各种资源向权力拥有者集中，并最终由其权力支配、掌管、享用、分配和流转。以权力为纽带形成了各种形式的社会等级。社会等级制体现了权力大小和从属性的统治关系。人们之间因为权力大小就形成了不同的社会等级。权力越大的人拥有更大的资源支配权，拥有满足自身欲求的更大可能性，因此也会在更大程度上影响别人欲求的实现。

这样一种不平等的支配关系，理论上还被赋予了先天特性。亚里士多德就认为，人与人之间存在着天生的支配与被支配的关系，即统治和被统治的关系。这是亚里士多德"人是天生的政治动物"这一命题的主要含义。在前现代社会，许多国家和民族都具有以这种权力关系为基础的等级思想与等级制度，是权力本位的社会。人类进入现代社会的一个标志就是等级思想和等级制度的瓦解，实际上就是传统权力体制的终结，自由平等观念的确立。个体欲求的实现和满足摆脱强制性权力的统治获得了正当性，权力转化为公共权力，其影响欲求实现的程度、范围和方式等发生了根本变化，人们关于个体欲求的观念意识也发生了根本变化。

首先，欲求摆脱传统权力的束缚获得了解放。在现代生活中，一般来说，权力不再是压迫欲望和垄断欲望实现的因素。由于资源匮乏，前现代社会的各种制度、习惯和礼仪都存在压制欲求的动机，常常是以压制欲望的方式有限地实现欲望的满足。各种强制性力量成为控制乃至禁止欲求自然满足的因素。弗洛伊德就曾经指出，"我们的文明建立在对本能的压制之上"[①]，最严重的压抑是对性欲的压抑，"文明对任何地方施加的压制都没有对性领域所施加的压制严厉"[②]。宗教、道德和政治各个领域都形成了束缚和压制欲求满足的教条与规范，各种权力成为压制欲求的手段。在这样的社会条件下，欲求甚至成了被谴责和敌视的消极因素，在话语叙事中根本没有获得正当性。进入现代，意味着人们的存在方式和基本观念发生了变化，欲求从压制中获得解放，人本身被看成物性的存在，欲求就是人存在的物性。人的欲求摆脱各种观念和权力的压制获得了正当性。现代文明的逻辑不再是禁止和压制，而是欲求的自由实现与合理满足。权力转变为公共权力，不再是欲求的禁止性的消极因素，而是积极的保障和实现机制。

其次，现代欲求实现的主要场所是市场，受平等交换原则的支配。商品和资本是天生的平等派，现代欲求主要通过平等交换来实现。这本身就是对抗传统权力垄断的强大力量。一般来说，在权力本位的传统社会，权力的拥有者总是公开或隐蔽地在欲求的满足上具有支配性地位。现代资本主义社会的兴起，意味着权力失去了直接控制他者欲求满足的可能性。公共权力的拥有者不再能够运用手中的权力直接满足自身的欲求。欲求满足变成了市民社会中个人的私事，遵循的是市场中平等、互利和自愿的原则，它否定了权力单方面的支配性和强制性。货币面前人人平等。即便是有人仍然迷信和崇拜权力，那也是迷信和崇拜权力能够兑换为硬通货，权力的运转本身也被资本的逻辑主宰。也就是说，不平等的强制性权力在资

---

① 《弗洛伊德文集》第二卷，长春出版社1998年版，第607页。

② 《弗洛伊德文集》第二卷，长春出版社1998年版，第342页。

本这种平等的社会力量面前失去了威力，欲求实现的基本场所向市场转移。

最后，现代主体获得了抵抗权力强制性支配的权利。经济生活中的自由贸易和平等交换在政治生活体现为人成为平等的法权主体，他拥有各种受到法律保护的正当权益。公共权力以保证公民的权益和实现公共利益为己任，本身必须受到法律约束。在现代社会，这意味着公私之间存在相对明确的界限，欲求的满足是个体的私事，公共权力无权禁止和压制私人欲求的满足和实现。当然，公共权力作为职务性权力，本身也不能公权私用，变成满足权力拥有者个人欲求的工具。

虽然现代社会人成为自身欲求的主体，欲求实现的方式从前现代到现代发生了这些转变，但这并不意味着权力对欲求的实现不再产生影响，公共权力被排斥在了欲求实现的外面。在实际生活中，因为权力仍然拥有对资源的支配权，具有单向的强制性，人的身体和欲望仍然是权力作用的对象。权力仍然在人的身体上展示自身，仍然是对生命欲求的管理和处置的力量。握有权柄仍然意味着占有和分配资源，意味着在欲求循环中占据独特位置。在商品、资本和货币拜物教的现代社会，仍然还存在权力崇拜。人们仍然渴望拥有权力，没有权力的人仍然敬畏权力。客观地理解公共权力在欲求实现中的作用和影响，仍然具有十分重要的意义。

二

我们说过，现代是人的主体性得以确立的时代。人被理解为普遍联系和普遍发展中得以独立的个体。个体独立和个体自由的实现依赖于现代普遍关系的形成和发展。现代经济学中抽象的经济人概念和政治哲学中抽象的公民概念，就充分体现了这种抽象独立的个体观念。在经济生活中，人通过市场建立自由交换的普遍联系；在政治生活中，人们通过公共空间建立其相互承认对方平等地位的权利关系。不论是市场中的自由交换还是政治中的平等权利，都意味着独立的主体地位，意味着人在分化基础之上形成的独立性。独立性不是说个体能够离开社会关系遗世独立，而是说人以独立自主的身份参与和建立普遍的社会联系。换句话说，现代社会关系的参与者是具有独立身份和独立意识的行动主体，普遍的社会联系只是这些行动主体实现自身和展开自身的场所和方式。现代社会联系和公共空间建立在个体相互分化与相互独立的基础之上。

用马克思的话来说，现代人与人之间的结合，还不是一种自由人的联合体。市场交换和法权体系都只是独立个体之间实现自身欲求的外在机制。在现代解放中，人在实在性的意义上将自身理解为拥有欲求的物性主体。欲求是人之为人的实在性，是个体区别于他者的独特性规定。每一个人的欲求都是个体自我实现和自我肯定的实体性内容。但欲求的实现和满足却是社会性的，它需要在与他者的关系中才能够实现。市场交换和权利保障只是为欲求的实现提供了形式平等的可能性，为相对独立的欲求个体建立了相互联系和交往的机制。一方面，这种可能性机制并不意味着欲求实现中事实上的平等，不意味着欲求能够自然地得到满足；另一方面，这种可能性机制的建立和运行本身不是一个自发的过程，它有赖于公共权力作为保障性的因素发挥作用。

也就是说，现代欲求摆脱传统强制性权力的束缚获得了正当性地位，欲求的实现强调自由和自愿的原则。但是，这不意味着权力因素彻底离开了欲望领域，在欲求的实现中不再发挥作用。权力发展成为现代的公共权力，以新的方式介入欲求的实现。社会就像个体欲求生产和再生产的循环系统，公共权力在欲求的循环中发挥着保障、协调、规训、奖惩等作用。尽管私人欲求受到管理和制约，公共权力介入欲求循环的目的在于满足和实现欲求。在现代社会，私人欲望仍然离不开公共权力，公共权力是私人欲求得以展开的积极保障。保障私人欲求的实现是公共权力的基本服务职能。

首先，公共权力为欲求的实现提供价值导向。公私之间明确的意识是现代社会的产物，公共权力就诞生在私人权利的确立和保障之中。确立现代意识，形成现代精神，经历了漫长的历史过程。在这个过程中，公共权力具有不可低估的作用。公共权力能够通过它掌控的国家机关、建立的法权体系以及统领的媒体机构充分肯定个人欲求的正当性和合理性，宣传和支持符合科学原则和道德伦理的欲求观念，肯定和褒扬高尚的道德行为。公共权力倡导什么样的价值观，肯定什么样的道德行为，都影响着人们的实际行动。通过提供正确的价值导向，可以积极地引导欲求的正当实现。公共权力正确的导向有利于避免欲求实现中的非理性主义、自我中心主义、物质主义，是欲求得到现代解放之后避免个体自由走向自我膨胀的必要力量。

其次，公共权力为欲求的实现建立形式公平的机制。我们说现代解放包含着个体欲求的解放，人成为欲求主体，欲求是一个人区别于他者的实体性要素。欲求是个体性、私人性的，但欲求却是在与他者的社会关系中展开和实现的。这就意味着个体与他者、个体与社会之间存在相互联系。欲求的实现要坚持自主、独立、平等、自愿的原则。这些原则要得到坚持，就需要公共权力建立相应的制度和法权体系，并且维护这些制度和体系的实现，避免对他人权利的侵犯。公共权力作为现代治理术的内在因素，本质上就是建立符合现代思想原则的个体欲求实现机制，通过对个体身体和欲求的规范来保障社会的正常运行。比如说，现代国家普遍用立法来保障的一夫一妻制度，除人类的繁衍而外就是一种基本欲求实现的机制。在现代社会，个体的本能、欲望、利益都要在法不禁止的范围内实现，这就为欲求的实现提供了形式公平的环境。在这种制度框架内，欲求看起来是私人的事情，实际上不是。个体根据法律和制度满足欲求，欲求的满足根本离不开公权体系的保障。公共权力通过法制规范和管理人们的欲求，禁止和处罚那些与现代精神、现代原则和现代制度不符、违反法律制度的行为，从而保障合理欲求的实现。

再次，公共权力作为欲求实现的救济力量。现代的公共权力不仅倡导欲求解放，并且为现代欲求的实现建构和提供自由平等的机制与体系。人们自觉、自愿、自主地在这个法权体系中满足自己的欲求。在这里，公共权力完全遵循现代解放的原则，它甚至因此表现出不干预个体欲求的外观。但是，这样一个形式平等的机制或者说体系，实际上只是为欲求的实现提供了可能性条件，它只是形式公平地保障人们满足自身欲求的可能性。在实际生活中，自觉地遵循这个形式平等、形式公正的体系，并不意味着人们能够顺利地满足自身的欲求，并不意味着人们在欲求的满足方面具有实质上的平等和自由。一方面，因为个人能力或其他非能力性的因素，有些正当合理甚至生存必须的欲求都得不到满足。在这种情况下，公共权力常常发挥补救性的作用，以特殊方式协助社会弱势群体欲求的满足。此时，公共权力发挥的作用越大，意味着社会发展的程度越高。这样一种救济作用超越现代以个体权利为中心的形式公正原则，在实质上保障了个体欲求解放的价值取向。这种救济功能是公共权力介入欲求实现的重要形式。它意味着在抽象平等的机制之外，公共系统能够为弱者提供一份最低的社会保障，满足其生存发展的基本需要。

最后，公共权力与欲求的关系还表现在获取公共权力、占据公共权力本身是实现和满足欲望的一种形式。这里说的不是利用公共权力追逐和满足自己的私欲，公权私用，而是说权力本身能够满足人们内心深处强烈的支配欲望。公共权力虽然不同于传统社会那种单向的强制性力量，但它本身仍然体现了依托于职位的强制性、支配性，仍然意味着处置和分配资源的能力。公共权力不仅能够满足人们的支配欲望，而且也是人们服务公共事业、实现人生理想的方式。因此即便在现代社会，尽管公共权力已经职位化了、服务化了，但仍然具有强大的吸引力。人们的权力欲仍然可以通过拥有公共权力得到满足。当然，拥有了公共权力，权力本身发生异化，成为追求私欲的手段和工具，那就属于公共权力在欲求实现中的负面影响了。如何保证权力的公共性和服务性质，使之在个体合法欲求的实现中发挥积极作用，仍然是现实而紧迫的任务，是人的生存自由展开的必然要求。

三

现代公共权力的诞生是与主体性解放同一的过程。现代个体主体性地位的确立必然意味着权力转化为一种职务化的、服务性的公共权力。为了保障个体市场交换中的自由和公共空间中的权利平等，对公共权力的限制和制约就成为现代社会的基本特征。这种制约不是说权力不再发挥作用，而是说权力以一种不同于传统的方式影响现代人的生活。在一定程度上，由于社会化程度的加深和公共性的发展，公共权力发挥的作用越来越大，它以各种直接或间接的方式成为现代欲望实现的中介。现代欲求的实现根本就离不开也从来没有离开过公共权力的影响。在这个意义上，个体自由的绝对优先地位实际上只是一种抽象的价值设定和叙事原则，公共权力要干预并且必然干预个体欲求的实现。现代公共权力在保障个体欲求实现的过程中，也可能违背现代基本原则，侵犯个体权利，伤害个体欲求的实现，发生权力异化的现象。权力异化是一个现代概念，只有在现代的权力概念和权力体系中，违背现代权力原则和精神的现象才被理解权力异化。

在传统权力本位的社会，没有明确的权力边界观念，法权意识不强，不会形成规范性的权力异化概念。权力异化概念的形成与现代的公共权力观念有关。现代的公共权力包含了特定的价值、要求和规范。各种权力异化现象违背了现代公共权力的基本要求和规范，成为影响正常欲求实现的消极因素。

公共权力的寻租现象。公共权力是一种以公共职务为基础的权力，它的存在以公共利益为根本指向。但承担公共职务的人员却是具体的个人。公共权力与个体欲求在公职人员身上的共存，常常出现利用公共权力谋取自身利益，满足自身欲求的现象。这就是通常说的权力寻租。公共权力的边界越不明确，公共权力越大，这种寻租的空间也就越大，可能性越大。现代社会出现的职务犯罪大多数是这种权力寻租行为。权钱交易、权色交易讲的不是正常化的市场交易，而是公权私用、以权谋私的腐败行为。行为者将属于公共职务的权力看成个人的私权和私产，以满足其私欲。公权与私欲的这种结合是严重的职务犯罪，现代社会的任何政治体系都不能容忍。

公共权力的违法现象。公共权力在现代是一种法制化的规范性权力，它要求行为者依法行使，而不能乱作为。现代公共权力是欲求满足和实现的外在机制。公共权力的拥有者掌控着各种制度的制定权、资源的分配权、行为的奖惩权，等等，实际上具有满足和限制社会成员欲求实现的可能性。为了平衡公共权力与私人权利之间的关系，避免公共权力变成私人欲求实现的障碍，现代社会对公共权力都有各种形式的制约和监督，以保证权力的行使符合科学原则、法律规定和道德要求。公共权力具有强制性和支配性地位，常常突破各种限制，胡乱作为，导致各种损害个体欲求和利益的现象。避免公共权力的乱作为，规范公共权力的行为方式、路径和手段等，是保证个体欲求的必然要求，是社会治理现代化的表现。

公共权力的不作为现象。公共权力作为一种职位授权，意味着它必须承担相应的职位责任和义务，避免不作为的现象发生。公共职务是公共职权和公共职责的统一。权力是履行职责的保障，职责是被赋予权力的原因。公共权力的拥有者不仅不能应用权力干坏事，而且不能拥有权力不干事、不作为。在现实生活中，人们往往更多地关注利用权力干坏事、乱干事的形象。而对于在其位不谋其政、消极无为的庸政懒政现象反思批判不够。其实，此种不作为也是权力异化的形式。公共权力的拥有者违背了拥有公共职务的初衷，没有积极完成公共职务保障、协调私人欲求实现的职能。这种不作为常常放任许多社会丑恶现象的出现，默许许多有失公平和正义的社会现象存在，以消极无为的方式损害和侵犯了个体欲求。

总之，在现代社会，个体欲求的实现既依赖于公共权力的保障，又要限制公共权力的僭越和不作为。公民自主自愿原则和权力的强制性和支配性之间始终存在着矛盾。公民欲求的实现既离不开权力的保障同时又要防范权力的异化，这是由现代社会抽象的个体性和社会性之间的矛盾决定的。只要个体还抽象地坚持自己的独立性而个体欲求又要在社会中实现，公共权力就必然作为中介性的因素存在，强制性、支配性的公共权力就必然与个体本体之间构成辩证的矛盾体。这样，权力和欲求的关系就只能在这种矛盾中展开。在这样的矛盾体中，对个体欲求的规范和对公共权力的规范始终是一体两面的过程。也就是说，只要我们还置身于现代的生存架构中，欲求实现和公共权力之间就必然存在这样的复杂关系。

欲求的实现要彻底摆脱公共权力的保障和制约，只有打破现代解放的基本架构才是可能的。只有人不再作为以自我为中心的抽象个体相互对立，按照马克思的说法，只有人与人之间作为一种自由人的联合体的时候，商品交换和权力的强制性保障才会失去存在的必要。到了那时，欲求的实现才可能真正建立在自觉自愿的基础上。那时的"按需分配"原则，本质上不是公共权力主导下的强制性分配，而是各取所需的自由自觉。这意味着欲求真正成为人的自由本质，不再受到各种社会异化形式的规定。赖希在《性革命——走向自我调节的性格结构》中谈到性解放的时候，反对性交易，反对资本和权力对性的剥削与压迫，实际上就是强调欲求满足的自发、自愿和自足，强调人的存在应该超越现代异化形式，欲求的满足真正符合人道主义的非强制性的自然原则。这就是彻底的人道主义，即彻底的自然主义。当然，理论上的彻底性反映出现实展开的复杂性和过程性。超越本身就是过程。就像马克思在谈到异化时说过的那样，自我异化的扬弃同自我异化走的是同一条路①。也就是说，自我异化的扬弃是在自我异化中展开的现实过程。

---

① 《马克思恩格斯全集》第三卷，人民出版社2002年版，第294页。

第五章

现代的辩证展开过程

第一节　资本与权力双重变奏的时代[1]

一

前面我们已经阐释过，现代就是将自身理解为存在主体的人自我展开和自我实现的时代。主体性被我们阐释为现代的核心范畴。人的主体性在实在对象领域、交往活动领域和内在体验领域分别体现为人作为认识主体、权利主体和欲求主体，因此知识、权利和欲求成为现代主体性展开的三个基本维度。这是从主体方面而言的现代规定。但是，生存实践展开了对象化的客观世界，这个对象化的客观世界既是人类实践活动的结果同时又作为异己的力量成为约束新的实践得以展开的外在处境。对作为人的主体性展开的对象化客观世界，我们使用了资本和权力这对概念进行描述。资本主要是从水平平等视角揭示现代人作为主体受到的客观制约，而权力概念则从纵向支配的视角揭示现代人作为主体受到的力量强制。资本和权力之间的相互作用构成现代主体性三个维度得以展开的现实机制。在这个意义上，现代就是资本和权力共同规定主体性实现和展开的社会历史时代。我们分别讨论了资本和权力对现代主体性三个维度的规定，但实际上，资本和权力并不是相互分裂地规定现代主体性的展开，而是相互对立、相互作用地构成现代主体性展开的现实场域。在这个意义上，现代就是资本与权力围绕着主体性的实现辩证展开的历史过程。

资本与权力的相互作用和相互制约，是通过市民社会和政治国家之

---

[1] 本节阐释参考了罗骞：《迎候马克思》，北京师范大学出版社2019年版，第213-220页。

间的关系展开的。古典政治经济学的代表人物亚当·斯密，有两个十分著名的比喻，一个是"看不见的手"，一个是"守夜人"。前者讲的是市场作用，后者讲的是国家政府的作用。前者强调以资本为本质范畴的市场在经济生产中能够实现自发调节，而后者则是在前者的基础上强调限制政府的功能，认为有限的小政府才是好政府，政府在社会生活中只是作为市场的补充性因素发挥作用。简言之，斯密主张公共权力不能干预社会经济生活，社会是一个自发性调节的有序系统。这一思想同时体现了现代市民社会与政治国家分裂的基本结构。市民社会的核心范畴是资本市场，而政治国家的核心范畴是公共权力。市民社会与政治国家分别代表的商品资本原则和公共权力原则是现代社会运转的两翼，它们相互区别而又相互作用地构成了现代的基本场域，展开为现代的基本状况。当然，对二者之间的相互关系则存在不同主张，实际上也处在复杂多变的历史过程之中。

受到古典政治经济学思想的影响，黑格尔用市民社会同政治国家的分离来揭示现代资本与公共权力之间的关系。他将这一分裂看成现代社会的基本成果。与亚当·斯密根本不同的是，黑格尔思想中蕴含了对市场自发性的批判。在黑格尔看来，现代市民社会只是家庭和国家之间的中间环节。它超越了家庭和私人领域，但作为私人利益和意志冲突对立的领域，其内在的限度意味着它必须以国家为前提并且被伦理的理性国家所扬弃。市民社会中的普遍性和特殊性只是完成了形式上的统一，权利、自由、平等是以抽象理性和抽象自由为基础的，只具有形式的普遍性，而不具有真理性和伦理性。因此黑格尔认为，市民社会"必须以国家为前提"[①]，国家才是最后的合题，是理性的真理。国家的目的不在于"保证和保护所有权和个人自由"，不是由合意的契约构成，否则成为国家的成员就成为

---

① [德]黑格尔：《法哲学原理》，范扬、张企泰译，商务印书馆1996年版，第197页。

"任意的事"。在黑格尔看来，国家是家庭和市民社会的统一，市民社会以利益为基础的对立将在国家中被扬弃。也就是说，黑格尔认为市民社会建立在利欲冲突的基础上，实际上无法实现社会的统一和谐。黑格尔不同意斯密自发性的概念，认为国家代表的理性原则才能超越市民社会的局限性，建立真正的统一。与斯密等自由主义的立场相反，黑格尔肯定了国家的绝对性，提升了国家的作用，实际上是在强调公共权力和政府管理的地位。黑格尔深刻地洞见了现代市民社会的困境，看到了政治国家在现代社会中的作用。在这个意义上，黑格尔思想是反思基础上对自由主义逻辑的最终完成，就像康德的纯粹理性批判通过为理性划界的方式，揭示了理性的界限，从而完成了现代的理性主义一样。

在《黑格尔法哲学批判中》，马克思认同黑格尔的说法，市民社会与政治国家的分裂是现代文明的基本成果。但是，马克思认为黑格尔颠倒了市民社会与政治国家的关系，强调市民社会的基础性地位决定了政治国家的职能和运行，而不是相反。在马克思看来，理性的国家和理性的法并不构成对市民社会内部对立和冲突的克服，它们恰恰是建立在市民社会的利己主义和个人主义原则之上，政治生活中以抽象权利为核心的公民实际上就是市民社会中以私人利益为核心的市民，"国家的唯心主义的完成同时也是市民社会的唯物主义的完成"①。黑格尔试图以理性的国家克服市民社会的对立，以君主立宪制来构思市民社会和国家之间的同一，马克思认为只是虚构的、抽象的"同一"："黑格尔在市民社会和国家之间构思的同一，是两支敌对军队的同一"。②马克思从资本统治中透视现代国家的阶级统治职能，强调国家对经济基础的从属性，认为"现代的国家政权不

---

① 《马克思恩格斯全集》第三卷，人民出版社2002年版，第187页。
② 《马克思恩格斯全集》第三卷，人民出版社2002年版，第65页。

过是管理整个资产阶级的共同事务的委员会"①。因此，如果整个社会还建立在资本主义生产方式之上，它就不可能从根本上克服自身的限度和内在矛盾，不可能在资本普遍统治的前提下要求国家执行超资本的职能。当然，马克思并没有因为批判黑格尔的国家立场而回到亚当·斯密的市场立场上。马克思同意黑格尔对古典经济学思想的批判，认为资本主义的市场不可能通过"看不见的手"实现和谐有序，而是必然会导致经济危机，并最终导致资本主义的瓦解。也就是说，马克思既批判市民社会自身也批判依赖于政治国家实现和谐统一的幻象。

马克思看到了资本主义内部的困境和危机。马克思认为，只有改变整个资本主义生产方式才能解决现代遭遇的各种问题。对马克思而言，理论和实践的任务不再是以"市民社会的自主性"对抗国家权力的专制独裁，当然也不是搬出国家的绝对性来扬弃市民社会的"非理性"和局限，而是要求将解放从政治思想领域推进到市民社会的物质领域，实现所有生活领域和所有人的全面解放。这就要求推翻制约自由平等价值实现的资本主义制度，进而推翻在此基础上形成的政治国家和意识形态。

由此，马克思全面展开了对现代市民社会物质生活关系的政治经济学批判，并将这一批判看成是解剖现代社会的基础性工作，目的是为革命寻找经验和理论根据。在马克思的思想中，未来人类解放将以阶级解放的形式从资本主义异化劳动中获得解放。消灭了私有制，消灭了剥削，自由、平等才不再只是一种价值诉求，而是人们实际的生活状态。当这一切成为现实的时候，当然也就不再需要以维护这些抽象权利为任务的国家机器和虚假意识形态了。在马克思那里，现代国家连同整个上层建筑的消亡与资本主义生产方式的灭亡是同一过程②。在马克思理论的彻底性中，未来社

---

① 《马克思恩格斯选集》第一卷，人民出版社1995年版，第274页。

② 罗骞：《迎候马克思》，北京师范大学出版社2019年版，第215页。

会的基本结构不再是市民社会与政治国家的分裂，资本与权力之间的关系将被彻底瓦解。人的主体性展开不再受到资本和权力的双重制约，而是自由全面地发展，人们之间将形成一种自由人的联合体。

二

在商品资本与公共权力仍然分离并且构成现代社会结构性要素的情况下，在市民社会与政治国家仍然分裂的情况下，马克思并不否认国家对经济基础的介入，并不一般地否认国家的作用。马克思只是指出，这种介入只能维持资本主义社会的相对稳定，既不能消除资本主义的危机，也不是对资本原则的超越。现代国家的管理职能难以摆脱与资本的同谋关系，更不用说在跨越国界的新老殖民主义的资本拓展中，国家军事暴力推波助澜的巨大作用了。在自由资本主义到晚期资本主义（late capitalism）的发展过程中，我们看到的恰恰就是市民社会与政治国家，或者说市场代表的自发性原则与政府代表的权力干预之间错综复杂的关系。市场原则与国家干预在现代历史的发展中构成了此消彼长的变奏曲。宏观上看，现代的展开实际上就是资本与权力相互分离的基础上相互制约的辩证过程。

排除政治权力作用的纯粹自由经济历史上没有存在过。在历史发展中，政治权力从来没有在经济生活中缺席。近代殖民主义通过对外战争和对外扩张为资本主义的发展开辟原料产地和消费市场，资本借助国家的力量实现了扩张和拓展。当然，在早期资本主义的上升和发展时期，国家对于经济生活和经济运行的介入的确相对较少。亚当·斯密代表的古典自由资本主义实际上只是早期资本主义时代的理论模型，说明了资本主义反对传统权力专制的时代要求，以释放和发展社会生产力。正像马克思指出的那样，自由资本主义必然带来危机，这是由资本主义生产的社会化与私人占有制之间的矛盾决定的。马克思认为危机的最终结果是爆发革命，摧毁整个资本主义制度。然而，既然自由资本主义必然导致自身难以克服的危机，资本主义国家是否能打破资本主义的这种市场自发性原则呢？也就是说，国家权力是否能介入资本主义生产，改变资本主义自由放任的形态而进入国家资本主义，从而改变资本主义的命运呢？

这并不只是理论上的设问，而是现实历史的展开逻辑。马克思对自由资本主义的批判一定程度上反思性地参与了当代资本主义的形成和发展过程。理论家们提出了国家资本主义、晚期资本主义、有组织的资本主义等概念，试图概括和反映资本主义新的发展阶段。20世纪初以来，在资本主义危机的频发冲击中，资本主义从市场主导的自由资本主义逐渐引进了国家权力干预的原则，在形态上发生了变化。发达资本主义国家通过一系列措施缓解了资本主义国家的阶级矛盾和经济危机。通过完善立法、建立工会、完善社会保障制度等方式，缩短工人劳动时间，改善工人工作条件，加强失业保障、医疗救助、退休养老保险等，使得工人阶级的生活条件和工作待遇有了改善与提高，劳资之间的矛盾一定程度上得到了缓解。在市场运行方面，完善市场立法，建立各种科学管理制度，政府投资加强基础设施建设等，通过各种方式调节市场运行，克服市场失灵和局限。诸多措施一定程度上缓解了经济危机的爆发。资本主义的经济危机的烈度和频率都发生了变化，最终还没有导致资本主义的总体崩溃。迄今为止，资本主义在不断的危机中得到恢复和延缓。

面对这一历史状况，有人认为资本主义危机不再是死亡绝症，而是成了资本主义的常见病。资本主义能够带病生存。资本主义的这种自我调节，意味着资本主义走出了自由资本主义的阶段，进入了新的历史阶段。这就是哈贝马斯"晚期资本主义"理论概念的历史根据。哈贝马斯也称之为"有组织的资本主义"或者"由国家调节的资本主义"。晚期资本主义概念或者有组织的资本主义概念，哈贝马斯认为主要是指两类现象：

"一方面，是指经济的集中过程（全国性公司以及跨国公司的先后兴起）和商品市场、资本市场以及劳动市场的组织化。另一方面，则是指这样一个事实：随着市场功能缺口的不断增大，国家开始对市场进行干预。"①在国家干预的情况下，市场的运动不再是自发的自由市场，市场这只看不见的手不再是调节经济生产的唯一力量，经济的运行受到国家权力的中介，市场配置与国家调节的相互作用成为基本方式。

与这种历史变化相适应，20世纪30年代之后形成了凯恩斯主义，在较长的时间内主导了发达国家的理论和实践。在这样的历史条件下，马克思理论被看成是抽掉了国家因素的关于自由资本主义的理论，因此在国家发挥巨大干预作用的"晚期资本主义"时代已经失去了社会历史基础。这一时让人产生错觉，好像在政治国家与市民社会的关系中，资本主义国家已经战胜经济自律，资本主义在体系内部找到了克服危机的有效机制，因此马克思超越资本主义的理论探索已经完全过时。哈贝马斯甚至以此为依据，认为建立在自由交换和贸易基础上的自由主义意识形态已经失去了合法性基础，对这一意识形态的批判本身也就过时了。从20世纪中期到80年代，抓住这种"历史现象"的变迁"反思"马克思，成了许多西方理论家的主要策略。

然而，正如马克思指出的那样，资本的实现形态可以改变，但资本本身没有改变。有组织的资本主义并没有改变资本主义的本质，国家权力也没有最终消除资本主义危机的根源。西方国家经过战后近30年的"黄金时代"，由于福利国家和积极的财政政策，20世纪70年代主要发达国家进入了"滞胀"状态，资本主义发展陷入了新的危机，实质就是国家干预的实效。面对危机，市场的自发原则与国家干预之间的关系又发生了倒转。以

---

① [德]哈贝马斯：《合法化危机》，刘北成、曹卫东译，上海人民出版社2000年版，第47页。

撒切尔和里根政府为代表的新自由主义理论与实践出台，卷起了一波全面市场化和私有化的全球浪潮。国家权力开始退却，"小政府大社会"又成为时兴的口号。在这一过程中，资本主义全球扩张，市场自发性广泛被推崇。但是，经过近30年的自由化过程，全球贫富差距迅速拉大，金融风暴一浪高过一浪，世界又进入到了新的不稳定和动荡之中，2008年终于爆发了席卷全球的金融危机。于是，批判市场原教旨主义、主张国家干预、去全球化和国家保护主义兴起，公共权力的作用明显强化。这是我们近10年看到的基本情况。

从这一历史变奏中我们可以看到，市场与计划、社会与国家、经济与政治作为现代社会结构的两极，在不同历史时期不论哪一方力量占据主要位置，都没有从根本上突破现代社会的基本架构，只是市场调节和政府干预相互作用的历史展开过程。资本是现代的本质范畴，权力与市场相互作用构成现代资本逻辑展开的辩证过程。不存在"绝对"市场，或"绝对"国家，市场和国家只是现代资本自我展开的两个环节。只要资本主义生产方式这一根本前提还现实地发挥作用，不论是自由市场主导，还是政府干预主导，都只能带来暂时的、历史性的平衡，因为不平衡是资本发展的内在规定，而不只是现象。这种不平衡既表现在一个国家的内部，也表现在发展不平衡的国家之间。不论在一国范围内还是国家之间，只要资本的和谐而不要资本带来的不和谐，只不过是庸俗经济学家的抽象幻想罢了。

也就是说，只要资本还是现实原则，国家和市场就只能是资本的工具。国家干预可能调节市场自由交换的缺陷，同样，市场交换的自由诉求也可能对抗国家权力的越位和滥用。但它们都没有也不可能从根本上走出资本现代性的困境。官场和市场在现实的实践中更多地表现为被资本原则规定的共谋关系。通常说的所谓官商"勾结"只能被限制，而不可能被彻底铲除。同试图以理想化的市场来克服国家权力腐败一样，试图以理想化的国家完全克服市场局限，也是一种不彻底的幻想。只有消除了现代国家和现代市民社会的存在前提，二者之间的对立、折中或共谋才能被消除。

三

市场与政府的关系，或者说资本原则与权力原则在当代的相互作用，不仅在资本主义国家结构内部体现为基本的关系，在现有的历史条件之下，在社会主义国家也存在这一问题。如何处理好这对关系，保证国家的现代化发展，追赶发达国家的步伐，同时又避免资本原则的肆虐，避免背离社会主义的方向，这不仅是重要的理论问题，更是一个重大的现实问题。这是由社会主义建立的特殊社会历史条件决定的。现实的社会主义革命和社会主义建设实践同马克思主义创始人的构想之间存在着差异，我们不可能完全运用经典作家关于未来社会的原则指导现实实践。因此，能不能辩证地、历史地处理好资本原则与权力原则，或者说市场与政府的关系，是社会主义建设成败得失的关键。

在马克思和恩格斯看来，社会主义革命或者说共产主义革命是一种总体性的社会历史革命，是人类新型文明形态和生存方式的开启者。正是在这个意义上说，马克思将从资本主义到共产主义的转变称为"人类史前史"的终结，未来的社会是自由人的联合体。但现实的社会主义革命发生在东方落后国家，革命面临的实际任务比较复杂，既有反对帝国主义和反对封建主义的任务，像中国这样的国家还存在反殖民主义和反对官僚资本主义的任务。由于社会主义建设是在特殊的政治、经济和文化条件中进行的，因此不可能按照马克思主义创始人关于理想社会的初步设想来建设，不能完全取消市场，否定私有经济成分，完全按照国家计划的方式发展经济。在生产力不发达、产品不丰富的情况下不能夸大国家权力的作用，不能否定市民社会的自主性力量。一句话，不能完全否定现代资本的一些机制和主要成就。我们知道，社会主义国家曾经普遍确立起国家权力的绝对权威，政府全面介入社会。由于实行绝对的公有制和计划经济，一切都围绕着国家的权力旋转，权力成为各种资源的集散地，全面否定了市场的作用。如何看待和处理市场与国家的关系或者说资本与权力的关系，社会主义实践留下了丰富经验和惨痛教训。在苏联等东欧社会主义国家，从对公有制和计划经济的全面否定走向了另一个极端，这就是全面推崇市场化和私有制，最终放弃了社会主义，走向了资本主义道路。

改革开放以来，中国有限度地肯定了"市场原则"和"私有制"，资本原则开始在社会生活中发挥作用。此种限度表现为"社会主义"对市场的限定和公有制的主导地位。但随着改革的进展，国内产生了激烈争论，政治国家与市民社会的关系之争再次成为焦点。一派倾向重新肯定和培育市民社会的自主地位，以对抗国家权力专制和官员腐败，认为社会主义国家权力构成了对市民社会（经济生活和精神空间）的压制，中国现在面临的问题是市场化不彻底、私有化不彻底，因此才产生了权力"寻租"，权力异化。另一派则强烈批判资本自由主义的弊病和危害，强调保持强大的国有经济和国家对经济的调控干预。在这一立场上，一些人甚至反对市场经济和私有制经济本身，留恋和向往绝对的公有制与计划经济本身。他们指责前者是"资改派"，代表新兴的资本家利益，背离"社会主义的方向"；前者则认为后者代表的是官僚阶级，是既得利益的维护者，他们都认为自己掌握着真理，代表的是人民利益。可以说市场与权力，或者市民社会与政治国家关系之争，也已经成了当代中国社会发展的关键问题。正确地处理好这一矛盾，是中国道路行稳致远的关键。

当然，这是实践面临的具体问题，在马克思的思想中并不成为根本的问题。从理论的彻底性来看，十分清楚，以现代市民社会的自由来对抗政治权力的专制和独裁，确立市民社会的主体地位，这是现代政治解放的实质，是资本主义反对封建主义的历史功勋。马克思主义肯定这一巨大进步。如马克思深刻指出的那样，现代解放只是"政治解放"，市民社会内部本身的对立、冲突和异化还在此种解放的视野之外。因此，在资本日益暴露其困境的当代，仅仅无批判地以市民社会的自主性来对抗异化的政治权力，目的仅在于走向"现代"，毋宁说这是一种纯粹的倒退。同时，在社会生产力还不十分发达的情况下，在人们的自主和自觉意识还十分欠缺的情况下，陷入对国家权力的崇拜，也可能落入新的陷阱。因为在这种情况下，权力本身作为绝对力量对资源的掌控，同样可能导致异化。就像马克思所说的那样，资本是一种社会权力，同样，权力也是一种社会资本。权力对资源的全面掌控完全可能成为与普通民众相异化的"统治力量"，结果不是超越现代自由的局限，甚至可能连现代的形式自由和抽象自由都达不到。以国家干预的立场批判自由资本及其意识形态并没有天然站在民众一边，相反可能成为权贵的帮凶。

马克思思想的彻底性在于，他并不抽象地站在"市场"或"国家"一边。对他而言，在现代解放中，"国家的唯心主义的完成同时也是市民社会的唯物主义的完成"，二者其实是同步同构的。不在市民社会的经济领域反对劳动异化，批判资本剥削，绝对不是一个真正的马克思主义者；不在政治生活的领域反对权力异化，批判专制主义，同样不是一个彻底的马克思主义者。马克思主义是对资本剥削和权力统治进行双重批判的彻底理论。在资本主义生产方式为基础的现代社会，权力和市场既可能相互制约，更可能同谋。用国家权力不能彻底克服自由市场的局限，同样，用自由市场也不能彻底制约国家权力的异化。市民社会和政治国家是现代相互依存的两极，现代社会就是由此构成的一个不断摇摆的二元结构。

在这样的复杂语境中，社会主义国家如果放弃强大政治，就意味着自我处决。但强大政治本身并不必然是解放的力量，它完全可能发生异化，从而失去合法性基础。社会主义社会必须保持强大的政治国家，通过政治权力使社会建设指向超越资本原则的未来方向，而不是国家权力从市民社会（物质的、精神的）生活中"撤退"。但与此同时，必须直面现实的社会历史条件，充分地利用资本原则，利用市场逻辑推动社会经济的全面发展，而不是将社会主义单纯地建立在意识形态的口头宣称上。这是一个关键的问题，也是当代面临的最大现实！中国创造历史的可能性也正在于对此困难处境的驾驭与掌控之中！通过一种辩证的实践智慧，中国道路有希望在享受现代解放成果的同时，逐渐地扬弃现代异化的状况，在肯定现代成就的同时逐渐地超越现代的历史局限，以一种新方式立足于现实并将现实的实践指向超越的未来，为已然陷入困境的当代世界探索可能性的未来道路。

第二节　解放与异化

一

资本与权力，也就是市场与政府的相互作用构成了现代主体性展开的历史场域，在现代获得解放的主体就存在于资本与权力的双重规定之中。作为现代主体性展开的知识生产、权利保障和欲求满足在现代商品资本市场与公共权力的规定中得以实现。资本作为平等的社会关系与公共权力作为强制性的社会关系保障了现代主体性的实现，使得现代成为不同于前现代的人类存在状况。但是规定即是限制。资本和权力在实现现代主体性解放的同时也制约了现代主体性的解放，甚至使人成为被动的存在，使主体性只是徒有其表地成为形式的、抽象的主体性原则，并没有得到全面的实现。理解资本与权力在现代的变奏，就是要理解在由二者构成的历史场域中，人作为主体的自由解放与生存异化并存的历史辩证法。只看到现代的解放，而看不到现代的异化，就会将现代看成人间天堂，看成人类历史的终结；相反，只看到现代的异化而看不到现代的解放，对现代的批判就会成为否定现代成就的传统保守主义者。关于现代解放和现代异化的刻画，在马克思那里已经抵达了原则性的理论高度。我们可以通过马克思对现代历史辩证过程的深入透视，把握我们所是的现代生存状况。

刚刚步入思想领域的马克思是现代解放的极端肯定者。他总是从启蒙主义和法国大革命代表的现代原则批判普鲁士的专制主义。马克思和当时众多的年轻理论家一样，认为巴黎才是新世界的新首都，法国才代表现代历史发展的水平和未来方向。经过《莱茵报》时期的理论实践[1]，马克思退回到书房，通过《黑格尔法哲学批判》这一关键性的环节，马克思的思想发生了根本转变。其中最重要的方面是马克思开始批判现代社会，开始揭示现代解放的历史局限性。在《论犹太人问题》中，马克思明确提出现代解放只是政治解放，即抽象的、形式的解放这一思想。这一思想的提出，标志着马克思现代性批判立场的确立，不是"成为现代"而是"超越现代"开始成为马克思思想的基调。不仅如此，马克思还将这一批判导向了对市民社会现实物质生活关系的批判性考察，在学科领域上转向了政治经济学批判，在思想原则上导向了"历史唯物主义"。马克思思想的这几重转向，使马克思成为深入现代历史内部的辩证批判者。

马克思明确地指出，"政治的解放本身并不就是人的解放"，现代只

---

[1] 我们之所以将《莱茵报》时期称为马克思思想的理论实践，是因为《莱茵报》时期的政治评论在思想原则上没有发生根本性变化。它只是马克思博士论文理论立场在政治实践活动中的贯穿，目的是实现他在博士论文中论证和捍卫的现代启蒙自由主义原则。

是政治解放。马克思说，政治解放的限度首先就表现在，即使人还没有真正摆脱某种限制，国家也可以摆脱这种限制，即使人还不是自由的人，国家也可以成为共和国。也就是说，现代政治解放从根本上确立了人生活的"二重性"："完成了的政治国家，按其本质来说，是人的同自己物质生活相对立的类生活。这种利己生活的一切前提继续存在于国家范围以外，存在于市民社会之中，然而是作为市民社会的特性存在的。在政治国家真正形成的地方，人不仅在思想中，在意识中，而且在现实中，在生活中，都过着双重的生活——天国的生活和尘世的生活。前一种生活是政治共同体的生活，在这个共同体中，人把自己看作社会存在物；后一种生活是市民社会中的生活，在这个社会中，人作为私人进行活动，把他人看作工具，把自己也降为工具，成为异己力量的玩物。政治国家对市民社会的关系，正像天国对尘世的关系一样，也是唯灵论的""政治解放一方面把人归结为市民社会的成员，归结为利己的、独立的个体，另一方面把人归结为公民、归结为法人"。①作为政治的人只是"抽象的、人为的人"，而不是市民社会的"私人"。因此，政治解放只是一种形式的解放，"形式主义国家"的完成同市民社会的形成是内在统一的过程："国家的唯心主义的完成同时也是市民社会的唯物主义的完成。消灭政治桎梏同时也就粉碎了束缚市民社会利己主义精神的羁绊。政治解放同时也就是市民社会从政治中获得解放，甚至是从一切普遍内容的假象中获得解放。"②宗教、私有财产都被政治解放推到了市民社会的"私人的领域"。政治解放不是废除宗教、私有财产等等，恰好相反，政治解放"必然要以宗教、私有财产和市民社会一切要素的恢复而告终"。在政治解放中："人并没有摆脱宗教，他取得了宗教信仰的自由；他没有摆脱财产，他取得了占有财产

---

① 《马克思恩格斯全集》第三卷，人民出版社2002年版，第189页。
② 《马克思恩格斯全集》第三卷，人民出版社2002年版，第187页。

的自由；他没有摆脱行业的利己主义，他取得了行业的自由。"①马克思说，市民社会的、利己主义的成员是政治国家的基础和前提，政治国家通过承认这样的人的权利获得自己的基础。

立足于对现代政治解放这种二重性特征的思考把握，马克思批判卢梭和法国大革命1793年宪法的基本原则，批判了天赋人权、自由人性的理论。马克思认为，现代的人权一部分属于政治自由的范畴，即公民权利的范畴，而不同于公民权利的人权不过是市民社会的"利己主义的人的权利"。自由这一人权实际就是私有财产权，平等无非是"每个人都同样被看作孤立的单子"，不是建立在人与人结合的基础上，而是建立在人与人分离的基础上，"任何一种所谓人权都没有超出利己主义的人"。马克思指出，实际需要、利己主义就是市民社会的原则；只要市民社会完全从自身产生出政治国家，这个原则就赤裸裸地显现出来②。因此，现代解放只是确认了市民社会的利己主义原则。在马克思看来，只有当现实的个人同时也是抽象的公民，并且作为个人，在自己的经验生活、自己的个人劳动、自己的个人关系中，成为类存在的时候，只有当自己认识到自己的"原有力量"并把这种力量组织成为社会力量，因而不再把社会力量当成政治力量跟自己分开的时候，只有到了那个时候，人类解放才能完成③。

对政治解放本身的批判实际上就是对现代解放限度的揭示。批判不再是对神学的批判，不再是以"现代原则"来批判过去，而是对现代"政治国家的批判"，对现代解放本质的揭示。在马克思"政治解放"与"人类解放"的区分中，现代作为"解放"没有使人从市民社会中解放出来，这意味着未来人类的自我解放必然要从市民社会的原则中得到解放，实际

① 《马克思恩格斯全集》第三卷，人民出版社2002年版，第188页。

② 《马克思恩格斯全集》第三卷，人民出版社2002年版，第194页。

③ 《马克思恩格斯全集》第三卷，人民出版社2002年版，第198页。

上也就是从资本主义的生产关系和生存条件中获得解放。马克思的理论探索和实践道路明确地显现出来了，这就是对以资本为本质范畴的现代生存状况的政治经济学批判。在1844年移居巴黎以后，政治经济学批判成为马克思理论的重心。马克思的政治经济学批判不单纯是实证经济学，更不是任何意义上的唯科学主义的经济决定论，而是以资本为本质范畴的现代性批判的基础存在论。马克思最后以资本命名现代，将资本原则理解和阐释为现代的本质范畴，通过对现代异化状况的刻画，实际上是从正面回答了为什么现代解放只是政治解放这一根本问题。在现代政治解放中，政治与神学的分离、政治与伦理的分离、政治与经济的分离，被看作是基本的成果。在这一过程中，政治权力被限制在了有限的范围之内。资本成为本质性的力量，规定了私人的现实生活，政治只是资本原则的附庸，人普遍地生活在以资本主义生产方式为基础的劳动异化之中。

二

如果说《黑格尔法哲学批判》中马克思开始明确了现代解放的成就及其限度，预示了要到政治经济学批判中去展开现代性批判的话，那么，《1844年经济学哲学手稿》（以下简称《手稿》）则是这一批判的初始环节。《手稿》是马克思第一次与经济学的本质性接触，也是从法哲学领域的批判转向市民社会解剖的第一个重要文本。在这里，马克思第一次本质性地用资本来命名现代，并且用劳动异化来指认以资本为普遍规定的现代人类存在状况。这两点从根本上决定了马克思思想发展的基本方向和核心主题。马克思以资本来规定现代，规定了现代性批判的历史唯物主义方向，与将现代理解为理性的时代、主体性的时代、启蒙的时代等区别开来。对于现代性存在状况的异化劳动指认，呈现了从物质经济关系方面探索人类解放的思想道路。

作为私有财产的纯粹表现，资本成为现代的存在论规定，是私有财产制度发展的历史结果。马克思指出，作为外化劳动结果的私有财产关系潜在地包含了劳动和资本的对立。资本与地租的差别、动产与不动产的差别只是一种"历史的差别，而不是基于事物本身的差别。这种差别是资本和劳动之间的对立形成和产生的一个固定环节"，动产战胜不动产，资本家战胜土地所有者是经济运行的必然结果。动产作为资本，是"现代之子"。作为不动产的地产还不是"自由资本"。马克思说："与资本不同，地产是还带有地域的和政治的偏见的私有财产、资本，是还没有完全摆脱同周围世界的纠结而达到自身的资本，即还没有完成的资本。它必然要在它的世界发展过程中达到它的抽象的即纯粹的表现。"①马克思根据经济运动的趋势和规律指出，地产这个私有财产的根源必然卷入私有财产的运动而成为商品；所有者的统治必然要失去一切政治色彩而表现为私有财产的、资本的单纯统治。这一思想已经意味着，资本作为私有财产最纯粹的表现，是历史发展的结果，也是私有财产制度的完成。

马克思把资本看成现代社会的普遍原则，最本质、最基本的力量，它表明"死的物对人的完全统治"。马克思说，工业资本是私有财产的完成了的客观形式，"只有这时私有财产才能完成它对人的统治，并以最普遍的形式成为世界历史性的力量"②。资本作为私有财产的"抽象"或"纯粹表现"，是私有财产"最后的、最高的阶段"。也只有到了这个阶段，私有财产作为外化劳动后果的秘密才暴露出来。资本对人的统治，实质就是抽象劳动对具体劳动的统治，死劳动对活劳动的支配，积累起来的劳动对人的统治。对于工人来说，就是资本对其产品和劳动的支配，使人类最本质的活动处于普遍的异化之中。

---

① 《马克思恩格斯全集》第三卷，人民出版社2002年版，第288页。

② 《马克思恩格斯全集》第三卷，人民出版社2002年版，第293页。

马克思较为详细地从四个方面分析了异化劳动，描述了现代社会中无产者的存在论状况，揭示了工人被剥削被统治的地位。不过在马克思看来，分析"异化劳动"，只是分析了一个现实的"经济事实"，而对这种事实和"现象"的分析在国民经济学那里已经实现了。本质的问题在于"怎样在现实中去说明和表述异化劳动和外化劳动这一概念"。马克思将异化劳动同私有财产制度结合起来，同资本统治结合在一起，这就将对人的活动状况和生存状况的分析同生产关系、生产方式内在地联系起来了。马克思明确批判那种以为只有谈劳动才是谈到人，而谈论私有财产是谈论人之外的某种东西的观点。马克思说，私有财产是外化劳动的产物和结果，只是到了后来，由于二者表现为相互作用的现象才掩盖了这一根本事实。也就是说，各种经济关系和经济制度是客观化的劳动形式与劳动规定。异化劳动的客观历史基础就是现代资本主义私有制。这意味着消灭异化劳动和消灭资本主义私有制本质上是同一过程。这也说明，后来对资本主义经济制度的批判同《手稿》中对异化劳动的批判并不存在根本差异。

　　资本是现代的普遍原则，"表现为一种非人的力量统治一切"[1]。资本的支配权力不仅支配着工人的劳动，而且也支配着资本家本身[2]。"地产必然以资本的形式表现为对工人阶级的统治，也表现为对那些因资本运动的规律而破产或兴起的所有者本身的统治"[3]。不过，马克思在《手稿》中并没有对资本家的"异化"进行具体分析。马克思说，"到目前为止，我们只是从工人的方面考察了这一关系；下面我们还将从非工人的方面加以考察""我们已经考察了一个方面，考察了外化劳动对工人本身的关系，也就是说，考察了外化劳动对自身的关系。我们发现，这一关系

① 《马克思恩格斯文集》第一卷，人民出版社2009年版，第233页。
② 《马克思恩格斯全集》第三卷，人民出版社2002年版，第239页。
③ 《马克思恩格斯全集》第三卷，人民出版社2002年版，第262页。

的产物或必然结果是非工人对工人和劳动的财产关系"。正当要着手考察资本家与异化劳动的关系时，《手稿》遗憾地中断了，只留下三条写作线索。从这些粗略的要点可以确定，马克思并不认为，作为非工人的资本家就是"非异化的人"。在马克思看来，即使在资本关系中居于主导的、似乎是被满足和被巩固的有产者其实也只获得了一种人的生存的外观。所以，马克思说异化是"一种非人的力量统治一切"，马克思分析了资本家的奢侈和节约如何从属于资本的计算，受到资本原则本身的统治。马克思在现实经济关系中分析了人的存在状况，揭示了现代社会中不同阶级之间的对抗性质，这种对抗并不是个人之间的对抗，而是根源于私有财产制度之完成形态的"资本统治"，是资本统治内部的对抗。按照马克思在《资本论》中的说法，工人和资本家不过是劳动和资本的"抽象人格"。

在《手稿》中，马克思通过国民经济学进行的"市民社会"批判，揭示了历史运动的现实基础和经济关系中的对立与异化，由此获得了批判黑格尔思辨哲学的现实基础。马克思以政治经济学批判中的劳动异化思想批判黑格尔哲学体系中作为观念对象化的异化思想。马克思指出，在黑格尔那里："全部外化历史和外化的全部消除，不过是抽象的、绝对的思维的生产史，即逻辑的思辨的思维的生产史。因此，异化——它从而构成这种外化的以及这种外化之扬弃的真正意义——是自在和自为之间、意识和自我意识之间、客体和主体之间的对立，就是说，是抽象的思维同感性的意识或现实的感性在思想本身范围内的对立。"①马克思以此批判了黑格尔异化概念的思想基础和基本内涵。正因为黑格尔的异化概念是等同于对象化概念的，因此它没有揭示异化劳动的现实，而只是一般地看到劳动作为对象化活动的基本规定。马克思说，黑格尔站在现代国民经济学家的立场

---

① 《马克思恩格斯全集》第三卷，人民出版社2002年版，第318页。

上，把劳动看成人的自我确证的本质，但他只看到了劳动的积极方面，没有看到劳动的消极方面。在黑格尔那里，"人的本质的全部异化不过是自我意识的异化。自我意识的异化没有被看作人的本质的现实异化的表现，即在知识和思维中反映出来的这种异化的表现……对异化的对象性本质的全部重新占有，都表现为把这种本质合并于自我意识：掌握了自己的本质的人，仅仅是掌握了对象性本质的自我意识"。[①]

正是通过对黑格尔异化思想的批判和改造，马克思不仅一般地看到了劳动作为对象化活动对人的本质的确证，而且揭示了劳动的消极方面，揭示了劳动成为人的本质的对立面这一现代性状况。马克思对现代异化劳动的批判真正触及到了现代性的存在论基础，触及到了资本原则作为一种新的统治原则展开的社会历史后果。在《手稿》笔记本Ⅰ的"工资"节中，马克思提出了两个根本性的追问[②]：把人类的最大部分归结为抽象劳动，这在人类发展中具有什么意义？主张细小改革的人不是希望提高工资并以此来改善工人阶级的状况，就是（像蒲鲁东那样）把工资的平等看作社会革命的目标，他们究竟犯了什么错误？马克思的这两个内在关联的追问，具有本质的重要性。现代资本统治的确立，作为私有制的最后完成，实质就是"抽象劳动"对人的统治，就是积累起来的死劳动（资本）对活劳动（具体劳动过程）的统治，其结果就是以劳动异化为核心的现代生存状况。对"抽象劳动"历史意义的把握和揭示，实际上就是对现代性原则的追问，就是对资本统治的运行机制和社会历史后果的追问。这一追问从经济学批判的角度深化了马克思法哲学批判中提出的"现代"只是政治解放这一根本思想。

在现代解放中，在政治国家的范围内，人被解放成为抽象平等的公

---

① 《马克思恩格斯全集》第三卷，人民出版社2002年版，第322页。
② 《马克思恩格斯全集》第三卷，人民出版社2002年版，第232页。

民，拥有相应的政治权利，能够对抗公共权力的统治，但与此同时公共权力具有保证个人权利得以实现的义务；而在市民社会的物质生活领域，资本的平等带来了形式平等机制下的普遍异化，人与人之间的关系采取了文明化的统治方式，资本的平等和自由原则能够对抗公共权力异化的力量，人成为拥有权利的独立个体。人就生活在这样一种由资本与权力辩证展开的历史场域之中。

三

现代解放和现代异化是辩证的统一过程。商品资本关系和公共权力及其相互作用是现代主体性得以展开的基本方式。展开既是实现也是限制。因此，对现代的存在论分析，就是揭示这种实现状况与限制状况，也就是去揭示资本与权力相互作用中人们生存的总体过程和总体状况。解放与异化就是刻画这一存在总体的两个基本范畴。解放讲的是实现的、有所成就的方面，而异化则刻画的是限制，是消极约束的一面。但作为一个总体，解放与异化是同一个过程。解放的过程同时是异化，而异化的过程同时也意味着解放。因此，我们不可能只要现代的解放而不要现代的异化，反之亦然。我们在理解现代辩证展开的时候本身要坚持辩证的立场。唯有如此，才可能真正客观地领会和把握现代社会历史的基本状况。

解放和异化只是从人作为存在主体的角度对存在展开状况的不同领会，是我们用来刻画现代存在论状况的二重性范畴。一方面，作为我们如何论我们所是的存在所用的范畴，它们对现代存在状况的刻画中包含了我们作为现代主体的生存领会。作为对现代生存状况的抽象规定，它们不是现代本身之所是，而是现代对我们而言如何是。另一个方面，所谓二重性范畴是说解放与异化是由抽象思维的二分法形成的揭示现代成就及其限度的辩证法"对子"，其中的每一个范畴都同时意味着对方，离不开对方。

在资本或者权力辩证关系中展开的现代就是我们所是的存在状况，解放或者异化是我们对这一状况使用范畴，是我们从主体的视角对现代存在状况的领会和把握。使用解放和异化来刻画现代的根据与尺度在于主体性，在于我们对自身主体性展开程度和展开状况的领会。现代就是资本与权力变奏展开中解放与异化相统一的存在过程。我们获得解放的同时生存于异化之中。这就是我们对现代性存在论状况的辩证把握。

马克思在揭示现代解放仅仅是政治解放的同时，提出了人类解放的未来愿景。很显然，现代解放的存在论状况是由现代市民社会和政治国家，或者说资本原则和权力原则的双重性构成的。摆脱现代解放的局限性，克服现代异化，在根本上需要瓦解资本统治及建立在资本统治基础之上的政治权力体系。这是马克思人类解放思想的基本逻辑。马克思理论的彻底性在于指出，新的解放不再是以一种形式的统治代替旧的统治，不再是统治者与被统治者之间的换位，而是通过摧毁私有制，让所有的统治失去历史前提，任何集团不再可能应用自己掌控的物质条件主宰他人的生命过程。如果代表形式自由和形式平等的资本统治不复存在，捍卫和制约资本统治的公共权力体系也就失去了基础。正是在这个意义上，我们认为马克思的理论具有根本的彻底性。马克思断言，新的人类解放将是历史性飞跃。用海德格尔的话来说，这种飞跃意味着世界的转世。告别资本主义，将意味着新人类存在状态的开启，新的人类存在方式的诞生。马克思以毫不妥协的方式预言了一次根本断裂，一次彻底告别。

我们在生存异化与超越期许中领会我们的生存，因此更能深刻地感受到由资本和权力构成的解放与异化的二重性存在论处境。从人的存在本身作为超越，作为可能性的存在，亦是作为生存来说，总是在限制和突破的循环往复中。在这个意义上，解放和异化本质上属于人的存在，它们根植于人作为能在超越生存的对象化活动本身。没有对象化的生存超越，就没有生存的发展及其限度，也就根本没有解放和异化。只是到了现代，人将自身确认为自我展开的存在主体，从这种价值主体性出发对现代生存状况的存在论领会中才有了解放和异化这一对刻画生存超越及其限度的二重性范畴，我们才依据这种二重性的辩证意识去理解和展开现实生活，确立我们面对现代的辩证立场。

第三节　肯定与超越

一

现代是解放与异化相统一的过程。我们在肯定现代解放成就的同时，意识到了现代生存的局限性和困境。这样一种对现代局限性的意识意味着探索超越现代局限的可能性。人作为主体性的存在就是以自己的存在论意识指引自己生存的超越过程。作为生存实践展开的社会历史表现为一个向未来开放的不断否定的超越性过程。在这个否定性的过程中，对既有成果的继承和吸纳是超越的基本前提与条件。对待现代的辩证态度，意味着不是对现代体系的外在否定，而是在肯定中的超越，是内在于历史的理性立场。由于现代相对传统的巨大发展成就，它可能被抽象地肯定；同样的，由于现代发生的严重异化，也可能导致对现代的抽象否定。奠定于肯定基础上的超越才是对待现代的理性立场。立足于这种历史的、辩证的理性立场的人，才可能成为现代真正的批判者和反抗者。

当代著名的马克思主义文论家特里·伊格尔顿曾经指出，马克思鲜明地坚持了辩证法思想，指出了现代历史是文明与野蛮交织的历史，因此既与保守的浪漫主义怀旧相对立，也与自由主义现代化的自鸣得意相抵触：

"马克思主义在赞美现代的巨大成就方面超过了未来主义，同时以它对这一时代的无情谴责超过了反资本主义的浪漫派。它既是启蒙主义的后裔又是它的内在批判者，不能用当前西方文化争论中时髦的赞成或反对现代主义的现成用语对它作出轻易的界定。"①马克思主义从现代历史的内部肯定资本原则带来的进步，同时又揭示了这一原则带来的存在异化，揭示了政治国家与市民社会的二元结构导致人生存的二重性，导致人的解放主要是政治解放，而不是整个存在领域的解放。这一对现代状况的辩证批判为确立辩证的现代性立场奠定了理论基础。

对于现代的辩证态度不是一种形式主义的辩证法，不是将事物都有好的方面和坏的方面这种抽象的立场外在地添加到对现代的理解上，而是立足于对现代生存之辩证展开过程的深刻领会。马克思很早就批判过蒲鲁东抽象地运用黑格尔的辩证法，使得他的经济学成为应用的形而上学。马克思指出，蒲鲁东认为，任何经济范畴都有好坏两个方面。他看到范畴就像小资产者看到历史伟人一样：拿破仑是一个伟大人物，他行了许多善，但是也做了许多恶。蒲鲁东认为好的方面和坏的方面、益处和坏处加在一起就构成了每个经济范畴所固有的矛盾。应该解决的问题是：保存好的方面，消除坏的方面。马克思指出，相互矛盾方面的共存、斗争以及融合成一个新的范畴，才是辩证运动。谁要是为自己提出消除坏的方面的问题，就是立即切断了辩证运动。也就是说，辩证的运动是历史中展开的客观过程，对立双方是相互构成、相互规定的客观力量，任何一方都不是能够随意取舍的。就像根本就不可能只要资本家而不要雇佣工人，只要剩余价值而不要剥削一样②。真正的辩证立场是在深入理解社会历史存在本身的过

---

① [英]特里·伊格尔顿：《历史中的政治、哲学、爱欲》，马海良译，中国社会科学出版社1999年版，第108页。

② 罗骞：《迎候马克思》，北京师范大学出版社2019年版，第148页。

程中形成的一种具体的存在论领会。

马克思认为，现代社会是生产方式和交换方式变革的产物。在封建社会的生产关系被炸毁以后，"起而代之的是自由竞争以及与自由竞争相适应的社会制度和政治制度、资产阶级的经济统治和政治统治"①。在马克思看来，这种现代统治只具有历史的、暂时的性质，只是一个"过渡"。马克思将社会形态的发展理解为自然历史过程，人们只能减轻和缩短未来社会分娩的痛苦，而不可能取消自然的"发展阶段"②。马克思现代性批判的理论基础是对"现代社会经济规律"的揭示，而不是出于"应然"立场的道德评判。这一揭示超越了面对现代性的审美批判和道德批判，将批判奠定在坚实的存在论分析基础之上。正是这一揭示，使马克思获得了一种历史的、辩证的现代性批判立场。十分显然，如果超越现代的必然性和必要性产生于社会内部的矛盾与分裂，未来是建立在对"现代"的超越之上，那么现代性的成果就必须得到充分的肯定，其内在的限度也必须从超越的角度得到有力批判。这意味着，简单肯定是一种"非批判的实证主义"，简单否定是一种反动的"浪漫主义"。现代的客观辩证过程要求主观的辩证立场。这就是内在于历史的肯定基础之上的历史超越。

我们前面说过，马克思认为现代解放只是政治解放，它从抽象的、形式的方面建立了自由、平等的共同体生活。马克思高度地评价了法国启蒙精神和法国大革命，认为它们确立并且创作了政治解放的"抽象的现实"，从而创作了"政治原则本身"③。相对于古代社会，人们已经获得了政治意义上的平等和自由。但是，马克思同时指出，市民社会内部的对

① 《马克思恩格斯选集》第一卷，人民出版社1995年版，第277页。
② 《马克思恩格斯选集》第二卷，人民出版社1995年版，第101页。
③ 《马克思恩格斯全集》第三卷，人民出版社2002年版，第141页。

立和冲突仍然存在着，理性主义和人道主义的解放话语还受到市民社会的现实制约。马克思由此进入到对现代市民社会的政治经济学解剖。在政治经济学批判的视野中，马克思一方面颂扬了现代社会巨大的经济成就和文化成就，另一方面又尖锐地揭示了异化的现代性状况，劳动异化、阶级剥削、意识形态的异，等等。在马克思看来，现代的这种辩证特征根源于资本的内在逻辑。

资本原则的贯穿和绝对统治摧毁了封建的、宗法的、地缘之间的关系，斩断了形形色色的封建羁绊。但是，资本只是在人们之间确立起一种抽象的全面关系，普遍的异化和这种全面性的形成是同时并存的①。这种全面性和普遍性的确立，虽然克服了人们之间的"原始丰富性"，但其抽象性本身意味着还不是真正的"人的全面发展"和"自由人"的联合。浪漫主义的保守观点，只是看到了现代的灾难，它们可笑地留恋"原始的丰富性"，而现代资产阶级的观点从来没有超出与这种浪漫主义批判的简单对立②，无批判地肯定现代性的基本成果和基本原则。它们都没有真正理解现代性的内在矛盾和内在张力，因此不能辩证地揭示现代性的基本特征。辩证的批判应该是一种划界意识，它力图揭示事物的内在"限度"及其辩证特性，而不是站在抽象对立的某一个"极端"上。马克思深刻地揭示了现代性的分裂与矛盾，指出我们这个时代每一事物好像都包含有自己的反面③。因此，对现代性进步的肯定和对现代性异化本质的批判是由现代性本身的辩证特性决定的。现代性的内在矛盾意味着超越现代性的必然性，现代性的异化意味着超越现代性的必要性，而现代性的成果意味着超越现代性的可能性，是现代发展出来了超越现代的历史条件。

---

① 《马克思恩格斯全集》第三十卷，人民出版社1995年版，第112页。
② 《马克思恩格斯全集》第三十卷，人民出版社1995年版，第112页。
③ 《马克思恩格斯选集》第一卷，人民出版社1995年版，第774–775页。

二

各种不同的原因导致了不同的现代性立场。这些现代性立场构成了意识形态的多彩光谱，构成了话语政治的复杂空间。现代性意识形态和现代存在的意识形态是不同的。现代性意识形态指的是与现代资本主义社会存在基础相适应的意识形态，主要是指现代自由主义意识形态。它是现代社会的肯定意识，是本来意义上的现代性意识。现代社会中除了这种肯定性的意识形态之外，还存在着许多批判和反思现代的意识形态，它们构成现代性的否定意识，代表着批判现代性的不同立场和方向。关于对待现代的不同意识形态立场，在《共产党宣言》中，马克思恩格斯结合一定的阶级地位展开了深入剖析。从中我们可以看到由各种意识形态构成的复杂场域。在今天有关现代性的争论中，不同观点和态度还残留着马克思时代主要意识形态的特征。从这些对现代性意识形态的批判中，我们也能更清楚地理解马克思对待现代性的辩证态度，它不是一个抽象的肯定和否定的问题。

在现代社会，占统治地位的意识形态是自由主义，现代自由主义思想是资本主义经济关系在观念上的反映，是现代社会占统治地位的思想。确切地说，自由主义才是现代性意识形态。它是现代性的肯定意识，是对现代的自我确认。对自由主义意识形态的批判，是马克思批判理论的基本方面。这一批判在《黑格尔法哲学批判》及《论犹太人问题》中就已经开始。在那里，自由和平等被指认为政治意义上的形式解放，它释放了现代市民社会的利己主义潜能。通过《1844年经济学哲学手稿》的异化劳动批判，到了《神圣家族》等著作中，自由主义被明确地阐释为由法国大革命和启蒙运动确立的现代意识形态。它以资本主义经济关系和经济活动的贸易自由为社会历史基础。通过对这一存在基础的解剖，马克思揭示了现代自由的形式性和抽象性。《共产党宣言》指出，在现代资产阶级生产关系的范围之内，所谓的自由只是自由贸易、自由买卖。自由的观念、利己的观念等都是由现代资本主义的物质生活条件所决定的，"信仰自由和宗教自由的思想，不过表明自由竞争在信仰领域里占统治地位罢了"①。马克思通过阐释自由主义同现代资本主义生产方式的内在关系，揭示了表现在哲学、政治学、经济学等等中的自由主义思想的意识形态性质，它们有意或无疑地构成对现代资本主义的辩护，不能批判地反思现代解放的历史限度。

除了各个时期对作为现代性意识形态的自由主义进行批判以外，马克思还对各种批判现代性的思想进行了批判。这一批判，在《共产党宣言》中，以"社会主义的和共产主义的文献"为名，得到了简洁明快的概括。《共产党宣言》将对待资本现代性的态度区分为"反动的""保守的"和"空想的"。只是在批判资本主义的意义上，这些思想被统称为"社会主义"或"共产主义"的。《共产党宣言》把封建贵族批判现代社会的思想称为"封建主义的社会主义"。他们只是装模作样地站在无产阶级利益的立场上反对现代资产阶级社会，为旧的剥削方式和社会制度辩护。由于它完全不能理解现代历史的进程而总是令人感到可笑②。马克思曾经将这种从前现代立场批判现代社会的思想称为"怀旧的浪漫主义"；相对而言，小资产阶级的社会主义思想为工人阶级说话，非常透彻地剖析了现代生产关系的矛盾，揭穿了资产阶级经济学家的粉饰，分析了现代资产阶级社会面临的各种困境，但是，他们站在旧的落后的生产方式来批判现代资本主义社会，"当顽强的历史事实把自我欺骗的一切醉梦驱散的时候，这种社

---

① 《马克思恩格斯选集》第一卷，人民出版社1995年版，第292页。
② 《马克思恩格斯选集》第一卷，人民出版社1995年版，第295页。

会主义就化为一种可怜的哀愁"①；《共产党宣言》还指出，在德国产生的"真正"的社会主义，不过是法国的社会主义和共产主义思想同德国旧的哲学信仰的调和，成为关于真正的社会、关于现实人的本质的无谓哲学思辨，完全失去了实践的意义，最后还变成了专制政府批判资产阶级的武器，直接代表了一种反动的利益。在马克思看来，对现代的内在批判不可能退回到过去的、落后的传统中去，"留念原始的丰富性"。以上这三种思想，都是以落后的生产方式为基础批判现代资本主义社会，本质上是对现代的抽象否定，因此被称为"反动的社会主义"，代表着从传统原则即落后于现代的立场对现代性的批判。

站在资产阶级的立场上对现代社会的批判，被《共产党宣言》称为保守的或者资产阶级的社会主义。这种思想是为了消除现代资产阶级社会的弊病，以保障它的生存。出于他们的阶级立场，他们颂扬现代社会，想保持现代社会的生存条件，同时希望根除由这些条件必然产生的斗争和危险。他们希望通过经济条件的改变来缓解矛盾，因此只是在现代生产关系的基础上提出了改良的措施，而不是从根本上改变资本和雇佣劳动的关系。这就是在历史上以不同的方式被重复着的改良主义态度。真正说来，这种态度是自由主义的变种，因为其现实主义的批判立场而具有强大的力量。

对于本来意义上的社会主义，《共产党宣言》指出他们具有批判的、空想的性质，同面对现代社会的反动和保守思想相区别，是无产阶级斗争初期的产物。这种思想批判了现代社会的全部基础，并提出了关于未来社会的积极主张。但《共产党宣言》同时指出，空想社会主义没有揭示出无产阶级解放的物质条件和历史主动性，因此也就不可能揭示出阶级革命的必然性和必要性。他们想通过和平的方式，以小型试验开辟通向未来社会

---

① 《马克思恩格斯选集》第一卷，人民出版社1995年版，第298页。

的道路，最后落入幻想。

可以看出，在对多种现代性态度的批判中，马克思的现代性立场是显而易见的。这种立场，并非赞成与反对、肯定与否定的二元划分所能概括，它既不是简单的折中，更不是任何一种抽象的极端。马克思在对现代性的辩证批判中确立了面对现代性的辩证态度。深刻地领会这种辩证态度，并且使之在历史的实践中发挥实际作用，具有十分重要而迫切的意义。十分遗憾的是，马克思面对现代性的这种辩证立场没有被很好的理解。马克思的形象在现实中变得十分的复杂，甚至形成了抽象拒斥或者无原则地拥抱现代的各种马克思思想肖像。马克思思想肖像这种复杂的局面，实际上与人们面对现代的复杂后果进退失据的状况相关。

三

就从主体性自我展开状况的存在论领会来说，现代是解放时代的同时也是异化的时代。从生存自由的实现来说，现代是从传统的束缚中解放出来的新时代，是主体性自由在各个方面都得到展开的时代。这种主体性自由的展开依托于作为天生平等派和自由派的资本逻辑。但与此同时，由于资本制约，现代主体性只是获得了一种形式的抽象人格权利，人在资本面前不仅还是被动的存在，人与人之间的关系因为资本的中介还是一种统治与被统治、剥削与被剥削的不平等不自由的关系。作为对象化展开方式的商品资本成了与人相对立的客观力量，异化与自由解放同时构成现代的基本存在状况。看到了现代自由的实现，所以我们需要肯定现代的基本成就，立足于现代原则反对前现代的专制主义、极权主义、等级主义等束缚人的各种观念和制度。这也是早年马克思，也就是《黑格尔法哲学批判》之前的马克思的基本立场。在一个还没有处于现代解放水平的历史处境中，只是看到现代的不足和问题，甚至站在传统的、旧时代的立场上否定现代成就，就会陷入传统的文化保守主义立场。作为现代人，我们需要充分地肯定和颂扬现代的伟大成就，拒绝一切从现代的退却。

但是另一方面，我们也需要看到现代解放中的生存异化，不能将现代看成是历史的终结，看成是人类自我实现的天堂。在肯定现代成就的同时，揭示现代解放的局限性，凝视现代的黑暗，才可能开启超越现代的未来方向。像阿甘本说的那样，对于所处时代黑暗的凝视才能使我们成为真正的现实的"同时代人"。完全地融入时代、适应时代，因此看不到时代阴暗面的人不是时代真正的同时代人，他不可能形成具有原则高度的关于所处时代的时代概念。在现代解放中揭示解放的局限，看到存在的异化，因此去思考超越现代的未来可能性，才是一种真正的现代性批判意识。马克思就是具有了这样一种总体性批判意识的思想家。他不仅看到了现代的光明，也透过现代的光明揭示了现代的暗淡，并且思考和探索那种即将到来的新的可能性。然而，在对马克思理论的理解上，一些人只看到了马克思对现代的颂扬，因此试图将马克思打扮成现代自由民主和资本主义的拥护者，回避马克思对现代的批判；与此相反，也有人只是看到马克思对现代的批判，而无视马克思对现代的肯定和颂扬，马克思因此被描述成了现代成就的否定者。一些马克思的歪曲者甚至将马克思作为专制主义者和极权主义者来批判。无独有偶的是，一些马克思的拥护者也在误解的意义上将马克思阐释为现代自由和平等价值的否定者，不自觉地站到了反对自由平等的立场上。其实，正是各种阐释者自身理论立场的投射才产生了光怪陆离的马克思思想肖像。这种混乱的思想状况，折射出了面对复杂现实的社会意识形态本身的复杂性。

我们说过，现代不是一个单纯的时间概念，它指的是我们所是的存在状况和存在过程，用于标示人类存在的特定状况和特定过程。并不是处在同一历史时间中的事物都具有同样的社会历史性，并不是存在于现代的事物就是"现代的"。生活于现代的人，完全可能是一个"老古董"，一点儿都不现代，本质上不是现代的同时代人。在这个意义上，"现代"本身存在许多"前现代"和"后现代"的事物，"现代"因此是多维存在样态并置的存在空间。一些处在前现代语境中的人由于期待现代化，易于只看到现代好的方面，肯定和期待现代的到来；一些生活在现代语境中的人由于享受到了现代解放带来的自由，较少受到现代生存异化的影响，他们在现代是"被巩固者和被实现者"，因此易于只看到现代好的方面，把现代看成历史的终结状态；相反，另一些现代社会异化的严重受害者，他们往往从自身的处境出发只是看到现代的坏的方面，因此对现代抱一种极端否定的态度。各种现代立场构成整个意识形态的场域。在这样的复杂场域中，常常有人非此即彼，也有人在亦此亦彼的思辨折中放弃反思。

真正理性的立场超越这种经验的直观态度，深入到社会历史的深处，能够把握历史运动的脉搏，因此是在接纳现存的基础上洞见即将来临的存在之光明的存在之思。此种存在之思，不是在存在的外面对存在的思考，而是在存在之中自我投入着的存在之关切。存在之关切说的是在存在中发生的存在之思指引着我们如何去在，因此使我们所是的存在是一个肯定着的不断超越的敞开过程。因为我们就在我们所是的存在之中，我们的所思也根源于这个我们所是的存在。我们不可能从存在的外面瓦解存在，从而能够在出一个新的样子来。我们只能在我们所是的存在中展开自身并且超越自身的存在。这就是存在的辩证法。现代就是我们所是的存在之状态和过程，对现代的超越只能来源现代自身逻辑的展开，源于主体性在这个过程中的解构和重构过程本身。就像青年马克思曾经以赫拉克利特的口吻说过的那样，"异化和异化的扬弃走的是同一条路"。

只有深入一个死结才能松动和解开这个死结。现代就像由资本和权力围绕着主体性的三个维度缠绕着形成的结，一个复杂的历史结构。只有深入这个结构，在这个结构场域中利用这个结构的多种因素才能松动这个结构，并最终瓦解这个结构本身。这个结构的中心是作为主体的人，是将自我确认为存在的主体并且期待自己的主体性得到全面展开的人。因此，意识到现代解放的局限性，并且在肯定现代成就的基础上形成了超越现代意识的人才能成为松动这个结构的动因，才能成为现代内在的反抗者。辩证的反抗意味着内在的拆解和重组，意味着沿着现代自我展开的路径让现代如其所是地展开的同时自我超越。现代架构的两翼是资本和权力，现代人作为主体生活在资本和权力的双重规定当中。辩证的反抗意味着肯定资本的历史成就，肯定资本原则带来的生存自由。由于意识到资本对主体性自由的制约和侵蚀，反抗者必然站在资本的对立面，但却不是强制性地取消资本本身，而是利用与资本同构的公共权力来瓦解资本的自足性，以权力介入资本的生产过程，驾驭和限制资本，逐渐克服资本带来的生存异化；同时，辩证的反抗者并不迷信绝对权力，陷入对权力的抽象崇拜。他肯定现代公共权力的诞生是个体自由得到保证和实现的巨大进步，同时又意识到权力本身的强制性和制约性是自由个性的对立面，权力的任性常常使其失去公正性和廉洁性，带来权力的异化和腐败。因此，现代的内在反抗者会站到资本自由原则的立场上批判和制约权力，瓦解权力的绝对性和至上性。反抗者就是以这样一种没有立场的立场在现代内部松动和瓦解现代的稳定结构，通过利用现代来反对现代，从而实现现代的自我超越。

这种利用资本来制约权力和利用权力来制约资本的两可立场，既是对现代的肯定，同时也是利用现代的因素来解构现代的历史实践。它将现代的超越变成了基于现代内在逻辑的辩证展开过程。这是一种根源于现代内部的内爆方式，因此是一种彻底瓦解并且超越现代的可能性。超越现代的主体利用资本与权力之间的差异和空隙，阻止二者共谋，使之成为相互对立的力量在相互克服中相互瓦解。这就避免了以外科手术式的强力消除资本带来的权力绝对化，也避免了对权力抽象否定带来的资本统治的绝对化。这是一种利用现代的逻辑超越现代的内在操作，是肯定与超越的辩证法，因此是在现实中召唤和迎接未来的实践可能性，而不是站在未来的立场对现实的抽象否定和剪裁。

第四节　中国与世界

一

在肯定的基础上实现超越，要求一种对现代辩证的内在反抗。这就是在享受现代解放成就的同时，利用现代的原则来克服现代局限，最终从现代内部瓦解现代。这样一种逻辑就是历史展开的辩证否定逻辑，就是我们所说的自我投入着的存在之思指引着的超越生存。这种存在之思只能来源于现代真正的"同时代人"。现代的"同时代人"在现代之中保持着与现代的距离，因此能够洞穿并能走出现代的阴暗。这种同时代人是现代陌生的邻居，同路的他者。正是在这种同一与差异、熟悉与陌生中蕴含着超越的未来可能性。并不是所有的个体，所有的民族国家都能在此种意义上成为现代的"同时代人"。在我们看来，在世界历史的进程中，中国就是现代的这样一位邻居和他者。面对现代的文明，它在走进中保持着距离，在肯定中保持着否定，因此日益呈现出超越现代的未来可能性方向，预示了一种正在成形的新的存在方式和存在形态。我们期待着这种可能性成为现实。当代中国实践将展现一种具有原则高度的世界历史性意义，这就是对现代架构的彻底松动和最终超越。

中国实践展现出来的这种辩证的可能性源于中国独特的历史性和现

代遭遇。中国是具有悠久历史的超大规模的文明型国家。几乎可以说，在世界上只有中国才独一无二地保持了如此规模的超大文明共同体，其文明的成熟和繁荣保持着时间和空间上的相对稳定。在西方主要国家确立资本主义、逐渐进入现代文明的过程中，中国仍然以它辉煌的成就傲视"外夷"。在鸦片战争前夕，中国作为一个中央集权的封建帝国，对外贸易保持着巨大顺差，经济总量高居世界第一。因为这种成熟和繁荣，它最终错失了现代发展的机遇。风起云涌的资产阶级革命运动和第一次工业革命让西方主要国家迅速发展，掀开了人类历史的新篇章。与此同时，清王朝却沉睡在天朝上国的美梦之中，闭关锁国，唯我独尊，最终全面衰落，被时代抛弃。这种衰落并不仅仅是说经济、军事实力的落后，而是整个国家没有跟上时代的步伐，社会整体形态和精神原则落在了历史的后面。面对帝国主义的坚船利炮，庞大的中央帝国居然屡战屡败，割地赔款，开埠通商，一系列不平等条约强加到了中国人民身上。帝国主义列强的入侵带来了资本主义的文明，使中国从自给自足的自然经济过渡到半自然经济，逐渐沦为一个半封建半殖民地的国家。从此开始了面对资本文明复杂纠结的历程，书写了许多可歌可泣的追求人民解放和民族独立的悲壮篇章。

为了救亡图存，从农民起义到洋务运动，从资产阶级的改良派到革命派，各派救国力量表现出了对待现代资本文明的不同态度和立场，进行了种种救亡图存的尝试，但都没有改变民族国家的悲惨命运。"鸦片战争后，中国陷入内忧外患的黑暗境地，中国人民经历了战乱频仍、山河破碎、民不聊生的深重苦难。为了民族复兴，无数仁人志士不屈不挠、前仆后继，进行了可歌可泣的斗争，进行了各式各样的尝试，但终究未能改变旧中国的社会性质和中国人民的悲惨命运"[1]。对此，毛泽东同志有过深

---

① 《党的十九大文件汇编》，党建读物出版社2017年版，第9页。

刻论述:"在一个很长的时期内,从一八四零年的鸦片战争到一九一九年的五四运动的前夜,共计七十多年中,中国人没有什么思想武器可以抵御帝国主义。旧的顽固的封建主义的思想武器打了败仗,抵不住,宣告破产了。不得已,中国人被迫从帝国主义的老家即西方资产阶级革命时代的武器库中学来了进化论、天赋人权论和资产阶级共和国等项思想武器和政治方案,组织过政党,举行过革命,以为可以抵御列强,内建民国。但是这些东西也和封建主义的思想武器一样,软弱得很,又是抵不住,败下阵来,宣告破产了。"①在谈到中国资产阶级革命道路在中国走不通的时候,毛泽东指出:"要在中国建立资产阶级专政的资本主义社会,首先是国际资本主义即帝国主义不容许……帝国主义侵略中国,反对中国独立,反对中国发展资本主义的历史,就是中国的近代史。"②正是面临这样的特殊性,中国共产党人将批判和超越资本的马克思主义理论同中国的革命实践相结合,开辟了新民主主义革命的正确道路,实现了反封建主义、反帝国主义和反官僚资本主义的多重任务,在中华民族复兴的道路上完成了站起来的关键一步。

新民主主义革命理论是毛泽东将马克思主义革命理论与中国现实相结合,创造性地提出的中国革命理论,是马克思主义中国化第一次飞跃的基本成果,是毛泽东思想的核心内容。中国新民主主义革命既不同于单纯反封建的资产阶级民主革命,也不同于单纯反对资产阶级的无产阶级革命。反封建主义具有肯定现代资本主义文明成果的一面,但反帝国主义和反官僚资本主义都具有超越资本主义的前途。新民主主义革命是以社会主义和共产主义为前途和方向的民族民主革命,但它的前提性任务是实现反封建主义的人民解放和反帝国主义的民族独立。这是由中国半封建半殖民

---

① 《毛泽东选集》第四卷,人民出版社1991年版,第1513-1514页。
② 《毛泽东选集》第二卷,人民出版社1991年版,第679页。

地性质和官僚与资本相勾结的官僚资本主义决定的。这意味着农民阶级、封建官僚阶级、资产阶级、官僚资产阶级的救国主张都不符合中国的基本国情。他们只是以一种力量反对另一种力量，他们有的本身就是现实灾难的根源，因此不可能彻底解决中国面临的问题，不能领导中国人民实现救亡图存和民族复兴的伟大使命。"我们党深刻认识到，实现中华民族伟大复兴，必须推翻压在中国人民头上的帝国主义、封建主义、官僚资本主义三座大山，实现民族独立、人民解放、国家统一、社会稳定。我们党团结带领人民找到了一条以农村包围城市、武装夺取政权的正确革命道路，进行了二十八年浴血奋战，完成了新民主主义革命，一九四九年建立了中华人民共和国，实现了中国从几千年封建专制政治向人民民主的伟大飞跃"[①]。

新中国成立之后，我们党对如何建设社会主义进行了艰苦的探索和实践，取得了伟大成就，也积累了丰富经验和深刻教训。在党的领导下，迅速恢复了国民经济生产，实现了社会主义改造，建立了社会主义的各项基本制度。但是在后来的实践中，"由于党在指导思想上的'左'的错误，很多关于社会主义建设的正确思想没有得到贯彻落实，甚至发生了'文化大革命'那样全局性的、长时间的严重错误，使我们党在探索社会主义历程中遭到了严重挫折"[②]。社会主义建设时期产生的挫折中，最根本的问题是违反了实事求是的原则，不能客观地看待资本主义的文明成果和当时中国所处的社会历史条件。绝对公有制地位的确立和单一的计划经济模式，完全忽视了市场和价值规律在社会经济生产中的作用，国家和政府垄断了一切资源的配置，最后陷入了一种难以承担之重。改革开放以来，以

① 《党的十九大文件汇编》，党建读物出版社2017年版，第10页。

② 中共中央宣传部编：《习近平总书记系列重要讲话读本》，学习出版社、人民出版社2016年版，第22-23页。

邓小平为核心的党的第二代领导集体坚持实事求是的思想原则，彻底否定了"以阶级斗争为纲"的错误路线，开启了社会主义市场经济导向的体制改革，正确处理市场和政府的辩证关系，极大地推动了社会经济的全面发展，实现了中华民族伟大复兴历程中富起来的重要一步。改革开放的关键是在实事求是思想原则的指导下，重新认识了现代资本主义的文明成果和社会主义建设实践的长期性，以一种客观辩证的姿态立足于现代性的复杂语境之中。

二

以实践标准的讨论为契机，中国共产党恢复毛泽东同志概括提出的实事求是的马克思主义思想路线，对时代主题作出了从战争与革命向和平与发展转变的基本判断，对中国社会历史作出了处于社会主义初级阶段的基本定位。以这些基本判断为基础，果断放弃了阶级斗争和继续革命路线，提出了以经济建设为中心，坚持改革开放和坚持四项基本原则的社会主义初级阶段基本路线，形成了邓小平理论。邓小平中国特色社会主义理论成为新时期我国社会主义建设实践的行动指南。"邓小平同志第一次比较系统地初步回答了在中国这样经济文化比较落后的国家如何建设社会主义、如何巩固和发展社会主义的一系列基本问题，用新的思想观点继承和发展了马克思主义，开拓了马克思主义新境界，把对社会主义的认识提高到了新的科学水平，创立了邓小平理论，成功开创了中国特色社会主义"[1]。如果说，毛泽东思想是以革命为核心范畴的中国化马克思主义理论，是马克思主义中国化的第一次历史飞跃的话，那么邓小平理论就是以改革为核心范畴的中国化马克思主义，是马克思主义中国化的第二次历史飞跃和第

---

[1] 中共中央宣传部：《习近平总书记系列重要讲话读本》，学习出版社、人民出版社2016年版，第23页。

二大理论成果。在这一成果的指引下，通过四十多年改革开放的伟大实践，中国走上了富强道路，中国人民实现了"富起来"的愿望。

在谈到改革开放的伟大历程时，习近平同志总结指出："改革开放之初，我们党发出了走自己的路、建设中国特色社会主义的伟大号召。从那时以来，我们党团结带领全国各族人民不懈奋斗，推动我国经济实力、科技实力、国防实力、综合国力进入世界前列，推动我国国际地位实现前所未有的提升，党的面貌、国家的面貌、人民的面貌、军队的面貌、中华民族的面貌发生了前所未有的变化，中华民族正以崭新姿态屹立于世界的东方。"[①]在新的历史时期，"我们党深刻认识到，实现中华民族伟大复兴，必须合乎时代潮流、顺应人民意愿，勇于改革开放，让党和人民事业始终充满奋勇前进的强大动力。我们党团结带领人民进行改革开放新的伟大革命，破除阻碍国家和民族发展的一切思想和体制障碍，开辟了中国特色社会主义道路，使中国大踏步赶上时代"[②]。改革开放的伟大实践是在马克思主义中国化思想成果的指导下展开的。社会主义初级阶段的基本路线本身就将坚持马克思主义作为根本的政治原则。

邓小平同志在新的历史条件下，运用历史唯物主义的基本原理客观地分析了当时的社会历史，正确地判断了我国所处的社会历史方位，提出了符合我国社会主义初级阶段基本国情的路线、方针、政策，开启了我国社会主义现代化建设的新阶段。这是一条理论与实际相结合、理想与现实相结合的路线。在这一路线的指引下，中国从毛泽东时代的"站起来"走向了"富起来"的民族复兴道路，这是对中华民族的伟大贡献，也是对社会主义和人类进步事业的伟大贡献。邓小平理论是马克思主义中国化的第

---

① 《党的十九大文件汇编》，党建读物出版社2017年版，第7页。
② 《党的十九大文件汇编》，党建读物出版社2017年版，第10页。

二次历史飞跃。邓小平同志旗帜鲜明地坚持四项基本原则，坚持马克思主义和毛泽东思想的指导地位，保证了中国改革开放的社会主义方向，避免了类似于苏东剧变改旗易帜那样的历史悲剧。中国的社会主义事业顺利展开，在短短四十多年的时间内创造了各种奇迹，日益"富起来"，并且日益接近世界历史舞台的中央。

中国特色社会主义是在反思传统社会主义，反思经典社会主义的基础上，结合中国现实作出的现实选择。相对于马克思主义创始人提出的"社会主义"和"共产主义"，它当然还"不够格""不合格"，是一种特殊形态、特殊阶段的社会主义。这就导致一些人从传统社会主义的立场、从经典作家描述的成熟社会主义的立场批判和质疑中国特色社会主义道路。有的甚至否定改革开放，用前三十年的建设历史否定改革开放，认为中国特色社会主义和改革开放都背离了科学社会主义的基本原则，让中国越来越像资本主义和接近资本主义。这些人看不到今天的巨大进步，看不到改革开放实现了"富起来"的历史飞跃。他们分不清主次，夸大现实中的问题和矛盾，从抽象的教条和理想原则批判现实。他们忽视或者说否定中国特色社会主义是马克思主义中国化的特殊形态，中国改革开放是在马克思主义的指导下进行和展开的。割裂中国特色社会主义理论与马克思主义之间的内在联系，就是否定马克思主义在中国"富起来"中的作用。看不到中国特色社会主义理论与经典社会主义理论之间的差异，就是忽视中国特色社会主义理论的特殊贡献。

邓小平同志曾经指出："社会主义优越性最终要体现在生产力能够更好地发展上……所以，我们吸收资本主义中一些有用的方法来发展生产力……因为我们在改革中坚持了两条，一条是公有制经济始终占主体地位，一条是发展经济要走共同富裕的道路，始终避免两极分化……我们发挥社会主义固有的特点，也采用资本主义的一些方法（是当作方法来用的），目的就是要加速发展生产力……在这个过程中出现了一些消极的东西，但更重要的是，搞这些改革，走这样的路，已经给我们带来了可喜的结果。"①中国特色社会主义的特殊之处就在于在新的历史语境中，客观地看待和利用资本，在代表资本原则的市场和代表权力原则的政府之间确立了一种辩证的合理关系，为科学地利用资本原则推动社会经济的发展奠定了制度基础。资本和市场原则的引进使中国特色社会主义不同于传统社会主义，极大地解放和发展了社会生产力，推动了社会的全面进步；同时也不同于资本主义，保证了政党和国家力量在协调社会各方面因素中的重要地位，在充分发挥资本能动性的同时，尽量地减少资本带来的负面效应，弥补市场经济的不足，以保证整个社会发展的未来方向。在经济体制从计划经济向市场经济的转向过程中，市场的作用越来越大，政府的职能越来越少，但是政府社会治理的能力则越来越强。"党的十八届三中全会提出，经济体制改革是全面深化改革的重点，核心问题是处理好政府和市场的关系，使市场在资源配置中起决定性作用，更好发挥政府作用。提出使市场在资源配置中起决定性作用，是我们党对中国特色社会主义建设规律认识的一个新突破，是马克思主义中国化的一个新的成果，标志着社会主义市场经济发展进入了一个新阶段。"②在社会主义市场经济建设过程中，随着经济体制改革的不断深入而不断变化，从允许市场的存在到市场调节为主，从市场对资源配置的基础作用到决定性作用，资本原则发挥着越来越大的作用，政府的职能在减少，但政府的作用却在增强。利用资本原则调动各方面的能动性，优化配置资源，促进社会经济的发展；同时利用国家权力协调各种矛盾，克服资本原则自发调节的不足，避免资本主义面临的困境，这是中国现阶段社会发展的根本逻辑。简单地说，就是权力

---

① 《邓小平文选》第三卷，人民出版社1993年版，第149页。
② 《习近平谈治国理政》，外文出版社2014年版，第116页。

在利用资本的同时驾驭资本的逻辑。

当然，这个逻辑也体现出另一个潜在方面，就是充分发挥政府力量的同时利用资本的自由原则，利用社会的参与和监督预防权力异化。利用权力和资本或者说市场与政府之间的双向作用克服各自带来的问题，让资本的自发性和权力绝对性在这一过程中瓦解，形成一种实践中动态的耦合关系。人的主体性解放能够借助公共权力的力量克服资本带来的异化，同时能够借助资本的自由力量克服公共权力的异化。在这种相互克服的过程中逐渐超越现代的生存状况，推进人的自由全面发展。这一超越路径就是我们说的在意识到现代促进自由解放的同时带来生存异化，因此在肯定现代社会基本成就的同时内在地超越现代的反抗取向。这种反抗不是犬儒主义或者抽象的理想主义，而是在彻底地与现代断裂的革命实践走向低谷之后，将理想融入现实的理想。可以说，也是当代中国道路展开的一种开创性实践。

中国正是因为作为资本主义的后来者和外来者的特殊性，曾经遭遇了资本主义列强带来的民族国家灾难，同时也清楚地看到了现代资本主义面临的巨大困境，才使得它有可能清醒地保持与资本主义的距离，而不是全面拥抱资本原则，走一条彻底资本主义化的道路。革命时代这条道路走不通，今天社会主义建设时代也走不通；与此同时，中国是在生产力落后的条件下取得反帝反封建革命的胜利，社会主义建设条件"还不够格"，还不能完全按照经典理论阐释的社会主义和共产主义理论进行社会建设，全面地取消商品资本，取消市场不符合客观现实。中国特色社会主义道路反思传统社会主义模式，避免马克思讲的"粗陋的共产主义"，有限度地引入资本原则，强调市场的调节作用，将市场优势和政府权力的优势有机地结合起来，不忘初心，牢记使命，将现实实践渐进地导向理想的未来。这就是中国特色社会主义道路的特殊逻辑。

这一道路正在努力实现对传统社会主义和当代资本主义的双重超越，将有效的市场和有为的政府结合起来，探索社会发展和人类生存的新形态。"我国经济发展获得巨大成功的一个关键因素，就是我们既发挥了市场经济的长处，又发挥了社会主义制度的优越性。我们是在中国共产党领导和社会主义制度的大前提下发展市场经济，什么时候都不能忘了'社会主义'这个定语。之所以说是社会主义市场经济，就是要坚持我们的制度优越性，有效防范资本主义市场经济的弊端。我们要坚持辩证法、两点论，继续在社会主义基本制度与市场经济的结合上下功夫，把两方面优势都发挥好，既要'有效的市场'，也要'有为的政府'，努力在实践中破解这道经济学上的世界性难题"①。破解好这道难题，也就是正确处理好利用资本和驾驭资本的关系，不仅对中华民族的伟大复兴，而且对当代世界发展都具有广泛的意义，它意味着在肯定现代成就的同时超越现代的未来方向和实践路径。

三

中国这样一种走进现代同时又超越现代的道路之影响和意义，今天已经是举世瞩目的了。它在追求现代解放的同时，又保持着扬弃现代异化的历史方向；它在将人解放为现代主体的同时，又保持着超越现代抽象主体性的理念；它在实事求是地肯定现实的同时，又保持着改变现实这样一种实践理想。经过几十年的改革开放，这样一条辩证发展的历史道路正在显示其强大生命力，并产生了世界历史性的影响。我们自己乃至整个世界都在消化和受惠于其巨大影响。这一道路充分体现了辩证的实践智慧、能动的主体性精神、和谐共享的共同体理念和渐进发展的建设性路径。它正在

---

① 习近平：《不断开拓当代中国马克思主义政治经济学新境界》，载《求是》2020年第16期。

改变我们生存的社会历史面貌，正在塑造我们的生活，影响着我们未来的可能存在方式和状态。

在《黑格尔法哲学批判导言》中，面对落后于英法资本主义的德国，马克思曾经追问：德国能不能实现有原则高度的实践，即实现一个不但能把德国提高到现代各国的正式水准，而且提高到这些国家最近的将来要达到的人的高度的革命。因为，在马克思看来，当时德国"不仅苦于资本主义的发展，而且苦于资本主义的不发展"。尚未发展到现代水平却已经面临现代瓦解的后起国家，是否可能不仅越过传统的界限，到达现代解放的水平，而且勇敢的一跃，越过现代本身的界限？我们曾经以马克思的方式追问"当代中国能否实现具有原则高度的实践"，因为在我们看来，中国也是处于"不仅活人使我们受苦，而且死人也使我们受苦"的时代，今天我们仍然遭遇"资本之不发展"与"资本之发展"的双重苦难，置身于传统、现代乃至所谓后现代三维时空的并置交叉之中。面对这样的历史语境，中国实践需要的原则性高度就在于在肯定现代成就的同时开启超越现代的辩证历史实践。"中国特色社会主义理论及其实践体现了一种连接历史、现实和未来的辩证智慧，是对中国发展方向最为切中根本的回答，因此正在呈现出强大的力量。这就是当代中国实践获得原则性高度的可能性和方向所在，它真正意味着一种成为现代与超越现代在现实实践中的辩证连接，因此是一种现实的理想主义"①。这是一种辩证的实践智慧，从根本上超越了抽象肯定现代的现实主义和抽象批判现代的理想主义立场。

这种辩证的实践智慧意味着立足于现实改变现实的实践主体性精神。今天的世界一方面表现为主体性的张扬，另一方面却是改变现实的主体性衰落的时代。现代性意识继续肯定资本主义和自由民主制度是历史的终

---

① 罗骞：《迎候马克思》，北京师范大学出版社2019年版，第267—268页。

结，而后现代主义因为质疑推翻现代资本主义的革命而质疑宏大的历史实践，将批判从实践中撤出，变成了一种话语的激进操作，实践中的保守主义。在这样的语境中，中国道路将革命精神转化为社会建设的主体性力量，体现出了一种强大的历史责任感和担当意识。"习近平新时代中国特色社会主义思想在新的历史条件下将马克思主义的革命主体精神提升到了新的历史高度，将革命的主体性有效转换成了建设中国特色社会主义的强大精神动力。可以说，在'强起来'的中国，这种强烈的社会责任感和历史使命感，再次使马克思主义的主体性精神焕发出强大的活力"[①]。历史是人作为主体在物性世界中超越物性的主体性过程，不像自然界那样只是受到因果必然性的支配，而是主观能动性和客观制约性相互作用的辩证过程。自觉的主体性是历史不断实现自我超越的能动因素。中国社会主义建设实践就是充分发挥主观能动性，在融入现代的同时超越现代的社会发展过程。习近平新时代中国特色社会主义思想就是主体性精神的生动体现，它不仅将凝聚磅礴之力，以坚定的意志实现中华民族的伟大复兴，而且也将唤醒人们的担当意识和历史责任感，为人类进步事业作出贡献！

这种辩证的实践智慧和能动的主体性精神开启了一种建构性的实践道路，丰富了和平发展时期的社会建设理论。不同于夺取政权的革命实践，也不同于迷信社会自发性的理论，中国道路以一种实践的主体性精神将社会的发展明确地指向超越现实的未来，我们称之为一种建构性的实践路径。在这条道路上，国家和政党发挥着组织协调者的作用，通过政治权力利用资本原则的同时驾驭资本，克服资本原则的局限性和负面效应，形成了不同于传统社会主义和当代资本主义的发展道路。这一道路立足现实条件改变现实，将实践导向超越现实的未来。理想融入现实，成了从现实出

---

① 陈学明等：《马克思主义与当代中国》，中国人民大学出版社2018年版，第207-208页。

发不断趋向未来的渐进展开过程。这种渐进的建构实践道路改变了那种认为只有带来飞跃和突变的宏大历史运动才有意义的观念，将历史的发展看成是渐进与飞跃的统一。飞跃是历史的非常态，渐进的量变才是历史的常态。和平发展就是历史量变的常态时期，渐进的建设才是适应这种常态发展的基本路径。问题只在于这种渐进的建设不能远离最初的方向。就像邓小平指出的那样："我们搞社会主义才几十年，还处在初级阶段……巩固和发展社会主义制度，还需要一个很长的历史阶段，需要我们几代人、十几代人，甚至几十代人坚持不懈地努力奋斗，决不能掉以轻心。"①

　　中国道路为世界提供了构建人类命运共同体的根本理念。党的十九大报告提出要坚持推动构建人类命运共同体，"中国人民的梦想同各国人民的梦想息息相通，实现中国梦离不开和平的国际环境和稳定的国际秩序。必须统筹国内国际两个大局，始终不渝走和平发展道路、奉行互利共赢的开放战略，坚持正确义利观，树立共同、综合、合作、可持续的新安全观，谋求开放创新、包容互惠的发展前景，促进和而不同、兼收并蓄的文明交流，构筑尊崇自然、绿色发展的生态体系，始终做世界和平的建设者、全球发展的贡献者、国际秩序的维护者"②。以资本主义生产方式为基础的现代文明发展遭遇了前所未有的困境。这个困境不仅仅是无产阶级受到剥削，而且是人类生存本身难以维系，阶级之间的矛盾、国家之间的矛盾、社会与自然之间的矛盾，都与资本主义生产方式及其规定的文明形态存在直接关系。人类日益成为利益攸关的命运共同体，人类生存面临着前所未有的危机和挑战，人类已经抵达了生存的自然底线和社会底线。在这样的历史条件下，构建人类命运共同体成为当今时代的根本主题和决定人类命运的根本任务。这一理念真正抓住了当代人类面临的根本问题，它

---

① 《邓小平文选》第三卷，人民出版社1993年版，第379页。
② 《党的十九大文件汇编》，党建读物出版社2017年版，第17—18页。

要求在追求自由发展的同时，将维系人类生存和共建美好家园作为基本使命，因此能够成为引领社会历史发展的根本理念。

参考文献

[1] 马克思恩格斯选集：第1卷[M].北京：人民出版社，1995.

[2] 马克思恩格斯选集：第2卷[M].北京：人民出版社，1995.

[3] 马克思恩格斯选集：第3卷[M].北京：人民出版社，1995.

[4] 马克思恩格斯选集：第4卷[M].北京：人民出版社，1995.

[5] 马克思恩格斯文集：第1卷[M].北京：人民出版社，2009.

[6] 马克思恩格斯文集：第5卷[M].北京：人民出版社，2009.

[7] 马克思恩格斯文集：第8卷[M].北京：人民出版社，2009.

[8] 马克思恩格斯全集：第2卷[M].北京：人民出版社，1957.

[9] 马克思恩格斯全集：第3卷[M].北京：人民出版社，2002.

[10] 马克思恩格斯全集：第30卷[M].北京：人民出版社，1995.

[11] 马克思恩格斯全集：第31卷[M].北京：人民出版社，1998.

[12] 马克思恩格斯全集：第39卷[M].北京：人民出版社，1974.

[13] 马克思恩格斯全集：第44卷[M].北京：人民出版社，2001.

[14] 马克思恩格斯全集：第46卷[M].北京：人民出版社，2003.

[15] 马克思、恩格斯.德意志意识形态[M].北京：人民出版社，2003.

[16] 毛泽东选集：第2卷[M].北京：人民出版社，1991.

[17] 毛泽东选集：第4卷[M].北京：人民出版社，1991.

[18] 邓小平文选：第3卷[M].北京：人民出版社，1993.

[19] 习近平谈治国理政[M].北京：外文出版社，2014.

[20] 习近平.不断开拓当代中国马克思主义政治经济学新境界[J].求是，

2020（16）.

[21]党的十九大文件汇编[M].北京：党建读物出版社，2017.

[22]中共中央宣传部.习近平总书记系列重要讲话读本[M].北京：学习出版社，人民出版社，2016.

[23]柏拉图全集：第1卷[M].王晓朝，译.北京：人民出版社，2015.

[24]柏拉图全集：第2卷[M].王晓朝，译.北京：人民出版社，2003.

[25][法]狄德罗.狄德罗哲学文选[M].江天骥，等，译.北京：商务印书馆，1983.

[26][德]黑格尔.精神现象学[M].贺麟，王玖兴，译.北京：商务印书馆，1979.

[27][德]黑格尔.哲学史讲演录：第4卷[M].贺麟，王太庆，译.北京：商务印书馆，1978.

[28][德]黑格尔.法哲学原理[M].范扬，张企泰，译.北京：商务印书馆，1996年.

[29]弗洛伊德文集：第2卷[M].长春：长春出版社，1998.

[30][匈]卢卡奇.历史与阶级意识[M].杜章智，等，译.北京：商务印书馆，1996.

[31][美]赖希.性革命[M].陈学明，等，译.北京：东方出版社，2010.

[32][德]海德格尔.海德格尔选集[M].孙周兴，选编.上海：上海三联书店，1996.

[33][美]马克思·霍克海默，西奥多·阿多诺.启蒙的辩证法[M].渠敬东，曹卫东，译.上海：上海人民出版社，2003.

[34][法]福柯.必须保卫社会[M].钱翰，译.上海：上海人民出版社，1999.

[35][法]福柯.规训与惩罚[M].刘北成，杨远婴，译.北京：生活·读书·新知三联书店，2007.

[36] [捷]科西克.具体的辩证法[M].傅小平，译.北京：社会科学文献出版社，1989.

[37] [法]鲍德理亚.物体系[M].林志明，译.上海：上海人民出版社，2001.

[38] [法]鲍德里亚.消费社会[M].刘成富，全志刚，译.南京：南京大学出版社，2001.

[39] 汉娜·阿伦特.西方现代性的曲折与展开[M].长春：吉林人民出版社，2002.

[40] [德]哈贝马斯.合法化危机[M].刘北成，曹卫东，译.上海：上海人民出版社，2000.

[41] Habermas. *The Philosophical Discourse of Modernity*[M]. translated by Frederick Lawrence. Cambridge：Polity Press， 1987.

[42] [美]丹尼尔·贝尔.资本主义的文化矛盾[M].赵一凡，等，译.上海：上海三联书店，1989.

[43] [美]吉登斯.现代性：吉登斯访谈录[M].北京：新华出版社，2001.

[44] Anthony Giddens. *The Consequences of Modernity*[M]. Stanford: Stanford University Press， 1990.

[45] [美]卡林内斯库.现代性的五副面孔[M].顾爱彬，李瑞华，译.北京：商务印书馆，2003.

[46] [意]阿甘本.裸体[M].黄晓武，译.北京：北京大学出版社，2017.

[47] [美]戴维·哈维.后现代的状况[M].阎嘉，译.北京：商务印书馆，2003.

[48] [英]特里·伊格尔顿.历史中的政治、哲学、爱欲[M].马海良，译.北京：中国社会科学出版社，1999.

[49] [英]Jorge Larrain.意识形态与文化身份：现代性和第三世界的在场[M].戴从容，译.上海：上海教育出版社，2005.

[50] [美]E.弗洛姆，等.西方学者论1844年经济学—哲学手稿[M].复旦大学

哲学系现代西方哲学研究室，编译.上海：复旦大学出版社，1983.

[51] 张岱年.中国哲学大纲[M].北京：商务印书馆，2015.

[52] 包亚明.现代性与空间的生产[M].上海：上海教育出版社，2003.

[53] 陈学明等.马克思主义与当代中国[M].北京：中国人民大学出版社，2018.

[54] 罗骞.告别思辨本体论——历史唯物主义的存在范畴[M].上海：华东师范大学出版社，2014.

[55] 罗骞.走向建构性政治——历史唯物主义视野中的后现代政治哲学研究[M].上海：华东师范大学出版社，2014.

[56] 罗骞.现代性的存在论批判——论马克思的现代性批判及其当代意义[M].北京：人民出版社，2019.

[57] 罗骞.超越与自由——能在论的社会历史现象学[M].北京：北京师范大学出版社，2019.

[58] 罗骞.迎候马克思[M].北京：北京师范大学出版社，2019.

[59] 罗骞.祛除形而上学历史观的三重教条——兼论历史唯物主义的历史概念[J].天津社会科学，2008（3）.

[60] 罗骞.现代性批判的两种不同定向——论马克思的资本批判与当今"现代性哲学话语"的基本差异[J].教学与研究，2005（7）.